기초조형 **Producing**

기초조형 Producing

2011년 5월 30일 초판 발행 • 2022년 3월 17일 3쇄 발행 • **지은이** 최민영 김지현 박혜숙 이영춘 전나현
펴낸이 안미르 • **크리에이티브 디렉터** 안마노 • **기획·진행** 문지숙 • **편집** 정은주 • **디자인** TEXT 강경탁
영업 이선화 **커뮤니케이션** 김세영 • **영업관리** 황아리 • **제작** 스크린그래픽 • **종이** 앙상블 E-Class 230g/m², 뉴플러스 100g/m², 매직칼라 옥색 120g/m² • **글꼴** 윤고딕·명조 300, Univers LT

안그라픽스
주소 우 10881 경기도 파주시 회동길 125-15 • **전화** 031.955.7755 • **팩스** 031.955.7744
이메일 agbook@ag.co.kr • **웹사이트** www.agbook.co.kr • **등록번호** 제2-236(1975.7.7)

ISBN 978.89.7059.583.2 (13630)

형상 + 사유 시리즈 **2**

기초조형 **Producing**

최민영, 김지현, 박혜숙, 이영춘, 전나현 지음

안그라픽스

들어가며

디자인과 조형예술은 기술과 문화의 발전에 발맞추어 끊임없이 변화하고 있으며 새로운 콘셉트와 아이디어의 구체화를 위한 다양한 조형 실험의 전개가 이루어지고 있다. 현대 조형예술의 과정은 아이디어의 발상, 형상과 기능의 구체화, 구현된 조형물의 평가와 커뮤니케이션으로 이루어져 있다. 이 책은 기초조형 '형상+사유' 시리즈의 두 번째로서 조형예술의 구현과 실체화의 단계인 'Producing'의 과정과 방법론을 소개하고 고찰하는 데 그 목적이 있다. 디자이너와 예술가가 '기초조형 Thinking'을 통해 창의적인 사고와 아이디어를 탐구했다면, '기초조형 Producing'에서는 소재와 재료를 이해하고 조형을 구체화하며 조형 제작의 과정을 탐구하게 된다. 이를 통해 새로운 아이디어의 영감을 얻게 되고 관계되는 다양한 사람들과의 의사소통 매개체를 완성하게 된다. 특히 디자인 기업 IDEO는 이러한 조형 제작의 중요성을 프로토타이핑이라는 과정으로 설명하고 있다. 따라서 조형 제작은 아이디어를 실험하고 탐구하는 핵심 단계로서 단순히 만든다는 의미의 'Producing'이 아니라 콘셉트의 탐구와 실험, 상호 작용의 포괄적인 체계로서 이해되고 있다.

　　이 책은 시각 디자인, 미디어 디자인, 제품 디자인, 인터랙션 디자인, 가구 디자인, 패션 디자인 등 조형예술의 다양한 분야에서 이루어지고 있는 교육과 작품의 사례를 바탕으로 한다. 특히 다른 조형 분야에서 익숙하게 사용되는 재료와 조형 제작의 방법들을 열거가 아닌 통합적으로 소개하고 있으며, 조형 작업의 상호 이해와 적용은 융합을 통한 창의적 조형 개발의 귀중한 식견을 제공한다. 조형예술 분야의 경계가 모호해지고 단일 전문 분야에 한정되어 있었던 재료와 제작 기법이 현재 다른 분야에서도 활용되고 있다. 조형 제작의 창의적 접근은 익숙한 재료와 방법들을 다른 관점에서 고찰하고 다양한 방법으로 응용하는 데서 시작되며, 이를 통해 근본적인 조형 제작의 원리를 습득할 수 있다. 조형 제작의 과정은 기술적 도구적 특성 때문에 여러 한계성과 제한성을 가진다. 따라서 기존과 다른 방법을 다양하게 응용하고 체험하는 과정을 통해 흥미진진한 창의적 조형이 가능해질 것이다.

무엇보다도 이 책에서 주목해야 할 점은 소재와 재료의 탐구에서부터 조형적 실험의 구체적인 방법들을 다루고 있다는 것이다. 현재 교육과 산업, 현장에서 이루어지고 있는 재료에 대한 탐구와 다양한 기초조형의 적용 사례, 생산 공정의 방법론을 전달함으로써 기존의 재료와 기술 조형 제작의 접근법이 각 분야에서 어떻게 채용되는지 이해할 수 있고, 창의적 실험이 가능한 다양한 과제의 사례들을 제공함으로써 체험적 조형 원리를 습득할 수 있다. 또한 가까운 미래에 이슈화되고 있는 새로운 조형 제작의 원리와 방법을 소개함으로써 조형예술에 대한 영감을 고취하고 탐구하며, 발전적으로 적용할 수 있는 새로운 조형 탐구의 방향을 다루고 있다.

기존의 기초조형 관련 책들이 각 분야의 조형 개발이나 단순한 조형 원리의 실험에 중점을 두고 있는 반면 이 책은 조형 제작의 다양한 분야를 상호 통합적으로 논의하기 위해 시각, 가구, 제품, 미디어, 인터랙션, 패션 등 여러 전공 분야에 맞춰 집필진을 구성했다. 각 장의 체계 또한 분야별 구성보다는 재료 탐구, 실용적 접근, 실험적 접근, 미래적 접근의 주제 아래에서 상호 보완되고 어우러져 조합될 수 있도록 했다. 각 필자들이 가장 중요하게 생각한 것은 이 책을 통해 창의적 표현을 실천할 수 있도록 많은 조형 제작의 지식 전달과 조형 실험의 방법을 제시하고 통합적으로 구성했다는 사실이다.

1장에서는 조형 제작의 준비 단계로서 종이, 플라스틱, 나무, 패션 소재, 글자, 디지털 이미지, 색상, 레이어, 움직임 시간 등 기초적인 조형 연습에서 쉽게 접근할 수 있는 다양한 재료의 탐구와 특성을 다루었다. 특히 물질적 재료뿐 아니라 디지털 조형 작업에서 필요한 비물질적 재료까지 재료 탐구의 영역을 확장함으로써 창의적 조형 실험이 가능하다.

2장에서는 조형 트렌드 분석에서부터 콘셉트의 구체화, 분야별 조형 제작 및 실험, 조형 원리의 구현 단계까지 조형 연구의 다양한 실험과 'Producing'의 전개 과정을 다루었다. 특히 1장과 연계된 재료를 충분히 활용함으로써 재료 탐구와 조형 제작의 연계가 이루어지도록 했으며, 제작 과정에서 조형 원리를 탐구할 수 있는 다양한 연습 과제와 사례들을 제시했다.

3장에서는 다양한 조형 분야에서 활용되고 있는 현장 중심의 실용적인 접근을 다루고 있다. 가구, 패션, 제품, 시각 커뮤니케이션의 각 분야별 조형 제작의 전문 지식과 더불어 상호 연관되는 재료의 연결과 스타일의 결합과 혼합, 새로운 방향의 조형 실험이 다루어지고 심도 깊은 조형 탐구 과제를 제안했다.

4장에서는 친환경 디자인, 테크놀러지, 신소재, 인터랙션, 유희적 디자인 등 각 조형 분야가 어우러지는 조형 제작의 새로운 시도와 기회를 탐구했다. 이러한 사례와 연구의 다각적인 접근은 트렌드의 발전 방향과 실용적 접근의 새로운 가능성을 제시해 주고 있으며, 다각적인 응용의 잠재력을 논의하게 해 준다.

1 재료

2 탐구

3 실험

4 미래

1

재료

기초조형의 원리를 파악하고 창의적인 표현을 하기 위해 재료 탐구는 필수적이라 할 수 있다. 재료의 직관적인 성질과 특성은 그 자체만으로도 조형의 심미적 표현에서 핵심 요소로 작용하기도 하며, 조형 탐구의 과정에서 상상력을 발휘하는 중간 과정의 요소로 이용되기도 한다. 재료의 한계 때문에 조형 연구가 제한될 수도 있는 반면 재료의 혁신을 통해 새로운 조형 접근이 이루어지기도 한다. 조형예술의 분야별 고유 재료와 제작 과정은 그 자체로 전문 지식을 요구하기도 하지만 결합과 통합을 통해 새로운 방향을 이끌어 내기도 한다.

이 장에서는 종이, 플라스틱, 나무, 문자, 색상 등 기초조형에서 활용될 수 있는 단일 재료의 특성과 제작 과정, 적용 기술을 설명하고 있다. 각 재료의 탐구는 기초조형 입문자를 위해 엔지니어링 관점의 재료가 아닌 조형예술가 관점에서 접근하는 것이 중요하며, 조형물의 양산화 관점보다는 조형 연습에서 활용할 수 있어야 한다. 즉 기초조형의 실험을 위한 점, 선, 면, 입체의 구성적 특성과 고유 재료의 가공에서 나타나는 형태적 특성, 조형 원리와의 연계에 대한 탐구는 재료 고찰에서 매우 중요하다. 또한 물질적 재료를 넘어서 디지털 디자인 과정에서 새롭게 요구되는 이미지, 레이어, 시간, 움직임 등 비물질적 재료까지 조형 제작의 관점을 확대하고 있다. 물질적 재료와 비물질적 재료의 혼합과 통합은 조형 작업에 필수적이며, 새로운 조형 원리의 탐색을 가능하게 할 것이다.

종이

종이는 수많은 디자이너들이 사용해 온 가장 오래된 재료 중 하나이다. 종이의 다양성, 유연성, 가공의 용이성, 단순성에 의한 지속적인 활용과 조형 실험 사례는 훌륭한 조형 연구의 재료로 다루어졌으며, 단순한 조형 실험 재료를 넘어서 디자인 결과물의 주요 소재로 이용되어 왔다.

출판물의 성격에 따라 용지를
구분해서 사용할 필요가 있다.
리플릿이나 팸플릿 같은 한 번
사용하고 마는 출판물의 경우
꼭 좋은 종이를 사용할 필요는
없지만 단행본과 같은 출판물의
경우에는 보존성과 수명성 등을
생각해 좋은 종이를 사용하도록
한다. 전자책이 서서히
생겨나고 있지만 기본적으로
출판물의 제작은 종이라는
매개체가 있어야만 가능하다.
종이 없는 인쇄 매체의
제작이 불가능하다. 따라서
출판물 제작을 담당하고 있는
사람은 인쇄 매체를 제작하기에
앞서 종이에 관한 기본적인
사항을 잘 알고 있어야 한다.

종이는 가공법이 간편하고 재료의 변형이 용이하다는 이유에서 모형 제작의 재료로 많이 사용된다. 단 점토를 이용한 모델이나 모형(mock-up)과 같은 3차원적인 곡면을 표현하기가 상대적으로 어렵다. 이러한 경우 스티로폼이나 발포우레탄폼과 같은 재료를 함께 사용해 종이의 단점을 보완할 수 있다. 종이의 경우 종류와 두께, 색상과 표면의 다양성에 따라 그 특성이 다양하게 나타난다. 즉 소재의 선택에 따라 모형 제작의 표현 방법이 다르게 나타날 수 있다. 다른 종이와 종이를 결합시킨 복합 재료, 예를 들어 소프트 모형 제작에 주로 사용되는 폼보드와 같은 재료의 복합적인 사용을 통해 결과물의 완성도를 높일 수 있다.

종이의 종류

질에 의한 분류

종이의 재료는 펄프이다. 펄프는 그 원료에 따라 다양하게 만들어 낼 수 있는데 크게 두 가지로 구분할 수 있다. 펄프에 각종 화학 처리를 한 화학 펄프와 나무를 부셔서 만든 쇄목 펄프 혹은 기계 펄프이다. 이 두 펄프가 얼마만큼 들어가느냐에 따라 종이의 질이 결정된다.

또한 종이는 그 질에 따라 크게 세 가지로 구분된다. 상질지, 중질지, 갱지가 바로 그것이다. 갱지는 다시 상갱지와 갱지로 구분된다. 100% 화학 펄프로만 만들어진 종이를 상질지라고 하고, 화학 펄프가 70% 이상, 쇄목 펄프가 30% 이하로 만들어진 종이를 중질지라고 하며, 화학 펄프가 40% 이상이면 상갱지, 화학 펄프가 40% 이하이면 갱지라고 한다. 화학 펄프를 많이 사용할수록 종이의 질이 좋아진다.

제작 과정에 따른 분류

제작 과정에 따라 종이를 분류하면 덧칠하지 않은 종이(uncoated paper)와 덧칠한 종이(coated paper)로 분류할 수 있다. 펄프 자체로만 되어 있는 종이를 덧칠하지 않은 종이라 하고, 덧칠하지 않은 종이 위에 도포제, 이를테면 유산바륨이나 백토 사친 화이트 등을 바른 종이를 덧칠한 종이라고 한다.

— 덧칠하지 않은 종이

덧칠하지 않은 종이로는 주로 출판물의 본문용지가 사용된다.
이 종류의 종이는 매우 많지만 여기에서는 일반적으로 사용하는 종이에
대해서만 알아보도록 하자.

모조지(백상지) 출판물에 가장 많이 사용하는 용지 가운데 하나이다.
이 종이는 표면이 대체로 매끄럽고 다른 덧칠하지 않은 종이에 비해
평활도가 뛰어나며 탄력이 좋고 색상이 희다. 그 이유는 종이를 구성하고
있는 펄프가 100% 표백된 화학 펄프로만 되어 있기 때문이다. 이것은
다시 백색모조지, 미색모조지, 색모조지의 세 종류로 나눌 수 있다.
백색모조지는 색도 인쇄를 할 경우 자주 사용되며 미색모조지는 주로
출판물의 본문용지로 사용된다. 색모조지는 출판물의 본문용지보다는
내용 등을 시각적으로 구분하기 위한 삽지 등으로 사용된다.

중질지 모조지 같은 상질지에 비해 질은 약간 떨어지지만 어느 정도의
백색도와 광택, 그리고 평활도가 있는 종이이다. 대체적으로 단행본 등
출판물의 본문용지로 많이 사용하고 있으나 원색 인쇄에는 적합하지 않다.
중질지는 두 종류로 다시 나눌 수 있는데, 백색중질지와 미색중질지가
바로 그것이다. 백색중질지라고 해서 백색모조지와 같은 백색을 띠지 않고
약간의 회색빛을 띠고 있다. 반면 미색중질지는 진한 미색을 띠고 있다.

신문용지 우리가 자주 접하는 종이 가운데 하나이다. 대개 신문용지는
그 제작 특성에 맞게 고속 윤전기 인쇄에 적합하도록 두루마리 형태로
제작되지만 오프셋 인쇄에 적합하도록 잘려 나오는 것도 있다. 이 용지는
종이의 밀도가 균일하고 질기며 잉크의 흡수성이 다른 용지에 비해 뛰어난
것이 특징이다. 그러나 모조지나 중질지에 비해 종이의 질은 떨어진다.

서적지 한동안 출판물의 본문용지로 자주 사용되었다. 다른 종이에 비해
광택이 덜하고 무게가 가볍고 질겨야 하는 출판물의 특성을 갖추고 있기
때문이다. 그러나 최근 들어 모조지의 사용이 늘어나면서 서적지의 사용이
현저히 줄어들었다.

기타 출판에서 본문용으로 사용하는 용지는 많다. 교과서 용지나
갱지 같은 종이가 그것이다. 제작자가 모든 용지의 종류나 특성에
관해 모두 알 필요는 없다. 그 이유는 위에 제시된 용지 이외의 종이는
출판물에서 거의 사용되지 않기 때문이다. 단지 특별한 용지가
필요할 때는 인쇄소나 지업사의 도움을 받으면 될 것이다.

— 덧칠한 종이

덧칠한 종이는 주로 출판물의 표지나 화보 등에 사용되며, 책 전체가
화려하게 꾸며져야 할 때는 본문용지로 사용한다. 이 경우의 종이들은
평활도가 뛰어나며 불투명도가 높고 무게가 무겁다. 그러나 잉크의
흡수성이 떨어지고 내수력이 약하다는 단점을 지니고 있다.

아트지 주로 원색 인쇄를 하는 표지나 화보 혹은 본문용지로 사용하고
있다. 모든 덧칠한 종이가 그러하듯 덧칠하지 않은 종이에 비해 종이의
광택과 불투명도가 높고 평활도가 뛰어나며 무게도 더 무겁다. 반면
잉크의 흡수성이 떨어지고 내쇄력이 약하기 때문에 변조의 위험이 있다는
것이 단점이다. 이 종이는 종류가 다양하다. 우선 형태에 따라 분류하면
양쪽 면 모두 백토칠이 되어 있는 양면아트지와 한쪽 면만 백토칠이
되어 있는 편면아트지로 나눌 수 있다. 또 질에 따라 로열아트지와
일반아트지가 있다. 이 아트지들은 쉽게 구할 수 있어 다양하게
사용할 수 있다.

스노우화이트지 광택이 뛰어난 아트지에 비해 스노우화이트지는
광택이 약하다. 이 종이는 원래 아트지와 같지만 종이를 제작하는 마지막
과정에서 미세한 모랫발 롤러를 지나게 하여 광택을 없애 버린 종이이다.
그 결과 종이의 색감이 눈과 같이 희고 포근한 느낌을 준다고 하여
스노우화이트지라고 이름붙인 것이다. 아트지가 광택 때문에 화려하게
보이는 반면 이 종이는 무게가 있고 점잖아 보여 브로슈어나 카탈로그에서
많이 사용되고 있다.

백상지	백색. 일반적으로 모조지라고도 하며 복사 용지, 책의 속지, 프린트 용지, 각종 서식류 등 다양한 용도로 폭넓게 이용되고 있다. 종이의 두께 별로 보면 60g, 70g, 80g, 100g, 120g, 150g, 180g, 220g, 260g 등이 있다.
미색지	미색. 주로 책에 많이 쓰여 서적지라고도 한다. 70g, 80g, 100g의 용지가 있다.
아트지 및 스노우화이트지	백색. 면이 아주 곱고 고르며, 아트지는 약간의 광택이 있고 스노우화이트지는 광이 없는 것이 특징이다. 종이의 두께별로 보면 80g, 90g, 100g, 120g, 150g, 180g, 200g, 250g, 300g 등이 있다. 전단지에는 주로 100g, 120g이 많이 쓰이고 카탈로그에는 180g이 많이 쓰이고 있다.
편면아트	한쪽 면이 더 곱고 뒷면과 약간 차별이 된다. 80g, 90g, 100g, 140g이 있다.
하이큐 슈퍼 (로열아트)	최고급 종이로 고급 전단지, 카탈로그, 소책자 등에 주로 이용하며 고품위 인쇄에 쓰인다. 가격이 일반 아트지보다 약 30% 이상이 비싸다.
중질지	주로 신문지, 시험지 등으로 쓰이며 면이 좀 거칠고 빛깔이 약간 회색빛을 띠고 있다. 60g, 70g 2종이 있다.
신문용지	신문전용지로 종이의 밀도가 비교적 균일하고 질기며 연회색이다. 롤로 되어 있어 고속의 윤전기 인쇄에 적합하도록 만들어졌으며 인쇄할 때 종이에 잉크 흡수력이 강하다.
NCR지	글을 쓰면 뒷면이 복사되는 종이로 주로 영수증, 거래명세서, 계산서 등 같은 내용을 2장 이상을 쓸 때 이용되고 있으며 상, 중, 하지로 구분된다. 색상은 노랑, 분홍, 연청, 연록, 백색 등이 있다.
레자크지	한쪽 면이 엠보싱 처리가 되어 있는 종이로 주로 책자의 표지 등에 이용된다. 색상은 백색, 연연두, 연미, 미색, 베이지, 크림, 쥐색, 회색, 연청, 하늘, 다래, 옥색, 호두, 연갈, 연보라, 우유, 청회색, 계란, 연분홍, 연황, 연옥색 등이 있다.
색지	백상지와 같은 종류로 색상이 다양하다. 주로 책자의 간지 등으로 사용된다. 70g, 95g 2종이 있다.
레이드지	레자크지와 비슷한 고급 종이. 백색, 연미연청, 연연두, 연분홍색 등이 있다.
크라프트지	약간 붉은기가 도는 갈색의 질긴 종이이다. 주로 봉투용, 포장용 등으로 가장 많이 쓰이며 70g, 120g, 140g 등이 있다.
CCP지	아트지와 비슷한 종이류로 한쪽 면이 유광 코팅 처리한 것처럼 강한 광택이 있다. 고급 케이스, 고급 인쇄물 등에 이용된다. 100g, 150g, 180g, 200g, 250g, 300g, 350g, 400g 등이 있다.
화일지	파일을 만들 때 주로 쓰이며 노란색이다. 종이 두께는 120g, 170g, 195g, 235g 등이 있으며 더 두꺼운 종이는 합지해서 사용한다.
마닐라 아이보리지	종이가 두꺼워 주로 상자, 패키지용으로 사용되고 있다. 마닐라지는 앞면은 아트지처럼 약간 광이 나는 흰색이고 뒷면은 거칠고 회색이다. 아이보리지는 앞뒤 모두 흰색으로 한 쪽이 약간 더 고운 면이 특징이다.
기타	이 밖에도 앨범지, 팬시지, 머메이드, 탄트지, 트레싱지, 수입지 등 다양한 종류의 종이가 있다.

엠보싱지   아트지와 비슷하지만 종이 표면에 인위적으로 올록볼록한 무늬가 나타나도록 만든 종이이다. 출판물의 본문용지나 표지용지보다는 카드나 인사장, 카탈로그, 브로슈어 등을 제작할 때 주로 사용된다.

기타   이 외에도 SC마닐라지, 불투명지(흔히 인디아지라고 함), 아이보리지 등 다양한 종이가 있다. 그러나 이러한 종이들은 출판물의 본문이나 화보, 표지 등에 거의 사용되지 않고 있다. 특별히 필요할 때는 인쇄소나 지업사의 도움을 받으면 될 것이다.

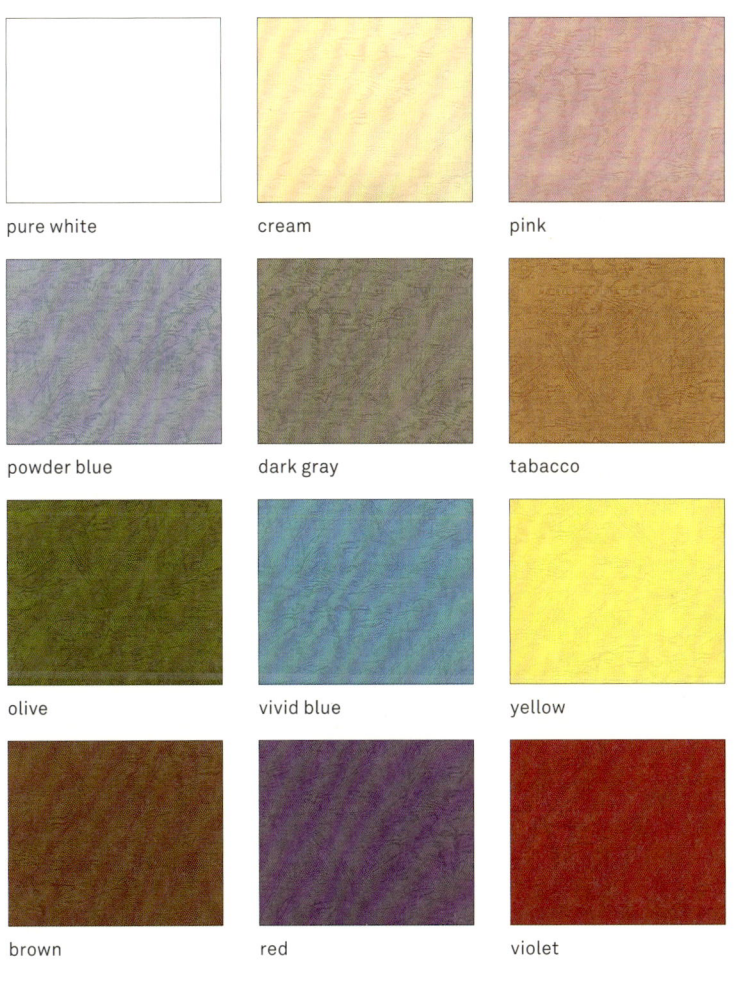

pure white   cream   pink

powder blue   dark gray   tabacco

olive   vivid blue   yellow

brown   red   violet

레자크66

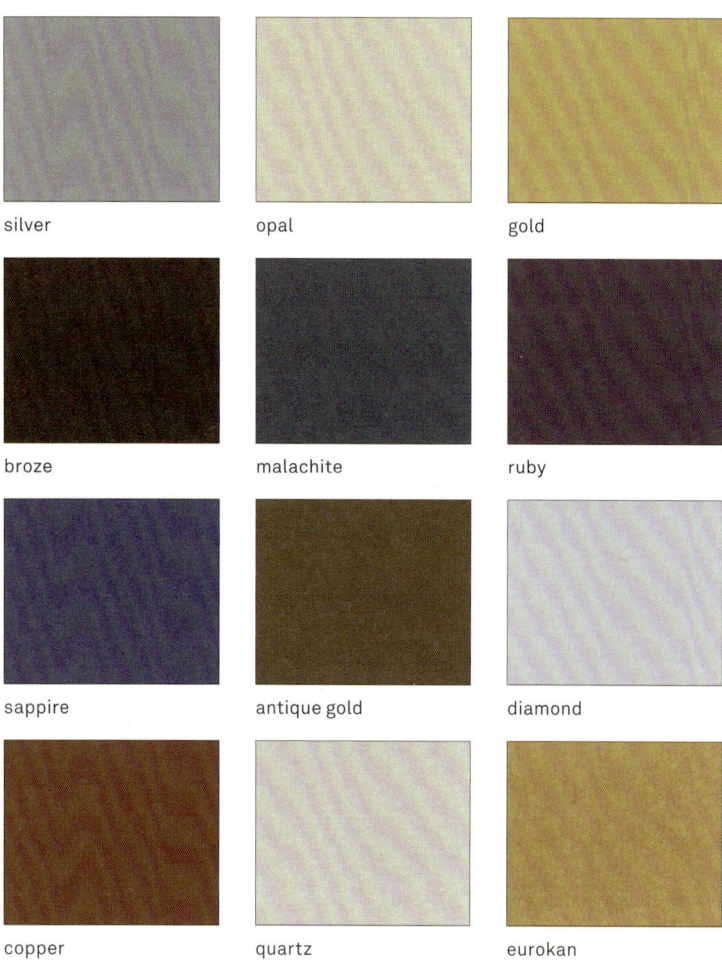

silver

opal

gold

broze

malachite

ruby

sappire

antique gold

diamond

copper

quartz

eurokan

스타드림

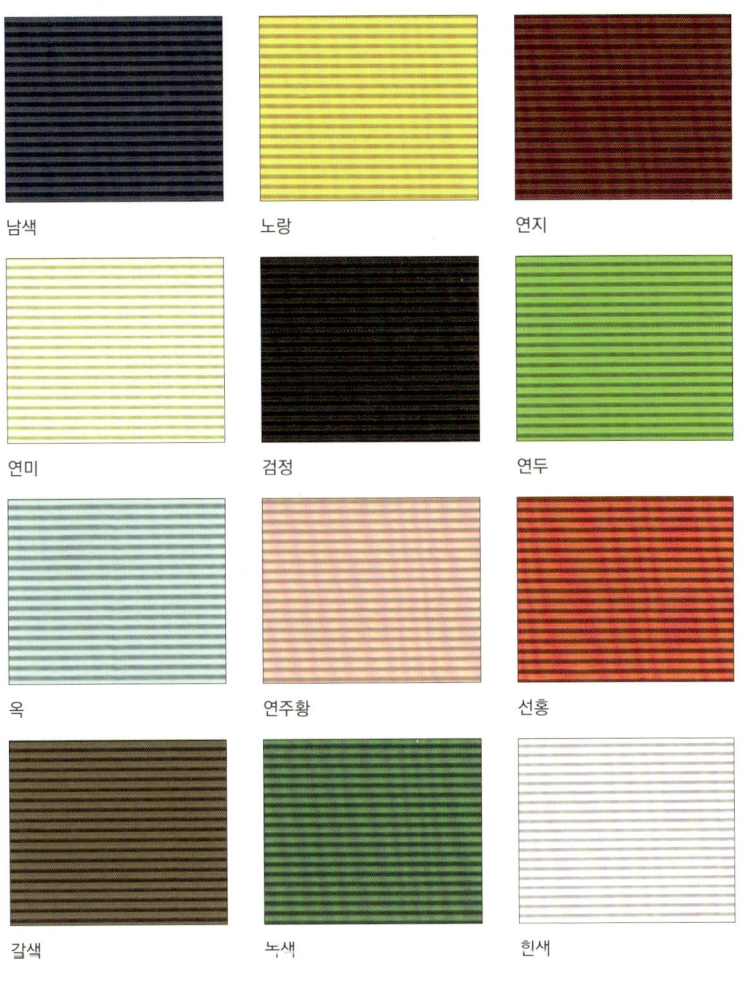

남색　　　　　　노랑　　　　　　연지

연미　　　　　　검정　　　　　　연두

옥　　　　　　　연주황　　　　　선홍

갈색　　　　　　녹색　　　　　　흰새

골판지

종이의 특성

우리가 아무런 생각 없이 사용하고 있는 종이는 실제로 많은 특성을 갖고 있다. 종이의 어떤 점이 매력적인지 살펴보기로 하자.

- 흡액성이 우수하고 불투명성을 갖고 있고 가볍고 평활하고 사진 인쇄에 가장 적합하다.
- 탄력성이 있어 절단이나 접착이 간단해 가공하기 쉽다.
- 접기가 쉬워 작게 가공할 수 있다. 예를 들어 신문은 8회 접을 수 있고 1/256의 크기도 된다.
- 적당히 통기성이 있고 냄새가 없어 식품 등을 포장해도 안전하다.
- 순수한 식물섬유를 소재로 한 중성지는 장기 보존할 수 있다.
- 수소 결합이므로 재생이 가능한 데다가 잘 타고 흙 속에서 분해된다. 폐기물이 되어도 자연과 융합할 수 있다.

인류는 종이의 이런 특성을 살려 여러 가지 종이의 사용법을 개발해 왔다. 종이는 현대 생활에서 없어서는 안 될 존재가 되었고 그 종류는 천문학적 수치에 이르고 있다. 이런 종이의 용도를 크게 '기록(정보)' '포장' '안전성(위생)' 등으로 나눌 수 있다.

두께와 무게

종이의 두께를 표시하는 경우 사용하는 사람의 편의에 따라 근량, 연량, 평량 등으로 표현하고 무게와 두께로 나눠 정리한다.

종이의 무게   1평방미터(㎡)당 그램(g) 수로 표시하고 평량(坪量)으로 부르며 g/㎡로 표기한다. 또 용지 1,000매의 무게를 Kg으로 표시하고 연량(連量)으로 부르는데 우리나라는 500매를 1연으로 다루므로 연량의 표기를 하지 않고 있다.(평량 127.9 g/㎡의 종이 4×6판(788×1091mm) 1,000매의 연량은 110Kg, 국판(636×939mm)의 경우 76.5Kg이다.)

종이의 두께 용지 1매를 기계로 측정한다. 표기는 마이크로미터(㎛)로
표시한다. 같은 평량, 연량이라도 종류에 따라 종이 두께가 다르다.
이것은 밀도가 다르기 때문인데 밀도가 낮을수록 두꺼운 느낌을 준다.
(같은 4×6판 127.9g/㎡의 백상지나 반누보V라 하더라도 백상지의
두께가 약 160㎛인데 비해 반누보V는 약 200㎛로 보다 두껍다.
그러므로 반누보V 쪽이 밀도가 낮은 것을 알 수 있다.)

종이의 장점

종이를 비롯한 판지류는 다음과 같은 특성 때문에 다양한 조형 교육에
활용되고 있다.

- 값이 싸다.
- 다루기가 간단하다.
- 적당한 강성과 탄력성을 동시에 가진다.
- 특별한 용구가 필요하지 않다.
- 공간을 차지하지 않는다.
- 간단한 작업을 통해 물리적 특성을 높인다.

판지류는 이와 같은 특성을 통해 일련의 구조를 형성하면 다양한
기계적 특성을 가지게 되는데, 그 결과 단순한 형상뿐 아니라 기능을
구현하는 것도 가능해진다.

플라스틱

일반적으로 플라스틱이란 명칭은 합성수지라는 말에서 시작된 것으로,
가소성인 유동 상태에서 열 또는 압력을 가하거나 둘을 동시에 가해
가공하고자 하는 형태로 성형한 물질이다. 즉 최종 상태가 고체의
성질을 지니는 고분자 물질인 유기화합물을 총칭한다.

플라스틱이란

작은 분자에서 유도된 단위체가 반복되어 긴 사슬로 이어져
거대분자(중합체)로 이뤄진 합성 물질을 플라스틱(plastic)이라고 한다.
플라스틱은 주형이나 절단, 절곡, 열가공 성형 등 다양한 성형법을 통해
제품으로 만들 수 있다. 대부분의 플라스틱은 가열하면 연화되는
성질을 가지고 있다. 연화된 상태에서 원하는 모양을 만든 뒤에
냉각시키면 단단해진다. 이러한 플라스틱은 다양한 제품의 소재로
사용되고 있으며, 다양한 첨가물의 조정을 통해 특수한 성질의
엔지니어링 플라스틱을 만들어 사용한다. 최초로 개발된 플라스틱은
니트로셀룰로스를 식물성 기름과 장뇌로 연화시켜 만든 셀룰로이드로,
1870년 미국의 인쇄업자 존 하이어트(John Hieatt)가 특허를 받았다.
최초로 완전히 합성된 플라스틱은 1909년 레오 베이클랜드(Leo
Baekeland)가 포름알데히드와 페놀로 만든 베이클라이트(bakelite)이다.
분자물리학의 기본 지식에 대한 진보는 나일론, 폴리에틸렌과 다른
플라스틱의 개발을 촉진시켰다.

플라스틱의 장점

— 낮은 생산 비용(Low product cost)

플라스틱의 가장 중요한 장점 중 하나이지만 다른 소재와 비교해 볼 때
그렇게 싼 가격의 소재가 아닌 경우도 있다. 하지만 물질의 특성에 맞춰
얇게 가공시켜 소재의 사용량을 줄이는 방법을 통해 가격을 낮추는
다양한 가공법이 개발되어 있다는 장점이 있다.

**플라스틱 — 1960년대
가구 디자인의 혁신적 소재**
의자를 포함한 가구 디자인에서
플라스틱이라는 소재의 사용은
1960년대 디자인의 기능적,
미학적, 상징적 의미에서의
핵심적 선택이었다. 하나의
금형에서 나온 이음매 없는
의자는 미래적 이미지라는
새로운 미학의 달성이었을 뿐
아니라 대량생산 체제에
적합했다. 가구 디자인에 쓰인
플라스틱은 복잡한 형태와
색상의 제품을 만들어 내기에
적당하고, 양산과 유지 보수에
드는 비용이 저렴해서
1970년대 오일 위기와
함께 환경오염 소재라는
인식이 확산되기 전까지
디자이너와 대중들에게
인기 있는 소재였다. 베르너
팬톤Verner Panton, 에로
사리넨Eero Saarinnen,
에로 아리노Eero Aarnio,
임스 부부Charles and Ray
Eames 등 이 시대의
대표적인 디자이너들이
플라스틱 소재를 사용해서
의자를 디자인했다.

— 경량성(Weight reduction)

몇 가지 천연소재를 제외한 일반 소재들 중에서 가장 가벼운 소재이다. 자동차 같은 수송기계의 경우 전체 무게를 줄이면 그만큼 연료의 소모도 줄어든다는 장점이 있다. 예를 들어 물 18,000톤을 수송한다고 하자. 이때 유리로 포장할 경우 유리 자체의 무게 때문에 전체 무게가 23,000톤이 되어 10톤 트럭이 2,300대가 필요하게 된다. 반면 플라스틱의 경우 전체 무게가 18,500톤으로 1,850대의 트럭이 필요하다. 수송에 드는 연료도 그만큼 적게 들어가기 때문에 생산과 폐기에서 환경 오염은 발생하지만 배기가스에 의한 환경 오염은 줄일 수 있게 된다.

— 광범위한 사용성(Wide range of available properties)

플라스틱의 종류는 매우 다양하다. 이러한 다양성은 여러 가지 조건에 적합한 소재를 플라스틱 소재 내에서 찾을 수 있는 선택의 폭을 넓혀 준다.

— 복잡한 형상의 일체형(Highly complex integral shape)

기존의 소재는 복잡한 형상을 만들기 위해 몇 조각으로 나눠 결합해야 했지만 플라스틱은 전체적인 형상을 하나의 조각으로 제작이 가능하다. 그에 따라 부품의 수를 줄이면서 조립 비용도 줄일 수 있다는 장점을 가지고 있다.

— 내부식성(Corrosion resistance)

플라스틱은 금속 같은 소재와 달리 부식되지 않는다. 이 점은 여러 상황에서 제품을 유지 보수하는 데 드는 비용을 절감시킨다.

— 착색의 자유로움(Integral coloring)

플라스틱은 안료를 이용해서 다양한 색상을 표현할 수 있다. 천연재료보다 더 넓은 색상 표현이 가능하다. 좀 더 자유로운 표현을 위해 페인트로 착색하는 경우가 많은데, 이러한 경우 플라스틱의 색상과 착색되는 페인트의 색상이 잘 조화될 수 있도록 색상을 정한다. 사출 가공의 경우 이중 사출을 통해 몇 가지 색상을 동시에 제품에 표현할 수 있다.

— 투명성과 유연성(Transparency with flexibility)

투명함을 살리기 위해 유리의 잘 깨지는 기본적인 성질을 바꿀 수는 없다. 하지만 플라스틱은 투명한 특성을 공통적으로 가지면서도 물성이 각기 다른 다양한 종류의 소재가 있다. 예를 들면 ABS, 폴리카보네이트, 투명PVC, 폴리에스터, 셀룰로이드 등 용도에 맞게 소재의 폭넓은 선택이 가능하다.

— 특성 맞춤화(Compound customization)

플라스틱의 화학적인 성분은 특별한 용도에 맞게 조성할 수 있다. 예를 들면 같은 ABS라 하더라도 가공 방법과 용도에 따라 물성적, 화학적 특징이 다른 수십 종의 규격을 만들 수 있다.

— 조립성(New assembly techniques)

전통적인 부품 조립 방법인 체결이나 접착 이외에도 플라스틱은 초음파 융착, 레이저 접착, 스냅피팅 등의 다양한 방법으로 조립이 가능하다.

— 내열성(Insulation qualities)

대부분의 플라스틱은 열과 전기를 잘 전달하지 않는다. 이와 같은 성질을 제품에 적용할 수 있다.

열가소성 플라스틱

일반적으로 열을 가해서 재가공이 가능한 플라스틱으로 이해하면 쉽다. 열가소성 플라스틱의 특징을 아래와 같이 나열할 수 있다.

- 대부분의 열가소성 플라스틱의 특징은 열에 대한 변형 온도가 낮아서 150°C를 전후로 변형된다.
- 사출 성형, 압출, 열 변형 등 다양한 성형 방법을 이용하여 제작이 가능하다.
- 열가소성 플라스틱은 성형 가공 시에 화학적 변화가 없어 재사용이 가능하다. 하지만 열에 의해 소성되기 때문에 치수 안정성이 좋지 않다.

- 대부분의 열가소성 플라스틱에서 투명성이 높은 제품을 얻을 수 있다.
- 열가소성 플라스틱의 경우 선형고분자 구조로 구성되어 유기용제에 약하다.

범용 플라스틱

ABS수지

넓은 온도 범위에 걸쳐서 우수한 내충격 강도를 가지고 있으며 동시에 우수한 인장강도, 강성, 내열성을 함께 가지고 있는 합성수지이다. 이 수지는 뷰타다이엔의 수식성 때문에 ABS에 도금이 가능하다는 특징을 지니고 있지만, 이형 시 실리콘계의 이형제를 사용하면 도금의 상태가 좋지 못하다. 투명성이 없는 염황색의 소재가 일반적이었으나 최근에는 투명성이 있는 소재가 개발되고 있다. 특히 ABS수지는 소재가 반투명해서 착색이 쉽다. 가공이 쉬우면서도 착색이나 후가공이 쉬워 실제 모형 제작에 많이 사용되고 있다. 근래에는 기존의 ABS수지의 단점을 보완한 다양한 종류의 ABS수지가 개발되어 활용의 범위 또한 넓어지고 있다. 용도로는 각종 전기 부품이나 일반기기의 하우징, 자동차 내외장 부품, 완구, 잡화 PVC의 개질 보강재 등 그 사용 용도가 광범위하다.

폴리스틸렌(PS)

수지의 유동성 및 가공성이 좋고 높은 굴절률을 가지고 있는 소재이다. 폴리스틸렌은 투명하고 색상의 표현력이 매우 좋아서 사출 성형에 적합한 재료이다. 치수 안정성이 좋고 가격이 저렴하여 플라스틱의 표준이 되는 재료라고 할 수 있다. 폴리스틸렌의 경우 무색에 투명하며 내충격성에 약하다는 결점을 가지고 있었지만 최근에는 이러한 단점을 보완한 소재가 개발되어 다양한 분야에서 사용되고 있다. 용도로는 가정용 전기기기, 용기, 문방구 등에 사용된다.

폴리에틸렌

유백색의 수지로 반투명·불투명의 상태의 특징을 가지고 있으며, 소재가
유연하고 잘 늘어나며 약한 인장강도에 비해 내충격성이 큰 재료이다.
즉 가공이 상대적으로 쉬운 재료이다. 파라핀 혹은 납과 유사한 성질을
가지고 있으며, 연소할 때 파라핀과 같은 냄새가 나고 밝은 빛을 낸다.
용도로는 각종 병, 냉장고의 제빙용 상자 등을 만들고 포장용 필름,
섬유, 파이프, 패킹, 도료 등에 사용된다. 섬유는 높은 인장력을 가지고
있으며, 주로 공업용 로프 등이 만들어진다. 최근에는 포장용 필름으로
생산되고 있다.

폴리염화비닐(PVC)

원래 투명하고 딱딱한 소재이지만 가소제를 가하면 연하고 부드러운
특성을 갖는다. 이러한 폴리염화비닐은 각종 첨가제를 배합하여
열가공하여 다양한 형태의 제품으로 가공하게 된다. 폴리에틸렌
제품보다 내한성이나 신장성은 떨어지지만 투명성이나 강도는 우수한
특성을 가지고 있다. 하지만 탄력이나 약품에 대한 저항성이 있어
열에는 약하다. 우리 주변의 하수도 또는 상수도용 파이프나 회백색의
플라스틱 제품이 PVC로 만들어져 있다. 용도로는 포장용·농업용 등의
시트나 필름 용도로 사용되며, 주로 압출성형 제품이 많다.

폴리프로필렌

프로필렌은 석유화학 공장에서 나프타를 분해할 때 에틸렌과 함께
생성되는 재료이다. 표면의 광택과 전기적 성질은 좋지만 내한성은
좋지 않다. 폴리프로필렌의 가장 큰 특징은 외부 충격에 강해서 본체와
뚜껑을 하나로 성형하는 힌지를 사용하는 제품을 만들 수 있고,
이러한 힌지 부분은 100만 번 정도의 반복에도 견딜 수 있다는 점이다.
(유백색의 수지) 필름·연신 테이프·섬유·파이프·일용잡화·완구·공업용
부품·컨테이너 등의 용도로 사용된다.

아크릴

아크릴이 갖는 가장 큰 특징은 투명성으로, 광학적 특성이 우수하다.
즉 투명도를 이용하는 다양한 제품에 주로 사용된다. 아크릴은
플라스틱의 일종으로 아세톤, 시안산, 메틸알코올을 원료로 만든 소재를
말한다. 이러한 투명한 소재의 특징을 갖는 아크릴은 보통 유리보다
투과율이 좋으며 전기 절연성, 내수성이 좋은 편이다. 이러한 아크릴의
특성을 이용한 제품들이 개발되고 있으며, 모형 제작에서도 가공의
용이성에 따라 많이 사용되고 있는 소재이다.

아크릴로니트릴스틸렌

아크릴로니트릴과 스틸렌의 두 가지 재료를 혼성 중합한 수지이다.
소재의 특징으로는 무색 투명하지는 않지만 투명성이 상당히 좋고,
보통 청색이나 갈색으로 착색하여 사용한다. 소재는 경질의 수지로
투명성·광택·착색 효과가 좋으나 상대적으로 유연성이 부족한 성질을
가지고 있다. 이 소재는 유기용제를 제외한 약산·약알칼리·유류에도
잘 견디며, 내열성·내후성은 PS보다 우수한 특징을 갖고 있다. 특히
펄을 혼합하여 사출하면 표면에서의 펄 효과가 탁월하다.

엔지니어링 플라스틱

폴리아미드

일반적으로 폴리아미드는 나일론이라고 불리는데 이는 미국 듀폰사에서
개발한 제품을 통칭하는 말이다. 폴리아미드는 산아미드 결합 구조를
가지고 있는 고분자 화합물로서 마찰계수가 적고 내마모성이 좋으며,
윤활성이 좋은 갈백색 수지이다. 폴리아미드 수지는 아미노기에 비해
흡습성이 커서 치수 안정성이 부족하다. PA6은 성형 직후의 수분이
0으로 잘 부서지고 치수도 적게 나온다. 즉 성형 직후 제품을 끓는
물에 넣어 흡습시킴으로써 나일론의 고유 물성을 갖게 하고 치수를
정상화하여 사용한다. 또한 재료를 보관할 때는 방습 처리한 컨테이너를
사용해야 하는 단점을 가지고 있다.

폴리아세탈

폴리아세탈이 갖는 기계적 성질은 가소성 플라스틱인 폴리카보네이트, 폴리아미드와 함께 상당히 높은 수준에 있다. 또한 폴리아세탈은 폴리카보네이트보다는 탄성이 있고, 폴리아미드보다는 치수 안정성이 좋은 것이 특징이다. 높은 결정성을 바탕으로 기계적 강도가 크고 내연마성이 우수하다. 기어, 캠, 스위치 등의 기계 부품과 사무용 기기, 생산 기계, 자동차 등 용도가 확대되고 있는 소재이다.

폴리카보네이트

일반적으로 높은 투명도를 보이지만 성형 시에 유동성이 좋지 않다는 단점이 있다. 하지만 상대적으로 기계적 특성이 우수하며, 충격에 매우 강한 성질을 가지고 있다. 일반적으로 폴리아미드나 폴리아세탈보다 흡수성이 작아서 성형 시에 치수 안정성이 좋다. 또한 충격 강도는 열가소성 플라스틱 재료 가운데 최고 수준에 속한다.

폴리에틸렌테레프탈레이트(PET)

폴리에틸렌테레프탈레이트 소재의 섬유용 제품의 경우는 테토론이란 이름으로 알려져 있다. 이 테토론은 스포츠용품에 많이 사용되는 소재이다. 또한 공업 부품분야에서 많이 사용되고, 원래의 소재에 유리 섬유를 혼합하여 사용하기도 하며, 종래의 다이캐스팅 성형품의 대체품으로 연구되고 있는 소재이기도 하다. PET병이라는 투명 또는 반투명의 플라스틱 물병의 소재로, 우리 주변에서 쉽게 접할 수 있다. 일반적으로 기계적 물성과 내열성이 매우 좋으나 성형성이 좋지 않아 얇은 제품에서는 성형이 힘들다는 단점을 가지고 있다.

폴리부틸렌테레프탈레이트(PBT)

에틸렌의 구성비는 일반적으로 탄소 2, 수소 4 비율의 구조물을 가지고 있으나 부틸렌의 경우는 탄소 4, 수소 8의 화합물로서 사출 성형 시 PET에 비해 사이클을 고속화할 수 있다는 장점을 가지고 있다. 또한 치수 안정성이 ENPLA(engineering plastic) 중에서 가장 우수한 재료이다. PBT는 제품의 외관이 양호하고 단단하며, 열에도

열가소성수지
폴리에틸렌: 포장, 식물용기,
농업용 필름, 잡화, 컨테이너,
어망
폴리프로필렌: 식품용기, 필름,
세면용품, 전기제품, 자동차부품,
컨테이너
PVC: 농업용 필름, 전선피복,
수도권, 타일, 호스, 인조피혁
폴리스티렌: 텔레비전 및 라디오
하우징, 식탁용품, 어상자, 완구,
단열재
ABS수지: 자동차부품,
전기제품, 여행용가방
AS수지: 식탁용품, 화장품용기,
전기제품, 일회용 라이터
메타크릴수지: 전기제품,
식탁용품, 자동차부품, 조명판,
착판, 방풍유리
폴리아미드: 자동차부품,
기계부품, 의료용기구, 필름
폴리카보네이트: 전기제품,
자동차부품, 보온병, 헬멧
폴리아세틸: 전기부품,
자동차부품
PBT: 자동차 외장부품, 가전,
OA기기 하우징
MPPO: 전기, 전자부품,
자동차부품, 사무기기
PET: 식품용기, 필름,
카세트테이프

열경화성수지
폴리우레탄: 자동차부품(범퍼,
시트), 전기제품(단열재), 밑창,
가구 쿠션
페놀수지: 프린트 배선기판,
다리미, 주전자 등의 손잡이
제우레아수지:
전기제품(배선기구), 단추, 접착재
멜라닌수지: 식탁용품, 화장판,
접착제, 도료
불포화에스테르수지: 욕조,
보트, 단추, 헬멧, 도료
에폭시수지: 전기제품(IC 대지재,
프린트 배선기판), 도료, 접착제

잘 견디는 특징을 가지고 있으며, 전기 절연성이 좋고 내마모성도 좋다.
PET와 혼합해서 광택을 내기도 한다.

에틸렌초산비닐수지(EVA)

근래에 식품과 관련된 플라스틱 재료로 각광받는 재료이다. 기존의
PVC와 같은 재료들은 환경 호르몬의 위험과 같은 문제의 소지를
안고 있기 때문에 가종 규제를 받고 있다. EVA는 유연하고 강인하며
투명성과 광택이 좋은 특징을 가지고 있으며, PVC와 같이 독성의
염려도 없고 가공성도 좋다. 또한 기존의 식품류 재료 외에 발포시켜서
사용하면 미세한 기포체로서 가볍고 마모성이 좋다. 주로 샌들, 슬리퍼,
단열재 등에 사용된다.

열경화성 수지

성형이 완료된 플라스틱은 3차원적 구조가 되어 다시 열을 가하거나
재가공한다고 해도 원래의 상태로 되돌아가지 않는다는 특징이 있다.
구조 자체가 3차원 분자구조를 가지고 있어 150℃ 이상의 열에서도
견디기 때문이다. 또한 압축, 적층, 성형따위의 가공 방법을 사용하기
때문에 비능률적이다. 일반적으로 열경화성수지는 대부분 반투명 혹은
불투명 제품으로 이루어져 있으며, 제품성을 향상시키기 위해 충진제나
강화제를 사용하는 것이 많다.

페놀수지

1872년 처음 발견되었고 1909년에는 베이클랜드에 의해 개발되어
'베이클라이트'라는 명칭으로 공업화에서 성공해 역사가 가장 오래된
플라스틱으로 알려져 있다. 원래의 색은 갈색이지만 착색의 범위가 좁아
거의 원색에 가깝거나 검게 착색된다. 제조 방법으로는 수지를 분말로
하여 각종 충진재를 넣어 사용한다. 페놀수지는 전기 제품이나 보드류,
도료, 접착제의 재료로 많이 사용되며, 금속과의 밀착성이 좋지 않아
알키드수지로 변성하여 일반 도료나 방청 도료로 사용되기도 한다.

요소수지

원래는 무색에 투명하고 기계적 성질이 약하다. 요소수지 접착제는
다른 수지에 비해 내수성이 약하지만 베니어 등의 내수합판의
접착에 주로 쓰인다. 페놀수지보다 착색이 자유롭기 때문에
칠기 등에 사용되기도 하며 수용성인 초기 축합물에 염류를 가하면
상온에서도 경화시킬 수 있다. 기계적 성질이 약해 공업용으로
사용하기에는 무리가 있으며, 주로 일상용품이나 장식품 등에
사용된다.

멜라민수지

요소수지와 비슷하지만 소재가 견고하고 강도가 크며 내마모성과
내용제성이 우수하다. 일반적으로 0~150℃의 고열에서도 잘 견디는
것이 특징이다. 또한 위생적이며 착색 광택이 좋아서 식기류에
주로 이용된다. 멜라민을 적층시켜서 만든 화장판은 건축 재료나
가구 재료로 사용되기도 한다.

VA수지

에틸렌과 초산비닐(대개 40% 미만)의 혼성 중합으로 일반적으로
탄성이 좋고 열과 자외선에 강하며, 가소성이 있는 것이 특징이다.
내한성이 요구되는 식품이나 냉동제품의 포장, 종이컵, 상자의 코팅,
신발창의 재료로 사용되며, 필름, 성형품, 핫멜트(hot melt) 접착제의
주원료나 석유왁스의 개질제로 사용된다.

에발수지

산소 투과성이 좋고(나일론이나 PET의 약 1/100, LDPE의 약 1/20.000)
재질이 부드럽다는 특성이 있다. 또한 유기용제성이 우수하고
가공성이 우수하다. 열성형이 용이하여 다른 플라스틱과 조합해
공압출필름·시트사출성형, 회전성형, 다색인쇄, 라미네이션 등도
가능하다. 용도로서는 가스배리어성과 내유성, 보향성을 살려서
식품화장품, 농약 등의 포장 용도로 사용되고 있다.

PVA수지

폴리초산비닐을 알코올에 녹인 다음, 알칼리나 산을 소량 첨가하여 만든
것이다. 유연성이 있고 비대전성이 좋아 오염에 강하다. 또한 강도가
뛰어나며 투명성과 표면 광택이 좋다. 섬유 포장이나 의약품 포장,
접착용 소재나 주방용 제품, 청소용 제품 등에 사용된다.

불포화폴리에스테르

일반적으로 유리섬유로 강화되기 때문에 섬유강화플라스틱이라고도
한다. 우리 주변에서는 소형 선박이나 보트 등을 만드는 데도 사용되지만
플라스틱 욕조나 정화조 등이 대부분 불포화폴리에스테르를 사용해
만들어진다. 이 밖에 도료용과 화장판용, 운동용구로는 장대높이뛰기용과
스키용 등이 있다. 최근에 발달한 성형법을 사용해 인장강도나
절곡강도가 강철과 같은 강도를 가진 유리섬유강화플라스틱도 만들 수
있다. 유리섬유뿐 아니라 나일론이나 테트론 같은 섬유에도 사용되며,
엔지니어링 플라스틱(공업용 플라스틱)으로도 사용된다.

에폭시

에폭시 수지의 최대 장점은 접착성이다. 휘발성이 없으므로 경화 후에도
용적 축소가 극히 적은 장점을 가지고 있다. 또한 알루미늄 등의 경금속
접착에 아주 우수한 성질을 가지고 있다. 이러한 성질을 이용하여
리벳의 접착 대용으로 사용하거나 안료를 첨가해 착색시켜 사용하기도
한다. 일반적으로 열 80℃ 전후의 한계성을 가지고 있지만 근래에는
180℃ 정도의 고열에도 견딜 수 있는 제품이 개발되기도 했다.

우레탄수지

인조고무의 일종으로 내유성이 좋고 마멸도가 낮아 접착제나
방음재로 사용한다. 일반적으로 빛이나 산소 등의 영향으로 쉽게
황변이 일어나지만 내열성이 좋다. 최적의 사용 온도는 100℃
내외이며, −70℃에서도 사용이 가능하다. 또한 도료, 섬유, 고무 등의
다양한 형태로 가공하여 사용한다.

실리콘

규소와 탄소가 결합된 유기화합물로 연소할 때 유독가스 발생이
없고 기체 투과율이 크며, 광택유지율·내후성·내약품성·내균열성이
우수한다. 또한 가소물이나 금속을 성형할 때 이형제로 쓸 수
있을 정도로 피복력이 좋다. 대부분의 용제에서 거품을 없애는 작용이
크며 생리적으로 무해해 화장품이나 약품으로 쓸 수 있다. 이러한
실리콘의 성질은 다음과 같은 최종의 형태로 있을 때 각기 다르다.

Silicon Oil(오일 상태)　유상오일, 그리스, 왁스, 에어졸 제조
Silicon Gun(고무 모양)　내열성이 우수
Silicon Resin(레진 상태)　니스, 도료, 성형용수지, 패킹, 손잡이

이처럼 실리콘은 물성의 변화가 다양해 여러 가지 형상에 응용할 수
있다. 단 착색이나 도금을 할 수 없다는 단점이 있다.

판재류

품명	두께	규격	색상	주용도	특징
캐스팅아크릴	1mm ~ 60mm	850×1750 900×1800 1000×2000 1150×1810 1200×2400	다양한 색상 주문 생산	일반적인 아크릴 가공 CNC, 레이저 가공 용이	가장 많이 사용 저렴한 단가
압출아크릴	1.5mm ~ 10mm	900×1800 1000×2000 1200×2400	투명, 유백	시트접착 표시판 판넬, 액자 조명커버	압출 생산 방식으로 원판의 길이 선택 가능
아스텔아크릴	3mm ~ 20mm	900×1800 1200×2400	다양한 색상 주문 생산	인테리어 마감재	다양한 색상
케미그라스	3mm ~ 50mm	900×1800 1000×2000 1200×1800 1200×2400	투명칼라 주문 생산	조명 제품, 장식품 수족관, 의료용품	투명도 우수
포멕스	1mm ~ 19mm	900×1800 1200×2400	다양한 색상 주문 생산	전시장 칸막이 pop 판넬	저렴한 단가
폴리카보네이트 PC	1mm ~ 10mm	1000×2000 1200×2400	투명, 녹투명, 백색	산업용, 보호커버, 방음벽, 건축물 캐노피	충격 강도가 유리의 250배 아크릴의 30배
PET	0.5mm ~ 5.0mm	800×1300 1000×2000 1220×2440 1500×2440 1500×3050	투명, 녹투명, 백색	산업용 판넬, 기계커버 성형광고물, 명판	내충격성, 성형성, 환경친화성 등이 우수
폴리그라스	2.3mm ~ 40mm	900×1300 900×1800 1200×2400	다양한 색상 주문 생산	천정조명등, 실내차광용 인테리어 디스플레이용	조명 효과가 뛰어나고, 색상과 무늬가 다양
루바	15mm ~ 40mm	600×1200	백색, 금은색	천정 조명용	부드러운 분위기와 조명 효과
ABS	1mm ~ 30mm	1000×2000	일반 백색 대량구매시 다양한 색상 주문 생산	산업용, 수족관 제작용 케이스 제작용	전기절연성이 우수한 열가소성 수지로 화학적 저항성과 열안정성이 우수

봉재류

품명	두께	규격	색상	주용도	특징
아크릴파이프	2mm ~ 10mm	1000×2000 30∮ ~ 1000∮	투명, 다양한 색상 주문 생산	실험기구 제작용 디스플레이 산업용	길이와 지름 조절 가능
아크릴봉 1∮ ~250∮		1000×2000	투명, 다양한 색상 주문 생산	디스플레이 아크릴 제품 부자재	길이와 지름 조절 가능
아크릴돔	3mm ~ 5mm	50∮ ~1500∮	투명, 다양한 색상 주문 생산	전시용품, 채광용	반구 모양의 제품
PC밀러	0.5m ~ 1mm	1000×2000	은, 금, 적, 청, 흑색	인테리어 내장재 산업용	유리에 비해 자유로운 성형 가능
하프밀러	3.0mm	900×1800			아크릴과 유리의 특징 겸비
감시경		500∮ , 600∮		점포 감시용	
돔밀러	2mm ~ 3mm	100∮ ~ 150∮ 200∮ ~ 250∮ 300∮ ~ 400∮ 500∮ ~ 600∮ 700∮	은색	교통안전 표지판용	

나무

화학적 성질, 물리적 성질, 기계적 성질 등 다양한 특성을 지니고
있기 때문에 어느 재료보다도 다루기가 까다롭고 어렵다. 하지만
자연친화적이며 촉감, 질감 등을 통한 인간의 감성 만족도를 충족시키는
정도가 높아 오랜 시간 동안 가장 선호하는 조형 재료로 사용되고 있다.
또한 세포의 결합으로 이루어진 다공질의 복합체로 세포막을 구성하는
레이어 사이에 미세한 틈이 존재한다. 이 틈을 통해 진동을 흡수하는
특성 때문에 현악기나 피아노 등의 음향판으로도 사용된다.
또한 나무만의 조직과 색상과 문양을 갖고 있으며, 비강도를 증가시켜
하중에 대한 저항력이 다른 재료에 비해 높다. 반면 흡습성이 높아
수분을 흡수하면 팽창하고 방습하면 수축하며, 열화성이 높기 때문에
적절한 표면 처리를 하지 않은 채 외부에 노출시키면 틀어지거나
갈라지거나 하는 변형의 우려가 있다. 나무는 크게 자연에서 얻어지는
원목과 산업목재로 분류할 수 있다. 원목의 경우는 그 종류와
수종에 따라 색상, 결, 강도 등이 다양하기 때문에 작업 상황에 맞는
목재(수종)를 선택하여 작업하는 것이 중요하다. 이를 위해서는 나무에
대한 정확한 이해가 뒷받침되어야 한다. 산업 혁명 이후 기술의 발달과
함께 천연목재의 단점을 보완한 산업목재의 개발이 이루어졌는데
베니어, 합판(플라이우드), 파티클보드 등이 그 대표적인 것들이다.
이들 산업목재는 공예품이나 전통가구보다는 건축자재나 산업가구용
부자재, 모델링 재료로 많이 사용되고 있다.

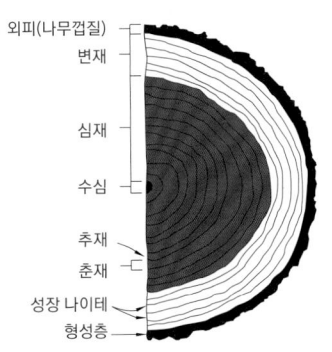

나무의 구조와 명칭

나무의 종류

원목

활엽수와 침엽수로 나눌 수 있는데 일반적으로 활엽수는 내구성이
좋기 때문에 건축 및 인테리어 자재나 가구 재료로 많이 사용된다.
반면 침엽수는 연한 구조를 가지고 있어 다루기가 쉽다는 장점을 가지고
있지만 내구성 및 강도가 약해 구조적인 결점을 야기시킬 수 있다.

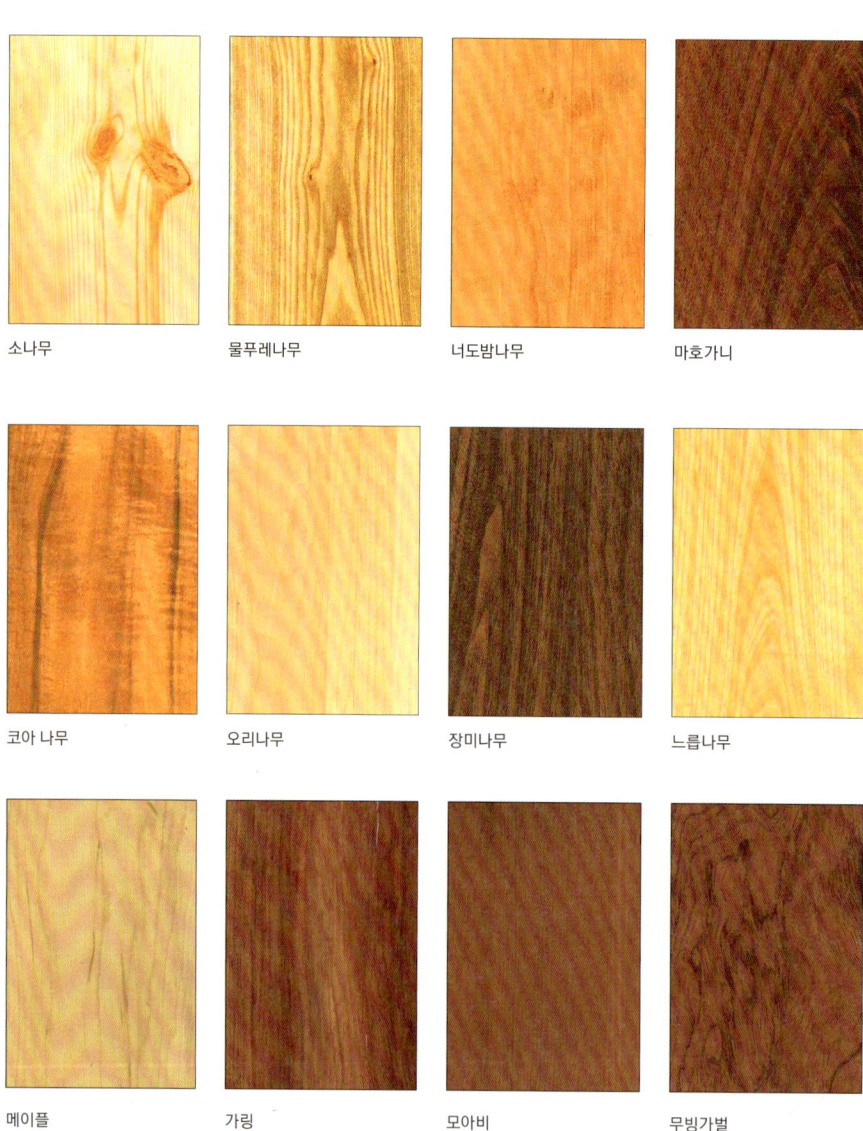

소나무	물푸레나무	너도밤나무	마호가니
코아 나무	오리나무	장미나무	느릅나무
메이플	가링	모아비	무빙가벌

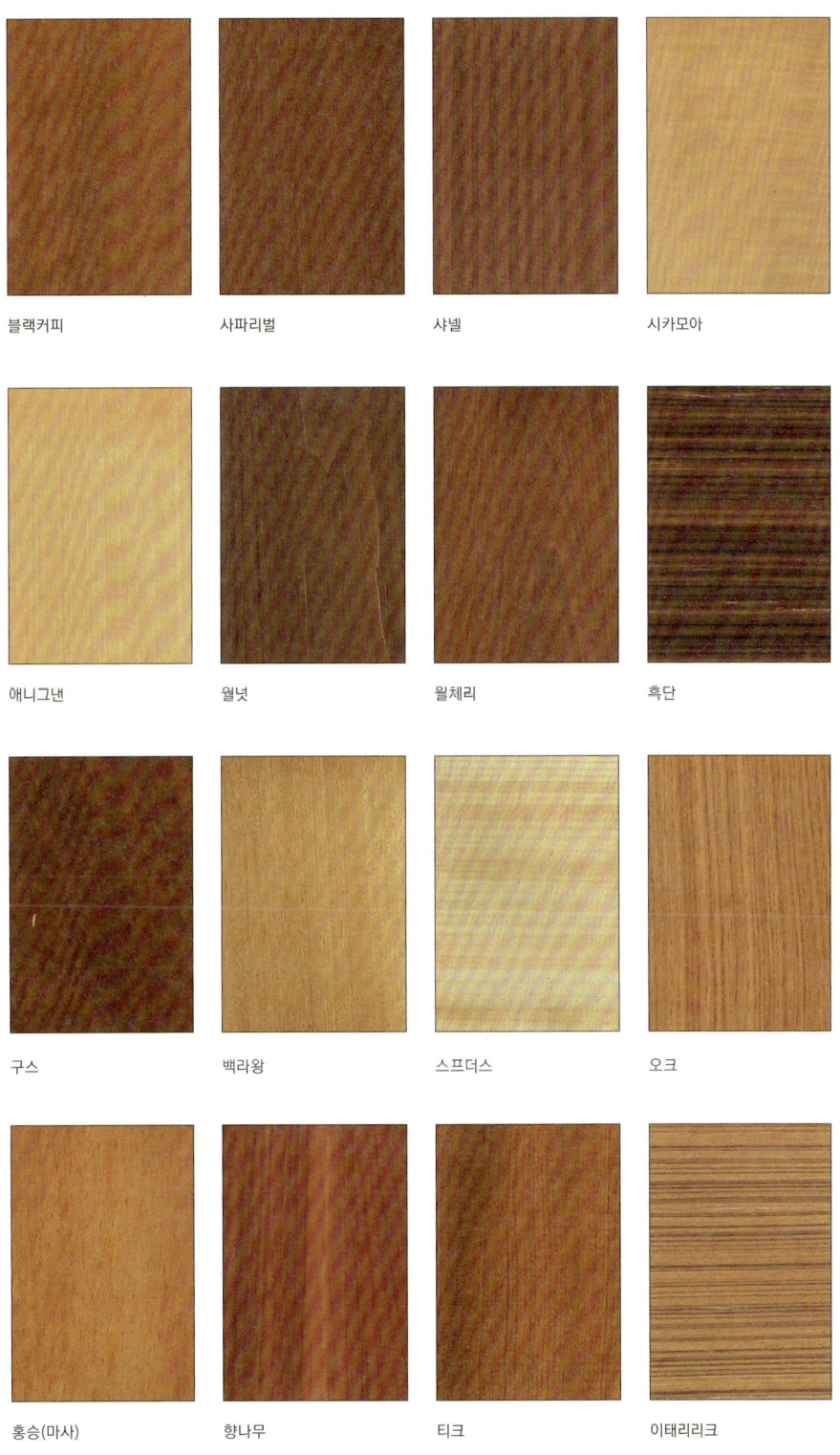

블랙커피   사파리벌   샤넬   시카모아

애니그낸   월넛   월체리   흑단

구스   백라왕   스프더스   오크

홍승(마사)   향나무   티크   이태리리크

무늬목

원목을 0.3mm에서 0.8mm 정도의 두께로 얇게 켜서 만든 것으로
합판이나 MDF 위에 붙여서 사용한다. 판재뿐 아니라 곡선으로
휘어지는 형태를 제작할 때도 매우 유용하며, 천연무늬목 이외에도
인조무늬목과 천연무늬목에 염색을 한 무늬목 등 그 종류가 다양하다.
우리나라에서는 주로 0.3mm를, 외국에서는 0.6mm 두께의
무늬목을 사용한다.

무늬목의 단위를 평으로 사용하는데 한 평은 사방 6자를 말한다.
천연무늬목은 건식과 습식으로 구분된다. 건식은 0.5mm 이상의
비교적 두꺼운 무늬목으로 프레스를 이용해 강한 열로 본드를
접착시키거나 본드가 굳을 때까지 장시간 기다려야 하는 단점이 있다.
습식은 우리나라에서 가장 많이 사용하는 방법으로 무늬목을
물에 적신 다음 다리미를 이용해 본드를 접착시킨다.

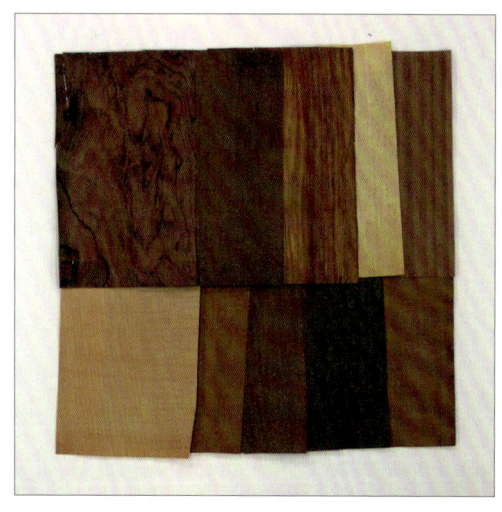

파티클보드

나무의 셀룰로오스 성분을 기계적으로 분쇄하여 본드와 함께
프레스로 눌러서 가공한 판이다. 값이 MDF보다 저렴하지만 합판이나
MDF보다 내구성이 적고 거칠어 도장을 하기에는 적합하지 않다.
크기는 1200×2400mm로 규격화되어 있다.

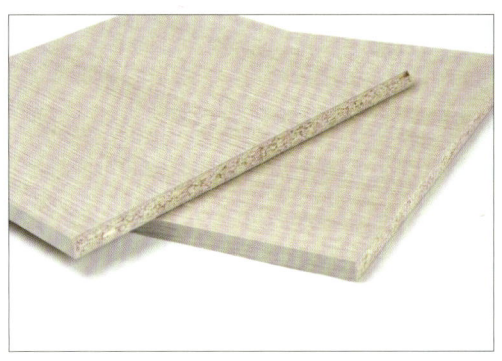

합판

얇은 나무판을 여러 장 엇갈려서 붙여 만든 판으로 3×6(900×1800mm),
4×8(1200×2400mm)의 크기로 양산 가공된다. 합판의 구조는
홀수장으로 만들어지는데 이는 구조적인 균형을 맞추기 위해서이다.
또 변형을 최소화하기 위해 결을 서로 엇갈리게 붙인다. 합판의 장점은
폭이 넓은 판을 얻을 수 있고 동시에 수축과 팽창에 의한 변형을
최소화할 수 있다. 또한 3, 6, 9, 12, 15, 18mm 등 규격화된 두께로
생산되므로 사용하기에 편리하다.

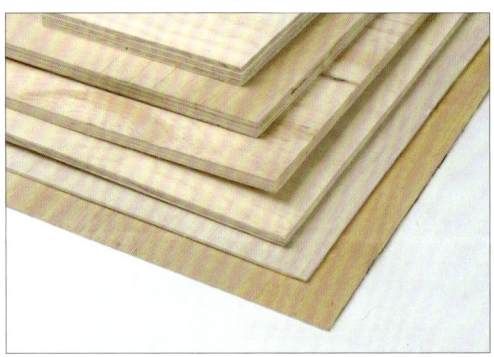

MDF

리그노셀루로즈를 고온에서 기계적, 화학적으로 처리한 섬유에
접착제를 첨가해 열압으로 만든 중밀도 섬유판이다. 구조적으로
원목이나 합판에 비해 약하고 부스러지는 현상이 생기지만 저렴한

가격 때문에 1980년대부터 목재와 합판의 대용으로 사용되고 있다. 크기는 합판과 같이 1200×2400mm로 규격화되어 있으며, 수축과 팽창이 거의 일어나지 않고 벤딩과 같은 곡면 가공이 용이하다. 그러나 부서지는 특성 때문에 충격에 약한 것이 단점이다.

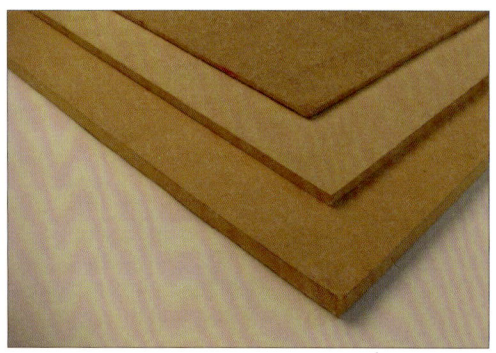

집성목

집성목은 주로 미송으로 만들어지는데, 각재로 절단한 것을 고주파를 이용해 접합 판재로 만들어 낸 것이다. 규격화된 원목의 판재를 얻을 수는 있으나 나뭇결의 아름다움을 살릴 수 없으며, 미송의 경우 가구재로서 질이 떨어지고 너무 연하여 충격에 약한 것이 단점이다. 크기는 915×2250mm로 15, 18, 24, 30mm의 두께가 있다.

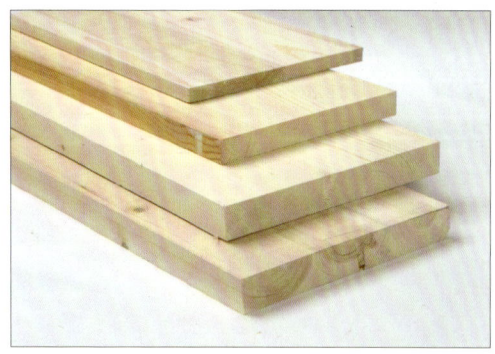

목재의 특성

목재는 나무로부터 생산되는 자연의 소재로서 많은 변화를 가지는
특성이 있다. 바람, 태양, 토양, 그늘, 습도 등 주변 환경의 영향에 따라
그 나무의 특징이 결정되는데 우리가 흔히 나무로 조형물을 만들 때
이러한 성장에 따른 변화와 생물학적인 특성에 대한 이해가 필요하다.

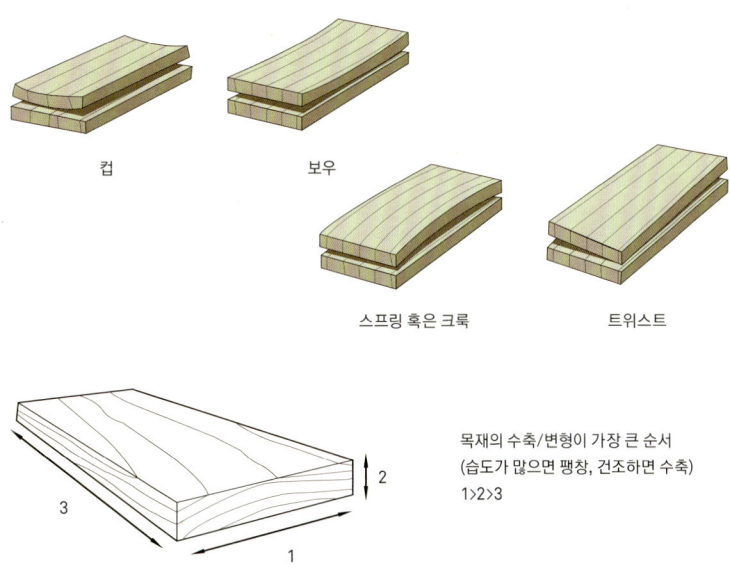

컵

보우

스프링 혹은 크룩

트위스트

목재의 수축/변형이 가장 큰 순서
(습도가 많으면 팽창, 건조하면 수축)
1>2>3

나뭇결에 따른 면 다듬기 방법

끌, 대패, 샌드페이퍼 등으로 나무 표면을 다듬을 때 가장 먼저
고려되어야 하는 것이 나뭇결이다. 결의 방향에 따라 뜯기는
성질 때문에 항상 칼날의 방향을 결의 방향과 같게 해야 한다.

결에 따른 접합 방법

종단 면이나 가장자리 면끼리는 결의 방향에 상관없이 접착제만을
이용하여 붙여도 무관하다. 단지 확실하게 면을 평행하게 만들어야
하고 붙이는 면적이 너무 좁지 않아야 한다. 마구리가 만나는 접합의
경우 접착제만으로 접합을 하는 것은 곤란하다. 조형물의 시각적
형상을 감상하기 위해 간단한 모형을 제작하는 것이 아니라면 나무의

마구리가 닿는 부분은 항상 짜임 내지는 하드웨어를 사용하여
구조적으로 견고하게 연결시켜 줘야 한다.

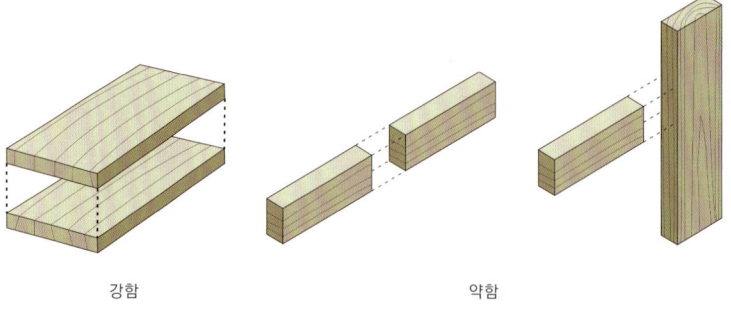

강함   약함

결에 따른 사용법

나무의 결 방향을 짧게 하여 사용을 하면 짧은결 부분이 구조적으로
약해서 부러지기 쉽기 때문에 방향을 바꾸어 가공을 해야 한다.

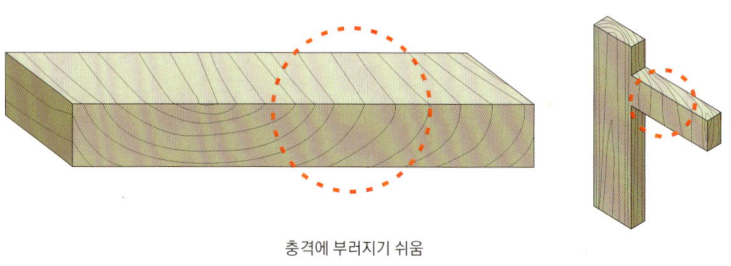

충격에 부러지기 쉬움

나무의 가공

기초가공법

가구를 제작할 때 먼저 해야 할 일은 목재를 원하는 크기로 자르고
면을 잡는 일이다. 이 작업은 가장 기본적이면서도 가장 중요한
일 가운데 하나이다. 왜냐하면 제대로 잡히지 않은 면을 그대로
사용할 경우 작업에 오차가 생길 수 있으며, 경제적 손실은 물론 일을
두 번하게 되는 경우가 발생할 수 있기 때문이다. 또한 나무를 자르고
면을 잡을 때 가장 기본적인 목재의 성질을 알아야만 올바른 작업이
이뤄질 수 있다. 특히 나뭇결의 방향에 대해서 반드시 알아야 한다.

만약 나뭇결을 반대로 사용하여 면을 잡는 경우 나무의 표면 상태가
거칠거나 뜯겨지는 문제가 발생할 수 있다.

— 자르기(cutting)
목재를 자르는 데 필요한 기본적인 공구로는 둥근톱, 띠톱 그리고
동력을 이용하지 않는 일반적인 톱들이 있다. 이러한 톱들은
그 용도에 따라 사용하는 방법이 각기 다르며, 그 사용법을 제대로
익히면 효과적인 작업을 할 수 있다.

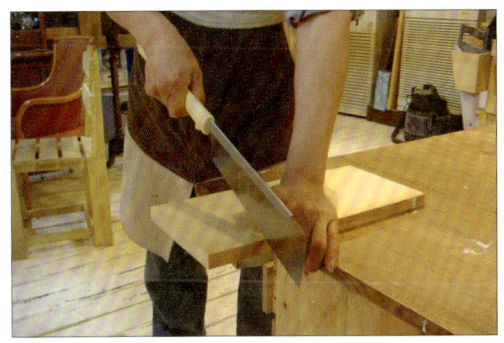

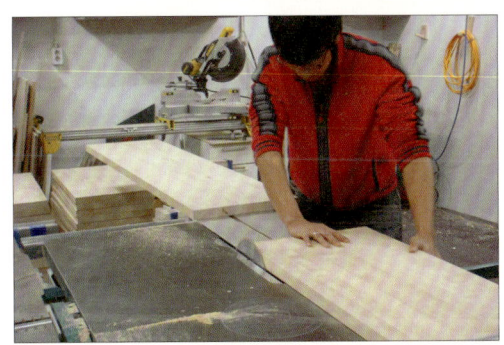

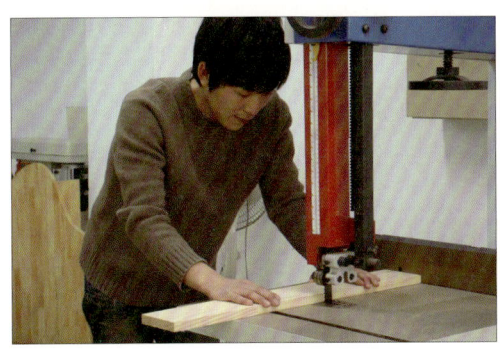

— 평면다듬기(planing)

둥근톱, 띠톱 등을 이용하여 원하는 크기로 목재를 자른 다음 4면을
모두 수평이 되도록 잡는다. 이 과정에서 일반적으로 사용되는 공구로는
손대패를 비롯하여 수압대패와 자동1면대패를 이용할 수 있다.

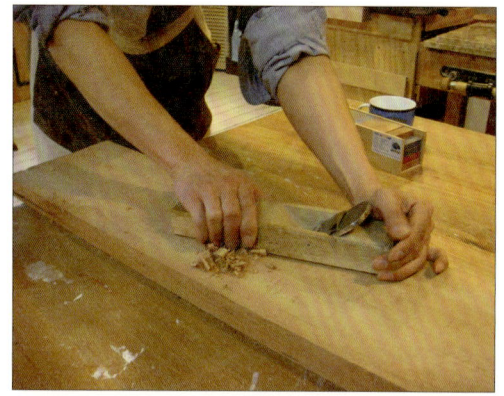

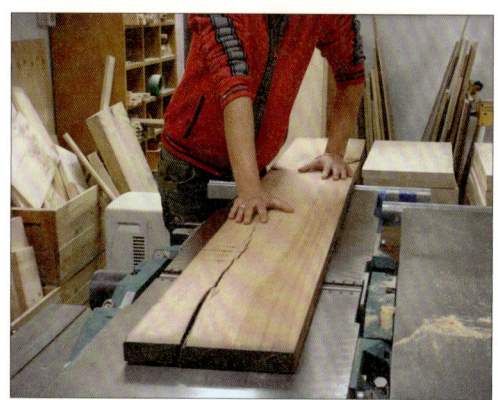

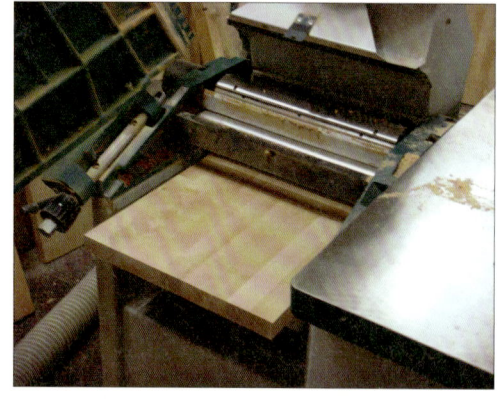

짜임과 이음

가구를 제작할 때 연결 부위를 나사못이나 본드만을 이용해 제작하는
경우도 있지만 좀 더 견고하면서도 좋은 질의 가구를 제작하기
위해서는 짜임을 이용한 연결 방법을 사용해야 한다. 짜임은 목재의
면과 면을 연결시키기 위한 방법으로 다양한 종류가 있으며, 각각의
짜임은 제작 방법에 따라 사용되는 곳이 다르다. 따라서 일반적으로
사용하는 짜임 몇 가지를 알아 두면 편리하다. 또한 짜임은 목재를
붙이는 위치에 따라 수평 수직으로 결의 방향이 고려되어야 하며,
목재의 수축과 팽창에 대한 기본적인 성질을 이해해야만 한다.
짜임에서 가구제작자가 알아 둬야 할 중요한 사실은 짜임을 할 때
목재는 계속적으로 수축과 팽창이 일어나기 때문에 마구리 면에서는
본드만으로 연결하거나 붙이기에는 절대적으로 약하다는 사실이다.

— 반턱짜임(rabbet joint)
코너를 수직으로 연결하는 짜임으로 단순한 상자나 캐비닛을 만들 때
사용한다. 코너의 마구리 부분을 가릴 수 있다.

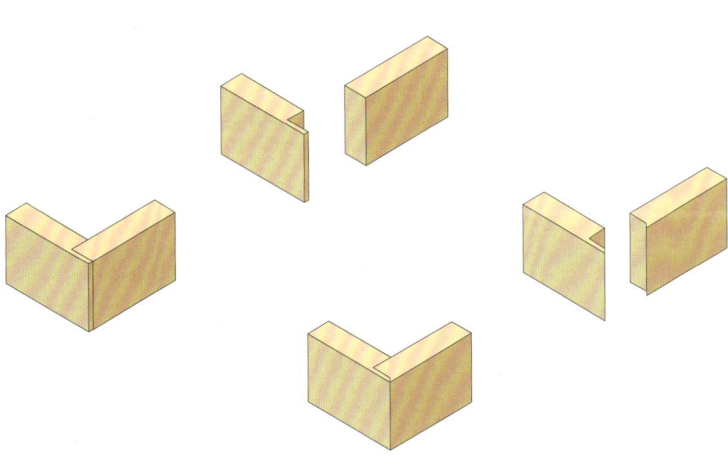

— 맞짜임(butt joint)

나무를 교차시키지 않고 연결하는 가장 단순한 형태의 짜임이라
할 수 있다. 아주 튼튼한 짜임이라고는 볼 수 없지만 간단한
프레임이나 상자 등을 만들 때 사용할 수 있다. 짜임새를 만드는
끝부분은 수직이 되거나 45°가 되어야 한다.

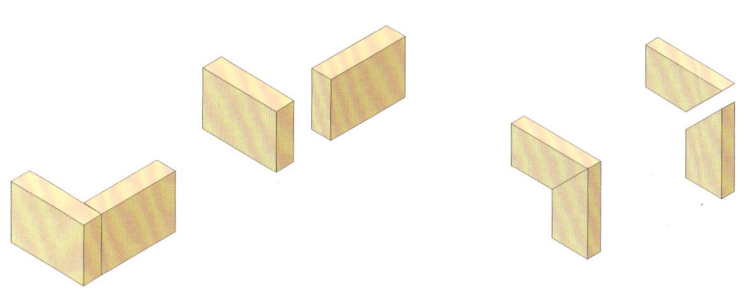

— 턱짜임(halving joints)

+자, L자의 형태로 단순하게 연결되는 모든 구조에 사용할 수 있다.
+자 턱짜임, L자 턱짜임, 통맞춤 형태의 턱짜임, 연귀 형태의 턱짜임,
경사진 턱짜임이 있다. 주로 프레임이나 장 종류의 뼈대 등을 만들 때
사용된다.

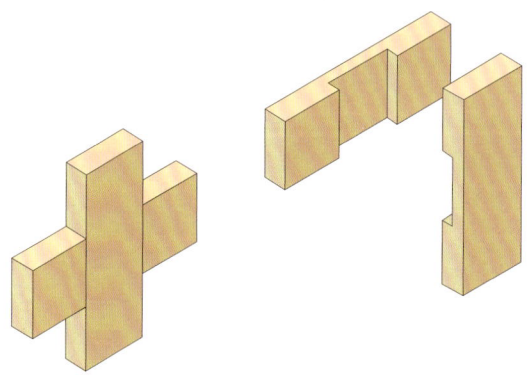

— 가장자리이음(edge to edge joints)

가장자리와 가장자리를 연결하는 짜임으로 일반적으로 넓은 판을
만들 때 사용할 수 있다. 특히 주의해야 할 점은 각각의 가장자리가
윗면과 90°를 이루도록 하고 수평인지를 먼저 확인해야 한다.
가장자리의 연결 방법 중 홈을 판 뒤에 얇은 각재를 넣어 붙이는
경우에는 루터를 사용하면 보다 빠르고 편리하게 작업할 수 있다.

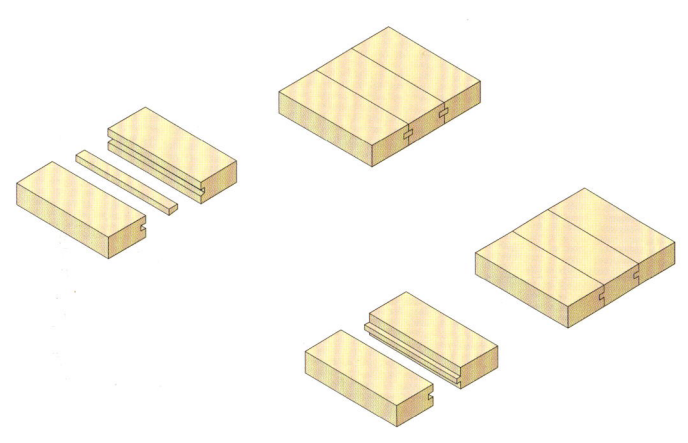

— 통맞춤(housing joints)

판재와 판재를 직각으로 연결하는 짜임이다. 한쪽 판재의 결과 수직
방향으로 홈을 판 뒤에 다른 판재를 끼워 넣는 형식으로 캐비닛이나
선반 등을 만들 때 주로 사용한다. 모든 짜임이 그렇듯이 이 짜임 역시
수공구와 전동공구를 모두 이용할 수 있으며, 특히 루터를 사용하면
보다 편리하게 작업할 수 있다.

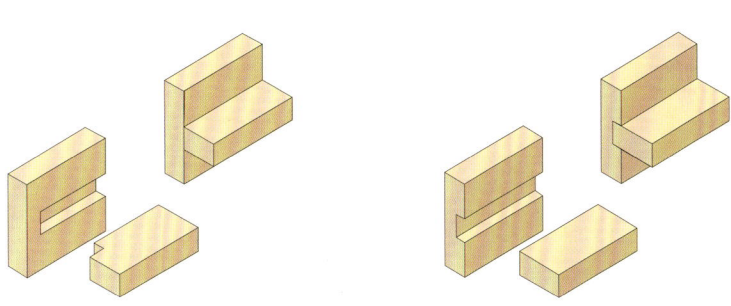

— 장부촉짜임(dowel joint)

연결 면의 한가운데 구멍을 뚫어 촉(dowel)을 집어넣는 구조로
매우 단순한 짜임 가운데 하나이다. 일반적으로 대량 생산의 가구에서
자동화 라인으로 만들어지고 있으며, 수작업으로 제작될 경우
드릴과 촉을 이용해 만들 수 있다. 이때 주의해야 할 점은 판과
드릴 구멍의 각도가 일정하거나 직각을 이루어야 한다는 점이다.
그러기 위해서는 탁상 드릴을 이용하면 보다 정확하고 편리하게
작업할 수 있다. 장부촉짜임은 판재와 판재, 각재와 각재를 연결할 때
사용하며, 주로 너도밤나무, 단풍, 자작나무 등의 단단한 나무에
사용할 때 더욱 효과적이다.

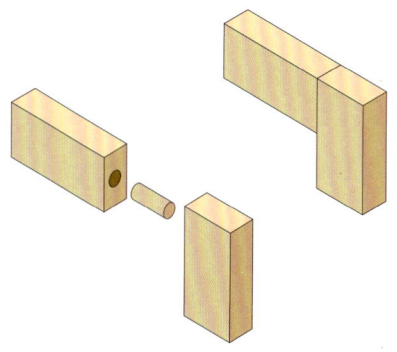

— 브리들짜임(bridle joint)

장부맞춤과 같은 종류의 짜임이나 양쪽 목재의 마구리 면이 외부로
노출되어 있으며, 주로 각재와 각재를 연결할 때 사용하고 L자와 T자의
구조를 이룬다.

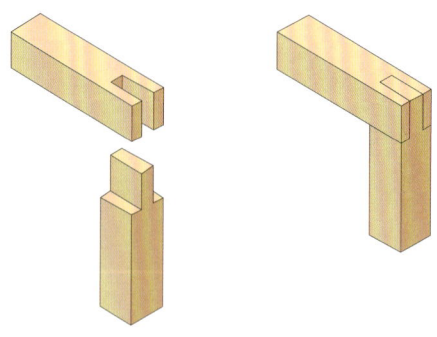

— 장부맞춤(mortise and tenon joints)

가구 제작에서 가장 중요한 짜임이다. 각재의 마구리 면과 가장자리 면을 연결할 때 사용한다. 구조적으로 견고하고 강한 짜임이며, 주로 캐비닛의 프레임이나 의자, 테이블의 다리와 측널이 만나는 부분에 사용된다. 이 짜임은 수공구, 전동공구 또는 둥근톱이나 띠톱 등을 이용해 여러 가지 방법으로 제작할 수 있다.

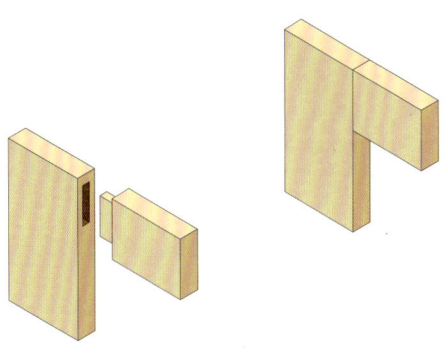

— 사개물림(comb)

상자나 서랍 등을 제작할 때 주로 사용하는 짜임이다. 대량 생산될 경우 자동으로 사개를 만들어 주는 기계를 사용하지만 수작업으로 제작할 경우 둥근톱을 이용하면 편리하다.

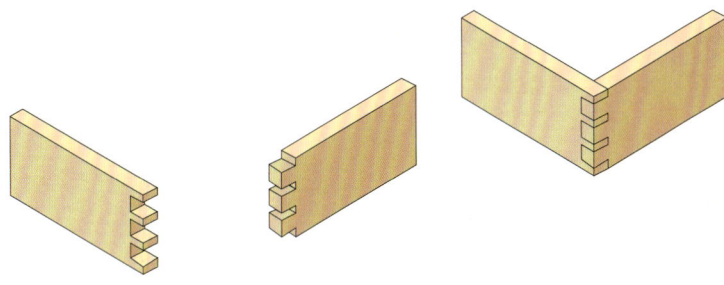

— **주먹장맞춤**(dovetail joints)

사개물림과 비슷한 구조로 상자, 서랍, 장 등을 만들때 사용되는
짜임으로 넓은 면을 연결하는 짜임 가운데 가장 견고한 짜임이다.
다른 짜임에 비해서 제작이 복잡하고 난이도가 있어 더 많은 정확도를
요한다. 그러나 템플릿이나 루터를 이용하면 좀 더 편리하며, 둥근톱에
의한 제작도 가능하다. 수작업으로 할 경우 꼬리의 패턴을 보다
자유롭게 디자인할 수 있다.

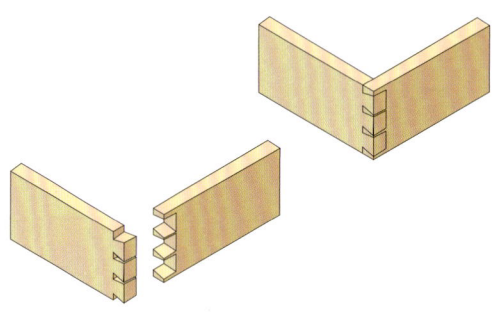

벤딩

벤딩(bending)이란 구조적으로 또는 형태적으로 직선이 아닌 곡선으로
처리해야 할 경우 원목이나 합판 등을 휘는 기술이다. 벤딩에는
원목 벤딩과 합판 벤딩이 있는데, 제작 방법이나 재료에 따라
스팀 벤딩(steam bending), 배큐엄(vacuum)을 이용한 벤딩, 클램프(clamp)를
이용한 벤딩 등으로 나눌 수 있다. 대량 생산의 경우 고주파나 곡면
집성기계를 이용해서 빠른 시간 내에 벤딩 작업이 이루어지고 있다.
벤딩할 때 본드칠과 클램핑은 매우 중요하다. 따라서 작업의 시간과
재료의 특성에 따라서 본드와 클램프의 선택이 달라져야만 한다.
특히 클램핑에 배큐엄 시스템(vacuum system)을 사용한다면 확실한
결과물을 얻을 수 있는데, 일반 클램프만을 이용할 경우 휘는 면에
힘이 골고루 가도록 하는 것이 보다 중요하다.

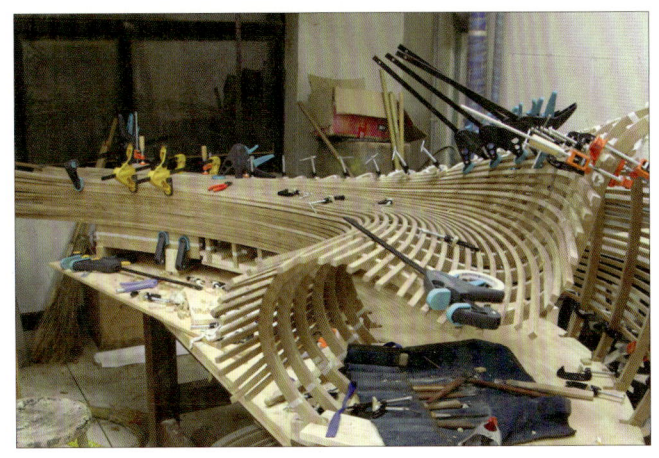

— 원목 벤딩(hardwood bending)

원목을 구부릴 때 사용하는 방법으로 스팀 벤딩과 컬프 벤딩(kerf
bending)이 있다. 스팀 벤딩은 일반적으로 산업체에서 쓰는 방법이고,
컬프 벤딩은 소규모 공방에서 쓰는 방법이다. 스팀 벤딩을 쓰면
훨씬 깨끗한 결과물을 얻어낼 수 있지만, 모든 설비를 갖춰야 하는
어려움이 있다.

— 라미네이티드 벤딩(laminated bending)

얇은 합판이나 얇게 킨 원목을 여러 장 붙여서 원하는 곡면으로
휘는 공법이다. 이때 모든 무늬목이나 합판은 같은 두께여야 하며
최대 2cm를 넘지 않아야 한다.

무늬목 작업

얇은 무늬목을 합판이나 MDF 또는 원목에 붙이는 기술로 가구
제작에서 많이 쓰는 기술 가운데 하나이다. 무늬목을 붙일 때 단순히
한 장을 붙이는 경우도 있지만 여러 종류 또는 여러 장을 여러 가지
패턴으로 붙이는 경우가 많다. 오늘날 무늬목은 원목으로 만들어진
천연무늬목 외에도 종이 포일과 나뭇결처럼 보이는 종이로 만든
무늬목 등 다양한 종류가 있다.

목선반 작업

다른 목공기계의 사용과는 달리 특별한 기술을 필요로 하는 작업으로
어느 정도의 경험이 필요하다. 목선반 작업을 통해 기본적인
목봉이나 원형그릇 등을 만들 수 있는데, 각자의 능력에 따라
재미있고 다양한 형태를 만들어 낼 수 있다. 다른 목공기계와는 달리
하나의 기계에서 마감 사포까지 모든 과정을 한 번에 끝낼 수 있는
것이 특징이다.

도장 및 마감

제작의 마지막 단계로 매우 중요한 공정이며, 재료에 따라서
그 마감 처리 또한 달라질 수 있다. 마감 재료를 선택할 때는 목재가
어떻게 사용될 것인지, 어떻게 보일 것인지를 미리 염두에 둬야 하고,
마감 칠을 하기 전에 반드시 재료의 연마 상태를 확인하고 흠집이나
특히 본드로 생긴 자국들을 말끔히 제거한 다음에 칠을 해야 한다.
마감 칠은 가구를 외부의 습기나 벌레 등으로부터 보호하는 것은
물론 수분의 침투로 인한 뒤틀림이나 변형 등을 막아 주고 목리의
아름다움을 강조시켜 준다. 마감 처리 방법과 재료 또한 매우
다양하다. 대량 생산되는 가구의 경우 자동화된 도장 라인으로
스프레이 도장이 갖춰져 있고 개인공방에서는 수작업으로 마감이
이루어진다. 우리나라에서는 전통의 생칠, 주칠, 흑칠, 식물성
기름칠 등이 재료로 사용되고 있으며, 외국에서는 스테인에서
오일까지 다양한 재료가 사용되고 있다.

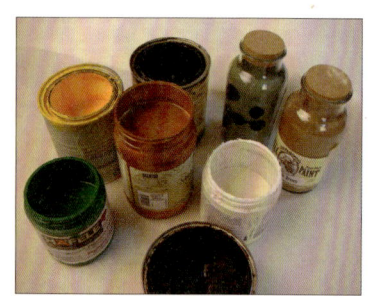 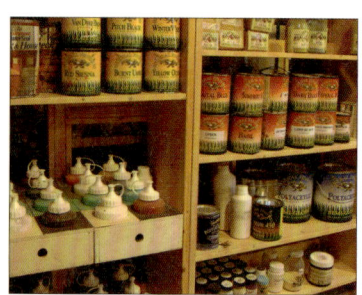

타이포그래피

디자인 재료로서의 글자

태초부터 세상에는 '말'이 있었다. 이것은 심벌도 아니고 그림도 아니라 청각으로 인지할 수 있는 것이었다. 사람들은 이 '말'을 시각적인 기호로 표시하려고 노력했고, 말로 전하는 생각들을 표현하기 위해 그림을 그렸다. 현대 과학자들은 인간의 뇌는 이미지보다 소리로의 생각을 우선으로 한다고 설명했다. 우리가 종이에 쓰인 문장을 볼 때 뇌는 글자들을 우선 소리로 나누고, 다시 그 소리를 생각으로 구성해 낸다는 것이다. 그러나 그 글자의 의미를 알고 그 형태와 친숙해진 뒤부터는 이것은 더 이상 그림이 아니라 구체적인 기호가 되고 정확한 의미가 된다.

글자는 그림이나 사진과는 달리 직접적이고 정확한 내용을 전달하기에 더없이 유용한 도구이다. 이른 아침 마주하는 신문에서부터 일상생활에서 흔히 볼 수 있는 교통 표지판, 거리의 벽보, 상점의 간판, 거리에 즐비한 현수막, 편의점 상품들에 깨알같이 쓰인 글자들, 레스토랑의 메뉴판을 비롯해 차량에 쓰인 글자까지 타이포그래피를 통한 정보의 커뮤니케이션은 현대 정보 사회에서 더욱 큰 비중을 차지하고 있다.

우리는 문자를 말할 때 흔히 '타입(type)' '타이포그래피 (typography)' '타입페이스(typeface)' 또는 '폰트(font)'라는 용어를 쓰지만 확실한 구별 없이 모두 '문자' '글자'라는 의미로 쓸 때가 많다. 일반적으로 글자 하나하나를 '타입'이라 하며, 다른 글자와 구별되는 그 글자의 특별한 형태, 즉 글자꼴을 '타입페이스'[1]라고 한다. 글자마다의 다른 얼굴이라고 기억하면 될 것이다. 그리고 같은 크기와 스타일로 디자인된 한 벌의 글자를 '폰트'라고 하고, 같은 스타일이라 하더라도 다양한 크기 및 굵기, 기울기를 갖고 있는 글자들을 가리킬 때는 '타입 패밀리(type family, 활자가족)'라고 한다. 또 이러한 모든 의미의 글자와 글자가 위치한 공간, 레이아웃된 모양 등을 포함해 글자로 디자인(designing with type)된 상태 및 과정을 모두 '타이포그래피'라고 한다.

1 —
각기 다른 표정을 가진 글자의 얼굴을 '타입페이스'라고 한다면, 키와 몸집은 조금씩 달라도 같은 뼈대를 가지고 있는 글자꼴들을 '타입 패밀리'라고 한다. Helvetica Light, Helvetica Medium, Helvetica Bold, Helvetica Extrabold 또는 Helvetica Italic 등은 모두 같은 타입 패밀리이다.

글자의 표정을 만드는 요소

글자는 소리를 품고 있는 커뮤니케이션을 위한 시각 형태이다.
글자가 가지고 있는 고유한 소리, 즉 발음되는 소리 외에도 글자는
그 글자의 꼴이나 크기에 따라 담고 있는 소리가 있다. 커다란 글자는
큰 소리이며, 작은 글자는 작은 소리이다. 또한 글자사이와 글줄사이는
글자와 글자 사이, 글줄과 글줄 사이의 간격 정도에 따라 글을 읽는
속도를 느낄 수 있다. 따라서 간판 가득 크게 쓰인 글자들은
아우성을 치듯이 들린다. 또한 글자는 구체적인 의미를 담고 있는
시각 형태이지만, 글자라는 형태와 그 글자 형태가 담고 있는 정확한
의미 사이의 관계를 이해하기 전까지는 단순한 추상 형태에 지나지
않는다. 다시 말해 그 의미를 알지 못하는 글자는 형태만을 갖고
있는 그림일 뿐이다. 우리에게 친숙하지 않은 외국어가 덜 복잡하게
느껴지는 것도 그림처럼 인지되기 때문이다.

글자의 스타일

— 올드 스타일(Old Style)

매우 우아한 맛을 느낄 수 있으며, 서적의 본문용 활자로 사용되어
지금까지 가장 뛰어난 활자체로 사랑받고 있다. 올드 스타일은
가로획과 세로획의 굵기 차이가 심하지 않고 글자의 형태가 둥글고
편안하다. 벰보(Bembo), 가라몬드(Garamond), 팔라티노(Palatino),
가우디(Goudy), 캐슬론(Caslon) 등이 있다.

— 트랜지셔널 스타일(Transitional Style)

올드 스타일에 비해 가로획과 세로획의 굵기 차이가 심하고, 글자의
기준선은 거의 수직이며, 글자의 너비가 매우 넓은 것이 특징이다.
오늘날 광고의 문구에 자주 사용된다. 바스커빌(Baskerville),
타임스 뉴로만(Times New Roman) 등이 있다.

— 모던 스타일(Modern Style)

가로획과 세로획의 굵기가 강한 대비를 이루고 있는 명쾌한
기하학적 성격의 글자로 현대적인 서체의 원형이다. 가독성이 뛰어난

활자체라고는 볼 수 없으나 머리카락처럼 얇은 세리프와
굵은 획의 대비에서 현대적인 감각을 느끼게 하기 때문에 상큼한
이미지를 전달하기 위한 광고의 헤드라인이나 잡지 기사의 제목으로
많이 사용한다. 보도니(Bodoni), 디도(Didot) 등이 있다.

— 이집션 스타일(Egyptian style)
이전의 활자체에 비해 획의 굵기가 굵어짐으로써 지면이 조금 검게
보이기는 하지만 읽기에는 더욱 명료하고 편안한 형태를 가지고 있다.
가는 획과 굵은 획의 차이가 심하지 않아 디스플레이 타입으로도
적합하다. 머리카락처럼 가는 세리프를 두껍게 만든 이집션 스타일은
세리프의 모양 자체가 독특하고 강해서 운동선수들의 유니폼에
새겨진 번호에 자주 사용된다. 센추리 익스펜디드(Century Expended),
클래런던(Clarendon), 멤피스(Memphis), 록웰(Rockwell) 등이 있다.

— 컨템퍼러리 스타일(Contemporary Style)
획의 끝에 달린 돌기인 세리프가 없다고 해서 산세리프(sans serif)라고도
불리지만, 이러한 모양의 활자체를 고딕체라고 하는 것은 잘못이다.
이 명쾌하고 판독성이 뛰어난 글자는 시각적으로 가로, 세로획의 굵기가
같으며, 획의 끝이 수평으로 잘린 것이 특징이다. 헬베티카(Helvetica),
유니버스(Univers), 길산(Gill sans), 프랭클린 고딕(Franklin gothic),
푸투라(Futura), 옵티마(Optima), 그로테스크(Grotesque) 등이 있다.

Garamond
올드 스타일

Baskerville
트랜지셔널 스타일

Bodoni
모던 스타일

Rockwell
이집션 스타일

Helvetica
컨템퍼러리 스타일

한글의 글자꼴은 바탕체와 돋움체와 같이 모든 낱자가 같은 크기를 하고 있는 네모틀 글자, 글자 획의 많고 적음에 따라 낱자의 크기가 다른 탈네모틀 글자 그리고 붓과 같은 필기도구의 움직임을 그대로 보여 주는 손글씨체 등이 있다. 바탕체는 읽기에 편하고 전체적인 느낌이 잔잔하다. 돋움체는 제목용으로 주로 사용되기도 하지만 본문용 글자체로도 손색이 없다는 것이 여러 연구를 통해 확인되고 있다.

이처럼 글자의 스타일은 다양하다. 그 글자가 생긴 사회, 문화적인 배경과 글자를 디자인한 디자이너의 의도를 이해한다면 글자의 형태를 선택하고 사용하는 데 많은 도움이 된다. 또한 여러 글자를 아울러 사용할 때도 무조건 다양한 글자꼴을 등장시켜 시각적인 공해를 만들지 않을 것이다. 더욱이 같은 글자꼴이라 하더라도 크기나 굵기와 글자의 너비, 글자사이 등으로 또 다른 느낌을 만들 수 있기 때문에 어느 글자꼴은 어디에 적합하다는 식으로 공식을 대입하려는 태도는 바람직하지 않다.

글자의 크기와 굵기

포토샵이나 일러스트레이터 프로그램으로 작업하면서 폰트 크기상자를 클릭했을 때 크기상자의 맨 끝에는 항상 72라는 숫자가 있다. 50도 아니고 100도 아닌 72라는 숫자에 궁금증이 생긴 적은 없는가? 글자크기나 글자사이, 글줄사이를 나타내는 데는 '포인트(point)'라는 단위를 사용한다. 포인트는 인치를 바탕으로 만들어진 단위로서 1포인트는 1/72인치이다. 따라서 72포인트 크기의 글자는 가로, 세로 1인치 사각형 크기의 글자크기를 말한다.

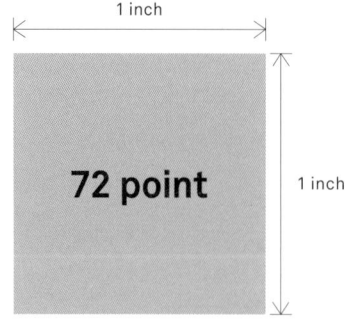

18세기까지만 해도 각 활자주조소는 그들의 고유한 활자를 직접 만들었다. 그 때문에 주조소에 따라 활자의 크기는 가지각색이었고 활자의 이름도 달랐다. 1737년 피에르 시몽 푸르니에 2세(Pierre Simon Fournier Le Jeune)가 출판한 비례표는 활자의 규격화를 만든 시발점이 되었는데, 포세(pouse, 1인치에 해당되는 길이)는 12라인으로 분할되고 그 각각은 6포인트로 나눠졌다. 1764년 푸르니에 2세는 『활자(type)』와 『활자 견본(Type Specimens)』이라는 2권의 '타이포그래피 매뉴얼'을 출판했다. 이때 포인트에 의한 치수 체계가 설정되었다.

그 후 1785년경 프랑수아 앙브르아즈 디도(François-Ambroise Didot)는 푸르니에의 활자 치수 체계를 개정해 오늘날 프랑스에서 사용하는 포인트 치수 체계를 확립했다. 디도는 푸르니에의 치수 체계를 적용한 활자가 습기 있는 종이에 인쇄된 다음 크기가 줄어든다는 점과 푸르니에의 직공들이 표준 치수의 근거를 갖지 못한다는 점을 지적했다. 그리고 12프랑스 인치로 분할된 공용 피에 드 루아(Pier de Roi)를 표준으로 채택하여 1인치를 72포인트로 나눴다. 디도의 이러한 치수 체계는 1879년 독일의 헤르만 베르톨트(Herman Berthold)의 미터법에 의해 개정되고 영국 인치에 적합하도록 조정되었다. 이 포인트 체계는 1886년 미국 활자주조소들에서 처음 사용되기 시작했고, 3년 뒤 영국에서도 이 체계를 채택했다. 이 체계는 오늘날까지 계속 사용되고 있으며, 공약적인 글자의 크기는 포인트로 측정된다.

같은 포인트의 글자라고 하더라도 폰트에 따라 그 크기가 달라진다. 돋움체나 굴림체는 바탕체나 궁서체보다 크며, 같은 로만체 중에서도 타임스 로만체(Times Roman)는 바스커빌체보다 작고, 팔라티노체는 타임스체보다 작다. 이것은 그 글자가 품고 있는 글자의 내부 공간이 작기 때문이다. 대개의 경우 영문자가 한글보다 작으며 숫자는 더욱 그렇다.

그러므로 본문의 글자로 9포인트가 적절하다 하더라도 사용하는 폰트에 따라 샘플을 출력하여 확인하는 작업이 필요하다. 또 같은 문장 안에 있는 글자라고 해도 영문자의 숫자나 한글의 크기를 다르게 지정해 주는 세심한 배려가 필요하다.

Basic Design

Basic Design

BASIC DESIGN

Basic Design

Basic Design

Basic Design

기초조형

기초조형

기초조형

기초조형

기초조형

같은 크기를 사용하더라도 타입페이스에 따라 글자크기가 달라진다.

글자의 굵기는 L(light), M(medium), B(bold)나 숫자로 표현하기도 한다.
이것은 그 폰트를 만드는 사람이 붙인 폰트의 고유 형태를 부르는
이름이기 때문에 사용하는 사람이 임의로 붙일 수 없다. 모든 글자체가
다양한 굵기의 폰트를 구비하고 있는 것은 아니다. 한글의 경우 굵기에
따라 명조체에는 세명조체, 신명조체, 중명조체, 태명조체, 신태명조체,
견출명조체, 특견출명조체 등이 있으며, 고딕체에는 세고딕체,
중고딕체, 태고딕체, 신태고딕체, 견출고딕체, 특견출고딕체 등이 있다.
산돌고딕의 경우 L(light), M(medium), B(bold)로 굵기를 표현하기도
하고, 윤고딕의 경우 110, 120 등의 숫자로 굵기를 나타낸다. 영문의
경우에는 글자체에 extra bold, bold, medium(normal 또는 standard),
light, extra light 등의 명칭을 붙여 굵기를 표시한다.

　　　글자꼴은 글자를 쓰는 목적에 따라 신중하게 선택해야 한다.
본문에서는 바탕체를 주로 사용하고 제목으로는 돋움체가 적당하다고
할지라도 굵기를 잘못 선택한다면 의도했던 것과는 전혀 다른
결과물이 나올 수 있다. 이 글자꼴은 이 스타일에 어울리고,
이 글자꼴은 반드시 이러한 부분에 사용해야 한다는 등의 절대원칙은
없다. 변형된 글자에서 얻을 수 있는 새로운 스타일도 섬세하게
느낄 수 있어야 한다. 다만 유의해야 할 사항은 비슷한 이미지의
글자꼴을 사용할 때는 비슷하다고 해서 유사한 스타일의 글자꼴을
사용하는 것보다 같은 타입패밀리에서 선택하는 것이 좋다.
그렇지 않으면 아주 대비되는 다른 스타일의 글자꼴을 사용하는 것이
효과적이다.

폰트 구입이 가능한 사이트

윤디자인연구소
www.yoonfont.co.kr

산돌커뮤니케이션
www.sandoll.co.kr

폰트뱅크
www.fontbank.co.kr

한양정보통신
www.hanyang.co.kr

한국글꼴개발연구원
www.fontcenter.org

직지소프트
www.jikjisoft.com

폰트릭스
www.fontrix.co.kr

글자사이 공간

좋은 타이포그래피를 만드는 데 중요한 역할을 하는 것은 글자와 글자사이의 공간에 있다. 그 공간이란 낱글자와 낱글자 사이의 '글자사이(자간)', 낱말과 낱말 사이 공간을 뜻하는 '낱말사이(어간)', 그리고 글줄과 글줄 사이의 공간을 말하는 '글줄사이(행간)'를 가리킨다.

대개 텍스트를 구성할 때는 글자사이를 마이너스로 하여 짜기도 하지만 어떠한 타이포그래피를 구사하더라도 편하게 잘 읽히게 하기 위해서는 낱말사이가 글자사이보다 넓어야 하고, 글줄사이가 낱말사이보다 넓어야 한다. 그렇지 않은 타이포그래피는 보는 사람의 눈의 흐름을 편안하게 해 주지 못한다.

글자사이   낱말사이

타이포그래피를 구성하는
재료는 글자와 공간이다.

글줄사이

타이포그래피를 구성하는
재료는 글자와 공간이다.

공간분배가 잘못된 경우

타이포그래피를 구성하는
재료는 글자와 공간이다.

공간분배가 잘된 경우

디지털

재료로서의 디지털 이미지

시대와 기술의 발전은 기초조형에서의 재료에 대한 범위를 확장시키고 있다. 컴퓨터의 사용이 보편화되어 있는 오늘날 물리적 공간에서 유형의 재료들을 사용하여 디자인하는 것과 그래픽 관련 프로그램을 활용하여 이미지를 생성하고 디자인 작업을 진행하는 것은 일반적인 방법이 되었다. 다양한 프로그램은 종이, 나무, 금속 등의 재료를 이용하여 형태를 만들고 디자인하던 과거 조형의 재료와 제작 방법들을 메뉴로 끌어들여 그래픽 프로그램상의 기능들을 이용해 시안을 만들고 기초조형을 위한 다양한 실험들을 가능하게 했다. 여기에서는 재료로서의 디지털 이미지에 대해 살펴보고자 한다.

　　제작 방법에서 디지털로 이미지를 생성하는 것은 2D 컴퓨터그래픽, 3D 컴퓨터그래픽, 디지털로 촬영된 사진과 동영상 이미지로 크게 나눌 수 있다.

아날로그로 생성된 이미지에는 필름 촬영, 드로잉, 콜라주 등 다양한 조형 표현 기법으로 작업된 이미지들이 있다. 아날로그로 생성된 이미지의 경우 스캔 또는 디지털 촬영과 같은 디지털화 과정을 거쳐야 다양한 디지털 기법을 적용시킬 수 있다.

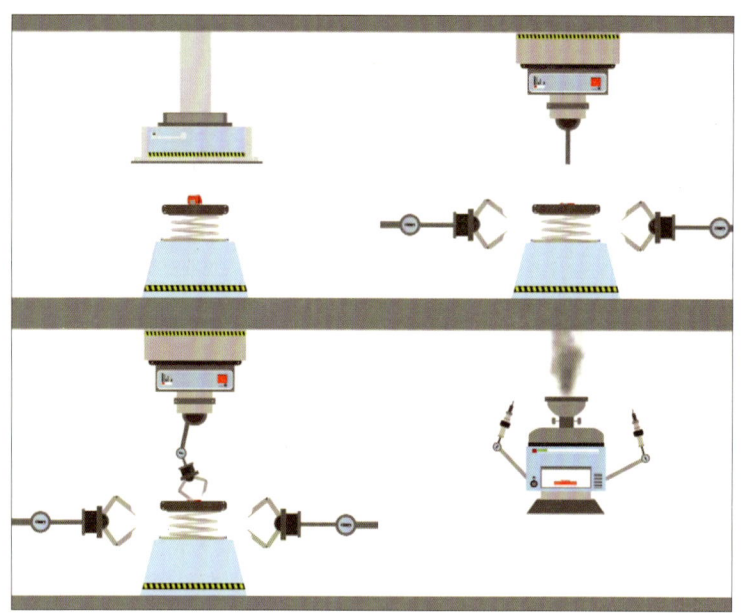

그림 1. 2D 컴퓨터그래픽으로 제작

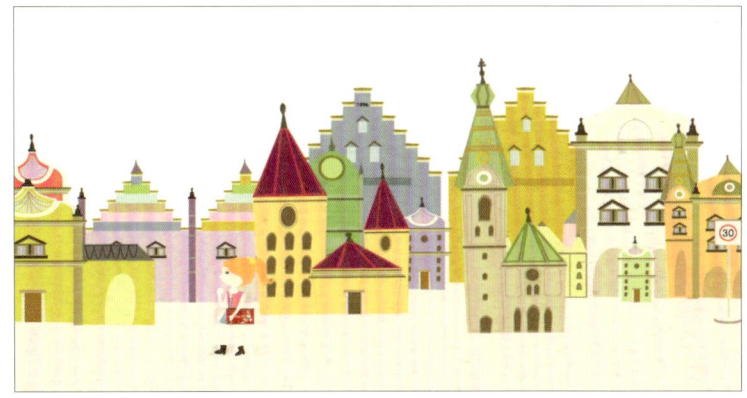

그림 2. 2D 컴퓨터그래픽으로 제작

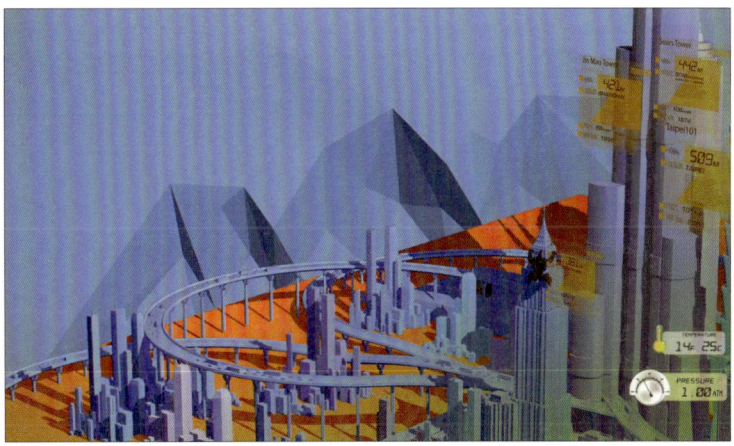

그림 3. 3D 컴퓨터그래픽으로 제작

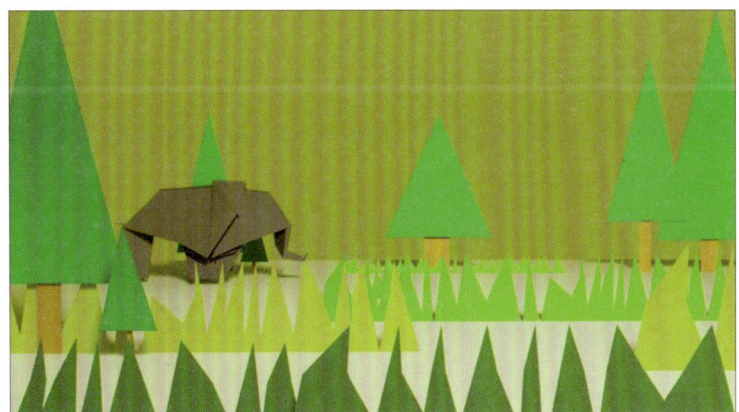

그림 4. 3D 컴퓨터그래픽으로 제작

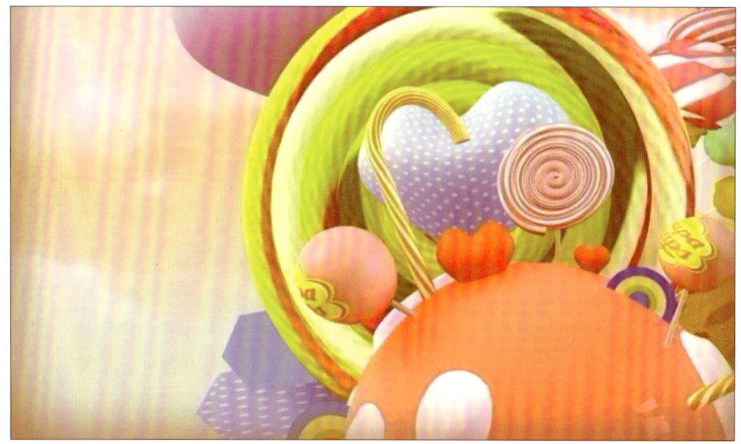

그림 5. 3D 컴퓨터그래픽으로 제작

그림 6. 3D 컴퓨터그래픽으로 제작

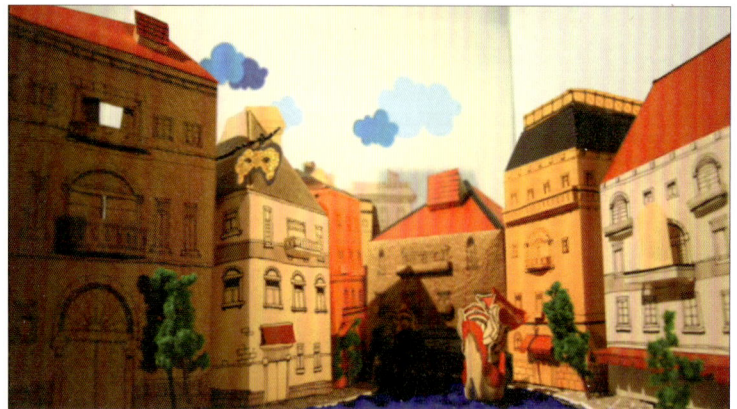

그림 7. 디지털 촬영을 기반으로 제작

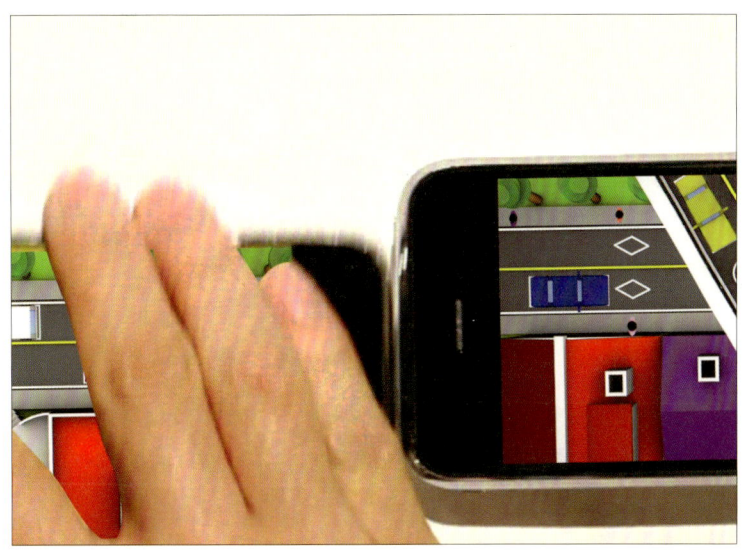

그림 8. 3D 컴퓨터그래픽과 디지털 촬영 소스를 합성하여 제작

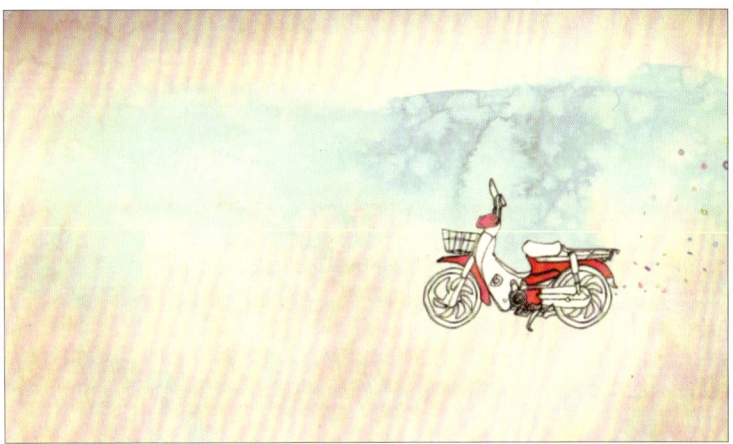

그림 9. 디지털화된 일러스트레이션 이미지

위의 그림들과 같이 2D 컴퓨터그래픽, 3D 컴퓨터그래픽, 디지털로
촬영된 이미지, 디지털화의 과정을 거친 일러스트레이션 이미지 등의
결과는 모두 프린트 또는 스크린을 통해 보이는 2차원적인 형태로
최종 결과물을 가지고 오는 것이 일반적이다.

디지털 이미지

비트맵과 벡터 이미지의 이해

이미지 데이터는 컴퓨터 내부적으로 어떻게 표현하고 처리하는가에
따라 비트맵 방식과 벡터 방식으로 구분된다. 비트맵 방식의 대표적인
소프트웨어는 어도비사의 포토샵이고 벡터 방식의 대표적인 예는
어도비사의 일러스트레이터이다.

— 비트맵 이미지

작은 사각형으로 이루어진 픽셀(pixel, 화소)이라는 최소단위로 구성된
이미지를 말한다. 픽셀이 단위 면적(inch)당 존재하는 수에 따라
이미지의 해상도가 결정된다. 단위 면적당 픽셀 수가 많을수록
해상도가 높아지고 그로 인하여 이미지의 품질이 높아져 선명해진다.
이와 같이 픽셀의 수에 따라 해상도를 조절하여 고품질의 이미지를
제작할 수 있다. 또한 섬세하고 자연스러운 색상과 음영, 그라디언트와
같은 효과를 적용할 수 있다. 최소단위가 픽셀로 구성되어 있어
사진과 같은 정교한 표현이 가능한 장점이 있는 반면 이미지를
과도하게 확대했을 때 이미지의 품질이 저하되는 단점을 가지고 있다.

— 벡터 이미지

비트맵보다 적은 파일 크기로 더욱 정교한 그림을 만들어 낼 수 있는
벡터는 수학적인 계산에 따라 그림을 그리는 방식이다. 점과 선의
연결을 통해 표현하고자 하는 이미지를 그려 낸다. 벡터 방식은
각 도형의 특성이 수학적인 형태로 모델화되어 있어서 크기 조절, 회전,
선의 굵기, 색상 등이 특성을 변경시키는 연산 작업이 용이하다.
벡터 이미지는 비트맵 이미지와는 달리 픽셀과 상관없이 이미지를
표현하기 때문에 이미지를 확대 또는 축소해도 손상이 없는 깨끗한
이미지를 얻을 수 있다는 장점이 있지만, 반대로 자연스러운 이미지와
색상의 표현에 한계가 있어 로고 제작이나 그래픽 디자인 등 비교적
단순한 이미지 제작에 쓰이고 있다.

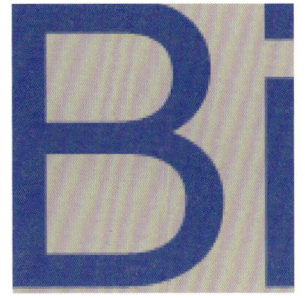 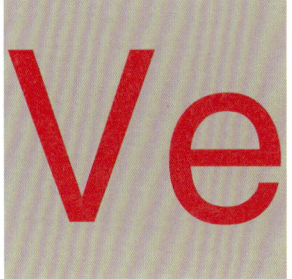

비트맵 이미지   벡터 이미지

해상도

해상도는 일정한 단위 안에서 얼마나 더 자세하게 그 내용을
표현하는가를 나타내는 용어이다. 주로 컴퓨터 모니터, 디지털
텔레비전, 프린터의 출력에 쓰이는데, 물리적 단위인 1인치 안에
표현되는 픽셀 수를 지칭한다. 단위로 dpi(dots per inch), ppi(pixel per
inch)가 쓰인다. 72dpi라고 하면, 1인치 안에 72개의 픽셀이 들어간다는
뜻이다. 해상도가 높다는 말은 같은 면적의 화면에 많은 픽셀 수로
이미지를 표현하여 이미지를 정교하게 표현할 수 있다는 것을
의미한다.

이미지 작업 시 최종 아웃풋의 형식에 대한 계획이 있어야
작업 후의 이미지 손상을 막을 수 있다. 앞서 살펴본 것과 같이
비트맵 이미지를 확대할 경우 화질의 저하를 가지고 오게 되므로
반드시 최종 아웃풋에 대한 고려가 필요하다.

스크린상에서 보이는 이미지, 즉 영상 또는 웹 환경에서의
이미지들은 해상도를 72pixel/inch로 작업해야 한다. 더 높은 해상도로
작업을 하더라도 그 이상의 화질을 구현할 수 없기 때문에 용량만
높이는 결과를 가지고 온다. 인쇄를 위해 해상도를 설정할 때는
화집과 같은 인쇄 상태를 원한다면 1:1 크기를 기준으로 해상도는
300dpi로 작업되어야 하며, 신문과 같은 인쇄 상태는 150dpi로
작업되어야 한다.

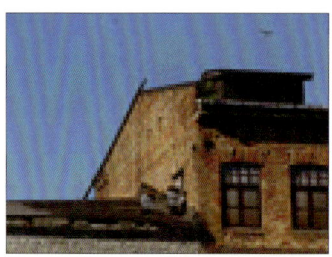 72dpi

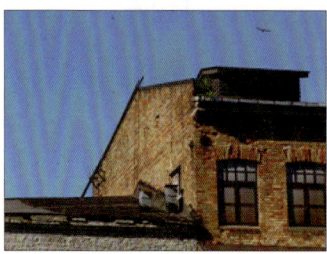 150dpi

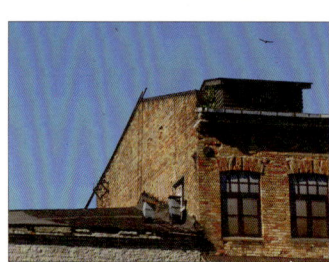 300dpi

이미지라이브러리 사이트
www.gettyimages.com
www.stockbyte.com
www.corbisimages.com
www.sciencephotolibrary.co.
www.bridgemanart.com
www.maryevans.com

디자인리소스 사이트
www.wyldstallyons.com
www.heavy-backpack.com
www.k10k.net
www.rhizome.org
www.futurefarmers.com
www.designtalkboard.com
www.wyldstallyons.com
netdiver.net
www.qbn.com

색상 모드

색상의 경우 스크린과 인쇄를 위한 색상 모드는 다르게 적용된다.

— CMYK 모드

인쇄물 제작을 위해서는 CMYK 색상 모드를 사용한다. C(cyan: 시안), M(magenta: 마젠타), Y(yellow: 옐로), K(black: 검정)의 4개 색상이 혼합되는 방식이다. 색을 혼합할수록 어두워지는 감산혼합 방식으로, 모니터로 보는 색상과 인쇄물로 보는 색상이 다를 수 있으므로 주의해야 한다. 원리적으로는 시안, 마젠타, 옐로를 혼합하면 검정이 표현되지만 실질적으로 완벽한 검정은 나오지 않기 때문에 CMYK 4개의 색상을 이용하여 인쇄한다. 잉크젯 프린트의 경우에도 CMYK를 사용한다.

색채연구소 사이트
www.kcri.or.kr
colordesign.ewha.ac.kr
www.iricolor.com

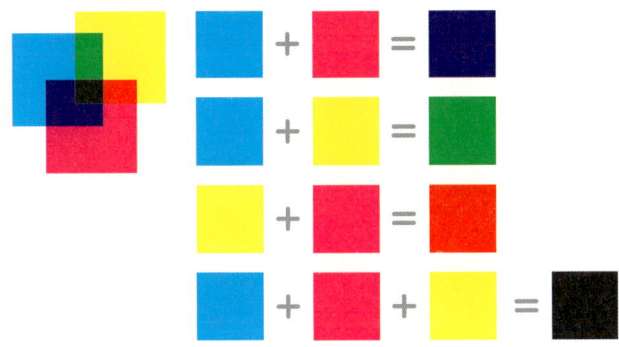

― RGB 모드

스크린상의 디자인을 위해 사용되는 색상 모드로 가산혼합이 적용된다.
빨강(red), 초록(green), 파랑(blue)이라는 빛의 3원색이 혼합되어
특정 색상이 만들어지는 방식이다. 각 색상별로 256단계의 색상값을
가지고 있으며, 이를 조합하면 16,777,216이라는 색상값을 만들어
낼 수 있다. 이는 자연계에 있는 색상을 모두 표현할 수 있는 정도의
색상 수이며, 빨강, 초록, 파랑의 색상이 합쳐지면 하양이 생겨나게 된다.

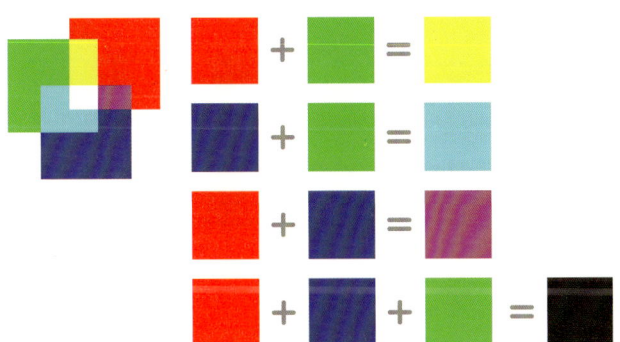

― 그레이스케일 모드

색상의 정보는 담고 있지 않으며 명암의 정보만을 기록하고 있는
흑백 모드 중 하나이다. 그레이스케일은 하양을 0으로 시작하여
하양과 검정의 단계를 256가지로 나눈 색상 모드이다.

— 비트맵 모드

플라스틱은 금속 같은 소재와 달리 부식되지 않는다. 이 점은
여러 상황에서 제품을 유지 보수하는 데 드는 비용을 절감시킨다.

프레임

디지털 미디어에서의 프레임은 영역을 가두고 있는 사각형의 경계
영역을 말한다. 규격화되어 있는 종이 크기에 맞춰 디자인하는 것과
마찬가지로 디지털을 이용해 스크린으로 상영되는 영상의 경우에도
영상의 형식에 따라 디자이너는 먼저 프레임의 종횡비를 결정한 뒤
적합한 프레임으로 작업해야 한다.

　　프레임 종횡비는 프레임의 너비와 높이 간의 비례를 말한다.
이 비례는 원래 카메라나 영사기의 물리적인 제한에서 비롯된 것이다.
일반적인 프레임의 종횡비는 1.33:1(4:3), 1.66:1, 1.85:1(16:9)이다.
다양한 형식의 영상 포맷은 표 1과 같다. 또한 화면의 최소단위인
픽셀의 종횡비도 형식에 따라 다르게 적용되므로 픽셀의 종횡비에 의해
이미지의 생성 방법과 표시형태에 따른 이미지 왜곡이 있을 수 있다.
컴퓨터 프로그램 포토샵, 일러스트레이터에서 생성된 원의 경우

	매체 포맷	해상도
형식에 따른 화면 크기	DV NTSC 표준	720×480(0.9)
	DV NTSC 와이드	720×480(1.2)
	DV PAL 표준	720×576(1.067)
	DV PAL 와이드	720×576(1.422)
	HDV 1080i	1440×1080(1.333)
	기타 컴퓨터 기반	640×480(1)
픽셀의 종횡비	DV NTSC 표준	1:0.9
	DV NTSC 와이드	1:1.2
	DV PAL 표준	1:1.067
	DV PAL 와이드	1:1.422
	HDV 1080i	1:1.333
	기타 컴퓨터 기반	1:1

표 1. 형식에 따른 화면 크기와 픽셀의 종횡비

NTSC(National Television Systems committee)
초당 29.97 프레임,
484 주사해상도.
북미, 아시아의 일부국가,
남미에서 사용되는 방송 포맷

PAL(Phase Alternation Line)
초당 25프레임, 625
주사해상도.
대부분의 유럽국가, 중국,
남태평양 연안국가, 남아시아,
아프리카 일부 국가에서
사용되는 방송 포맷

픽셀의 종횡비가 1:1이며, DV 포맷의 경우는 1:0.9이므로 최종 아웃풋을 할 경우 타원형으로 나타나게 된다.

질감

표면의 시각적 외양과 촉감을 질감이라고 하는데, 물리적으로 만져서 느낄 수 있는 촉각적 질감과 시각적인 질감으로 나눌 수 있다. 디지털로 만들어지는 질감의 경우 실제 물리적 환경에서 경험하고 있는 촉감을 디지털 환경에서 시각적으로 재현하게 된다.

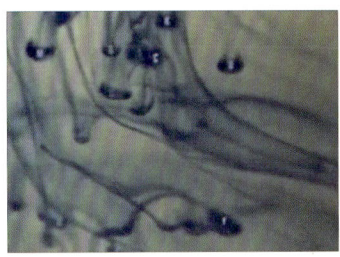

그림 10. 물감의 번짐 효과를 이용

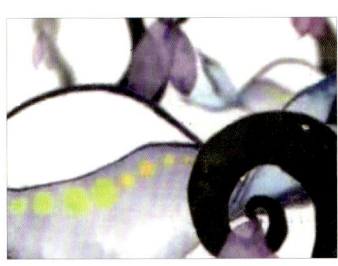

그림 11. 와트만지에 물감을 이용

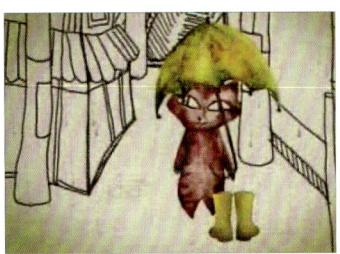

그림 12. 화선지를 스캔해서 이용

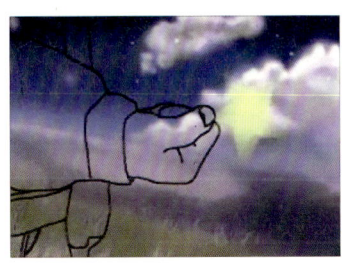

그림 13. 포토숍의 블러 효과를 이용

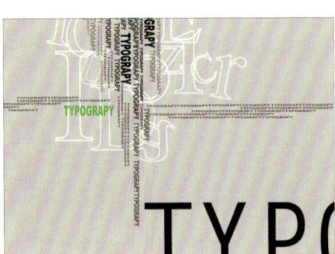

그림 14. 타이포그래피를 이용

시각 효과 구성 요소

다양한 방법을 통해 제작되는 디지털 기반 이미지들은 레이어를 이용한 이미지의 합성과 소프트웨어의 디지털 효과를 이용한 최종 이미지로 제작되는 것이 일반적이다. 다양한 그래픽 소프트웨어는 손쉬운 합성과 효과를 가능하게 하여 다양한 표현으로 디자인할 수 있게 한다.

합성

디지털 합성 기법에는 크게 알파채널을 이용한 레이어 합성, 매트를 이용한 합성, 마스크를 이용한 합성, 블루스크린과 같이 키를 이용한 합성 등이 있다. 합성을 하기 위해서는 하나 이상의 레이어가 있어야 하며, 표현하고자 하는 효과 및 이미지에 따라 적절한 합성 방법을 선택해야 한다. 합성의 기법과 관련된 자세한 내용은 이어지는 내용에서 살펴볼 수 있다.

효과

디지털 레이어를 통한 다양한 합성의 방법들과 소프트웨어를 이용한 다양한 효과는 물리적 공간의 재현과 더불어 이미지의 표현을 풍성하게 만들어 주기도 한다. 디지털을 이용한 이미지의 표현 방법과 함께 사용되는 다양한 기법 및 효과는 표 2와 같다. 합성 및 효과를 위해 레이어, 투명도에 대한 이해가 전제되어야 한다.

시각 구성 요소		
이미지	표현 방법	2D, 3D 그래픽스, 촬영된 이미지, 드로잉
	형태	기하학 형태, 자연적 형태, 혼합 형태
	크기	CU, MS, LS
	색상	무채색, 유채색, 단일색상, 그라디언트gradient)
	표면	외곽선, 그림자, 질감, 패턴
텍스트		사이즈, 타입페이스
시각효과 구성 요소		
효과		매트페인팅, 컬러그레이딩, blur, noise, distort, pixelate, stylize 등
합성		알파합성, 매트 활용 합성, 마스크 활용 합성, 키를 이용한 합성 등

표 2. 디지털 기반 영상 디자인 시각 표현 요소

레이어

레이어의 개념은 물리적 세계에서 비롯되었다. 실크스크린으로 필요한 색상을 인쇄하기 위해서는 여러 개의 고유한 인쇄판이 필요하다. 이처럼 디지털을 이용한 디자인 작업에서도 여러 개의 레이어로 나누어 작업을 진행하게 된다. 과거의 많은 디자이너들은 인쇄 제작 과정에서 등장하는 필름을 이용해 레이어의 효과나 기법을 추구하기도 했는데, 이러한 원리는 오늘날 우리가 사용하는 소프트웨어의 디지털 레이어 안에서 똑같이 적용되고 있다.

레이어는 이미지나 시퀀스를 겹치게 표현할 수 있게 한다. 겹침의 표현은 다양한 텍스처의 표현과 촬영만으로 표현 불가능한 발상의 표현이 가능하다. 디자인 관련 소프트웨어들은 손쉽게 레이어를 이용한 표현들을 가능하게 하고, 영상 디자인에서는 다양한 합성 기법을 통해 새로운 이미지들의 표현을 가능하게 한다. 촬영, 드로잉, 2D 컴퓨터그래픽, 3D 컴퓨터그래픽 등의 방법을 통해 생성된 이미지는 다양한 합성 기법을 적용하여 표현의 범위를 확장시키고 효과적인 이미지로 디자인된다. 과거의 인쇄, 필름의 편집 등에도 레이어를 활용한 다양한 표현 기법이 존재했지만 컴퓨터를 활용함으로써 보다 쉽게 이런 표현들이 가능해졌다.

— 물리적 공간에서의 공간적 레이어

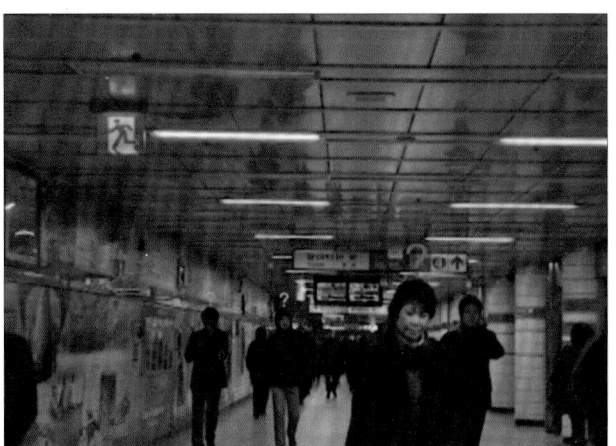

그림 15. 물리적 공간에서의 공간적 레이어

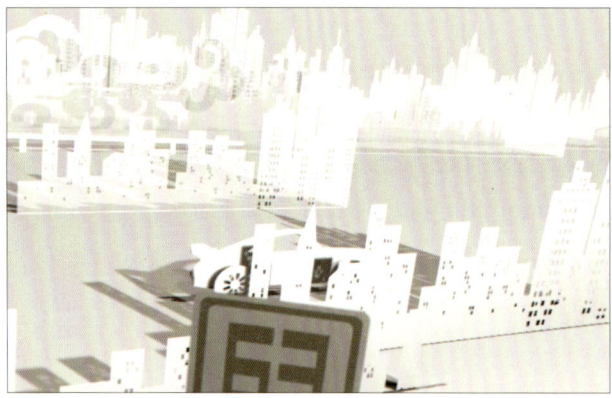

그림 16. 공간적 레이어

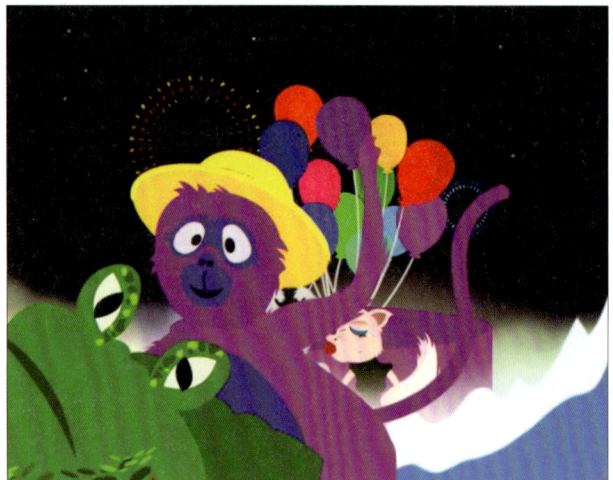

그림 17. 디지털 프로그램의 레이어를 이용한 2D 애니메이션

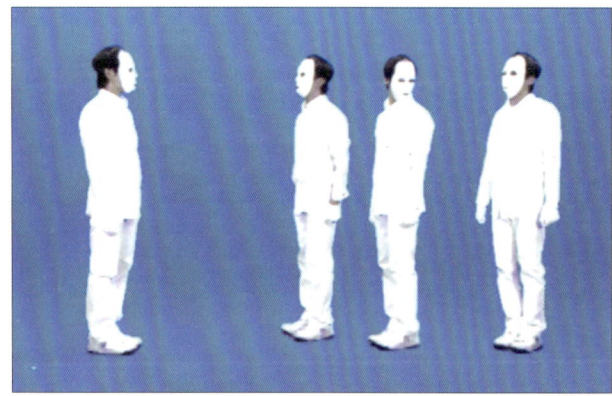

그림 18. 블루스크린 촬영 후 디지털 프로그램의 레이어를 이용한 합성 영상

투명도

물리적 현상에서 모든 표면은 투명도를 가지고 있다. 금속과 나무 재질은 100% 불투명도를 갖지만 공간 안의 공기는 0%의 투명도를 갖는다. 반투명의 섬유 소재의 경우 뒤에 있는 다른 물체나 재질을 겹쳐 보이게 한다. 즉 이미지 편집 소프트웨어를 이용하면 모든 이미지의 투명도를 조절할 수 있다. 투명도와 레이어는 서로 관련된 현상으로 색상을 가지고 있는 투명한 사각형의 경우 다른 형태의 표면 위에 겹쳐지기 전에는 엷고 희미하게 보이지만 다른 레이어의 이미지를 겹쳐 보이도록 한다.

— 물리적 투명도

물리적 공간에서 투명도를 가진 물체를 관찰하는 것은 평면 디자인에서 이미지의 표현을 위한 아이디어를 제공하게 한다.

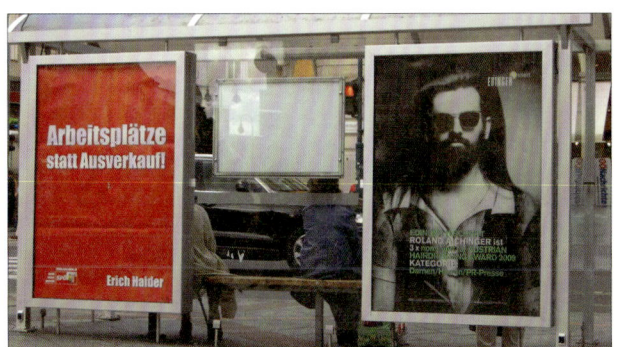

그림 19. 버스정류장 유리를 통과해 보이는 거리의 이미지

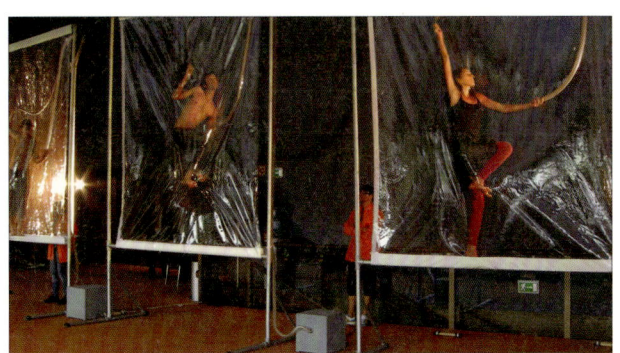

그림 20. 투명도가 있는 비닐을 통과해 보이는 이미지

― 그래픽 투명도

디자이너는 물리적으로 투명한 효과들을 선, 면, 질감들을 이용해
표현한다.

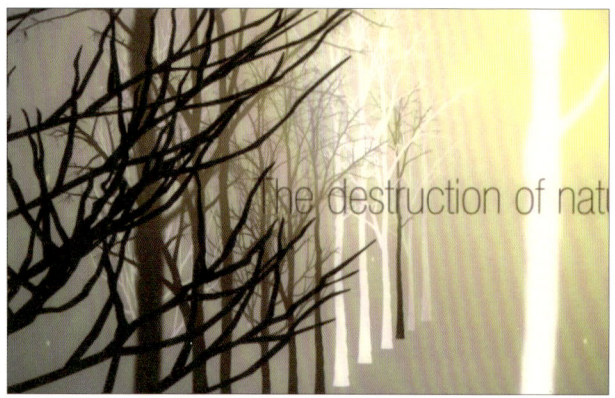

그림 21. 선과 색상으로 표현한 그래픽 투명도

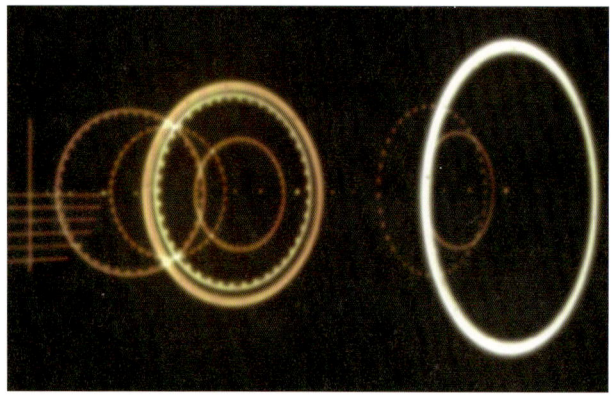

그림 22. 색상으로 표현한 그래픽 투명도

― 디지털 투명도

소프트웨어를 이용해 모든 이미지와 그래픽 요소의 투명도를 조절할 수
있다. 투명도는 2개의 시각 요소를 혼합하기 위해 사용하기도 하고
어떠한 이미지의 사라짐을 위해 이용하기도 한다. 디지털 투명도의 경우
투명한 이미지를 만들기 위해 투명도의 값을 조정하고 모드를 이용해
다양한 스타일을 적용시킨다.

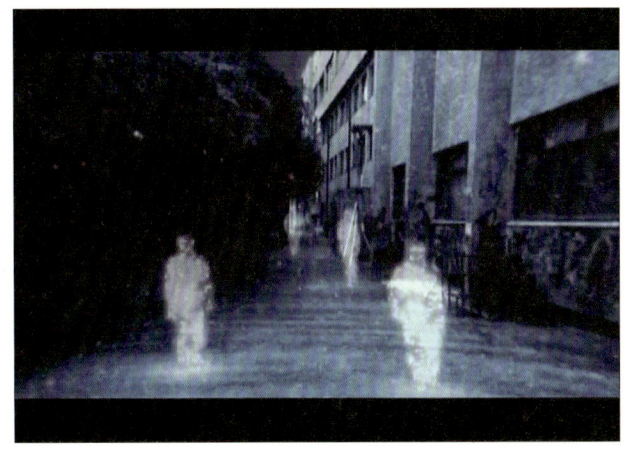

그림 23. 투명도값을 조절한 이미지

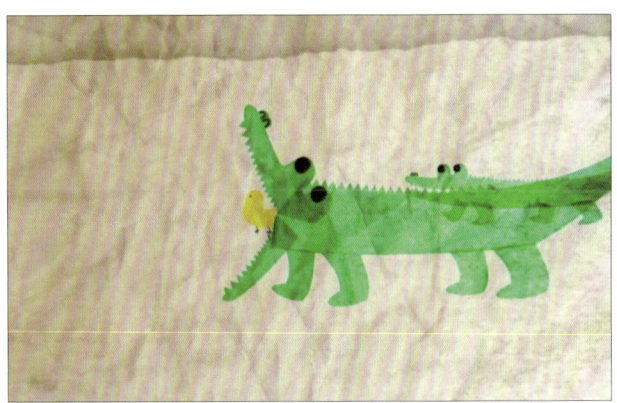

그림 24. 모드값을 조절한 이미지

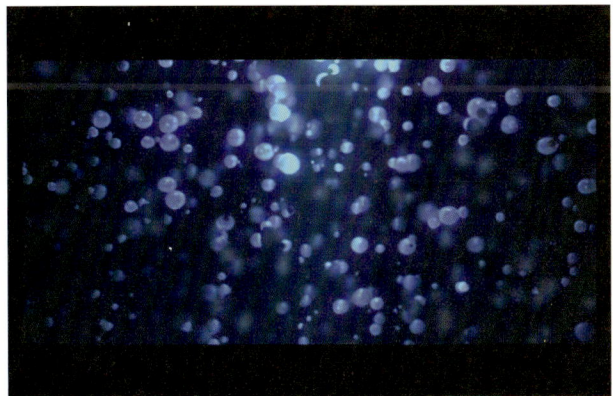

그림 25. 모드값과 투명도값을 조절한 이미지

움직임과 시간

디지털의 등장은 다양한 이미지 표현 기법을 가능하게 했으며 모션그래픽이라고 하는 새로운 그래픽의 형식을 탄생시켰다. 모션그래픽은 기존의 전통적 그래픽의 요소에 시간, 사운드와 같은 멀티미디어적인 요소를 추가시켜 새로운 시각 전달 방법으로 사용되고 있다.

— frame shot(clip), scene, sequence

shot(숏)　영상의 최소단위로 편집에 의해 cut되지 않은 하나의 단일화면을 말한다.

scene(신)　다양한 shot이 모여 동일한 시간과 공간을 구성한다.

sequence(시퀀스)　동일한 시간과 공간의 scene이 모여 동일한 사건 행위를 구성하게 한다.

영상의 시간 구성을 위해서는 아래의 표와 같은 움직임과 시간에 관한 아이디어를 가지고 있어야 한다. 기초조형의 재료로 다루어지기에 시간과 관련한 내용은 시간 구성을 위한 요소로서만 언급하고자 한다.

모션	
오브제의 움직임	이동, 회전, 중심축의 이동, 그룹 이동, 크기의 변화
카메라의 움직임	zoom, pan, tilt, tracking 등
시간	
장면 전환	wipe, cut, fade, dissolve 등
리듬과 페이스	지속과 휴지

표 3. 영상의 시간 구성 요소

패션

2 —
패션(fashion)이라는 용어는
라틴어 '팩티오(factio)'에서
유래된 것으로 '일정 기간 동안에
사회의 상당수의 사람이 그들의
취미, 기호, 생활방식 등에 의식적
혹은 무의식적으로 수용하게
되는 전염성 동조현상'을 말한다.
1928년 미국의 경제학자 폴
나이스트롬(Paul H.Nystrom)의
저서 『Economics of
Fashion』에서 처음 사용되기
시작했으며 '유행, 유행하다'를
의미하고 '창조하다'라는 의미를
내포하고 있다.

패션 소재의 특성

패션[2]은 단순히 의상이나 액세서리에 국한된 분야라기보다는
종합예술로서 다양한 조형적 요소를 포함하고 있는 분야로 분류할 수
있다. 특히 패션 제품의 가치 기준이 소비자의 요구에 따라
다양해지면서 패션에서 사용되고 있는 소재의 중요성은 나날이
부각되고 있으며, 기존의 개념에서 벗어난 창의성 있는 신소재 개발
연구가 활발히 이루어지고 있다. 어느 특정 소재를 패션이라는
틀에 담을 수 없을 만큼 패션 소재의 범위는 다양하고 광범위하다.
그렇기 때문에 다룰 패션 소재의 범위를 한정하기에는 다소 무리가
있을 것이다. 따라서 여기에서는 기초조형 실습에 필요한 기본적인
소재와 디자인 전개에 활용할 수 있는 소재들을 우선으로 선별했다.

패션 소재의 범위

창의적인 패션 디자인을 시작하기에 앞서 콘셉트에 맞는 소재를
선택할 줄 알아야 한다. 소재를 선택함으로써 완성될 조형 작품의
결과물을 예측할 수 있기 때문이다. 올바른 소재를 선택하기 위해서는
기초조형 감각 훈련이 먼저 이루어져야 한다. 감각 훈련은 기초조형의
기본적 요소와 원리를 활용한 디자인 훈련 과정으로 미술이나 디자인
관련 과정에서 끊임없이 다루고 있는 가장 기초적인 부분이기도 하다.

패션 디자인은 기본적으로 점(dot), 선(line), 면(plane), 모양(shape),
입체(3dimension)로 구성되며, 이 외에도 인체라는 한정된 표면 위에
선, 실루엣, 디테일, 트리밍, 소재, 문양, 색채라는 요소들이 서로
연관성을 가지면서 디자인 원리에 따라 구성되고 표현된다. 그러나
앞에서도 설명했듯이 패션에서의 소재를 명확하게 구분하는 것은
다소 무리가 있을 뿐 아니라 창의적 작품 제작에서의 제한점이
될 수 있다. 어떤 소재를 어떻게 사용하느냐에 따라 패션 소재로
선택할 수 있는 소재는 헤아릴 수 없이 많다. 최근에는 컴퓨터 프로그램을
활용하는 사례도 많아지고 있어 그 범위는 더욱 방대하다. 따라서

여기에서는 점, 선, 면, 모양, 입체를 중심으로 패션 디자인에서
사용하고 있는 요소들을 다루고자 한다.

디자인 원리로 구성되는 패션 소재

패션은 그 사회의 문화, 역사, 정치, 경제, 감성, 의식 등에 따라 다르게
받아들여진다. 특히 패션은 입체적인 인체 위에서 표현되기 때문에
근본적으로 조형예술에 속한다고 할 수 있다. 따라서 조형 작업에서의
형태는 선, 방향, 모양이라는 3요소를 포함하고 있다. 또한 종합적,
조형적 작업을 통해 다양한 패션 소재가 완성된다고 할 수 있다.

— 선(line)

점이 모여서 이루어진 것이 선이다. 선에는 길이만 있고 굵기와 넓이,
부피가 존재하지 않는다. 선의 종류에는 직선, 수직선, 사선, 곡선이
있다. 이 각각의 선은 고유한 느낌과 쓰임새가 있다.

— 방향(direction)

점이 모여 이루어진 선이 어느 곳으로 움직이는가를 의미한다.
수평선, 수직선, 좌대각선, 우대각선, 곡선 방향이 있다.

— 모양(shape)

형체라고도 한다. 2차원적인 것으로 사물을 어느 한 면에서
바라봤을 때 드러나는 평면적인 생김새를 말한다. 패션에서는 모양을
실루엣이라 부른다.

— 실루엣(silhouette)

착용 상태에서 만들어지는 의복의 윤곽선을 말하며 실루엣을 통해
인체 부위가 축소되기도 하고 강조되기도 한다. 또한 그 시대의 조형적인
형태적 특성이 반영되어 의복의 유행으로 나타나게 된다. 19세기 이후
실루엣의 종류는 다음과 같이 분류되고 있다.[3]

— 3
www.jireumgil.co.kr/Ji-
lesson Plan/fashion/three-
3-02.htm

사각형 실루엣 스트레이트 실루엣, 박스 실루엣, H라인 등이 있다.
사각형 실루엣은 장식성을 배제하고 허리와 엉덩이를 강조하지 않는
특징이 있다.

삼각형 실루엣 텐트형 실루엣, 역삼각형 실루엣이 있다. 삼각형 실루엣
역시 허리를 강조하지 않는다. 텐트형은 어깨 쪽이 좁으면서 가슴에
밑단까지 넓게 퍼지는 형이다.

타원형 실루엣 가슴과 배 부분을 부풀리고 밑단이 좁아지는 것으로
벌크 실루엣이라고도 한다. 배럴 실루엣, 벌룬 실루엣, 스핀들,
마그넷라인 실루엣이 있다.

X자형 실루엣 허리를 좁게 하고 밑단을 향해 퍼지게 한다.
아워글래스형, 피트앤드플레어형 실루엣이 있다. 아워글래스형은
가슴 쪽이 약간 넓어 X자형이 된다. 피트앤드플레어형은 스커트의 폭이
좁은 것과 넓은 것이 있다.

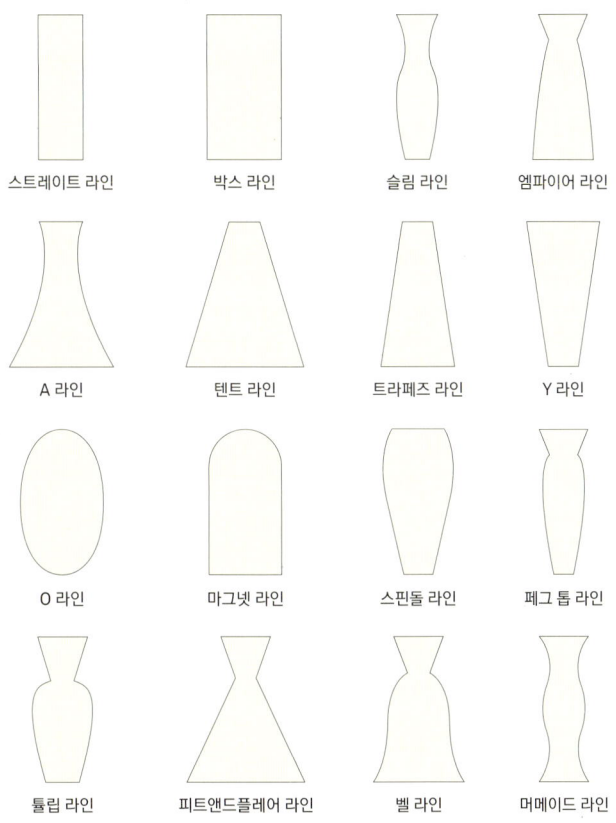

스트레이트 라인	박스 라인	슬림 라인	엠파이어 라인
A 라인	텐트 라인	트라페즈 라인	Y 라인
O 라인	마그넷 라인	스핀돌 라인	페그 톱 라인
튤립 라인	피트앤드플레어 라인	벨 라인	머메이드 라인

— 디테일(detail)

옷을 만드는 봉제 과정에서 그 옷을 장식할 목적으로 이용된
세부 장식을 말한다. 디테일의 종류에는 프릴, 플라운스, 파이핑, 턱,
핀, 러플 등이 있다.

— 소재(fabric)

의복의 기초 재료로서 옷감의 종류, 짜임새, 무늬, 촉감 등에 따라 매우
중요한 영향을 미칠 수 있다. 같은 디자인의 의복이라도 소재에 따라
다른 느낌이나 이미지가 나타난다.

— 트리밍(trimming)

일종의 장식이라고 할 수 있는데 의복의 이미지를 표현하는 데
그 효과를 높여 주고, 단순한 디자인에 디테일을 적절하게
이용함으로써 다양한 분위기를 연출할 수 있도록 해 준다.

— 문양(pattern)

일반적으로 무늬라 하는데 이 무늬를 이루는 기본 단위인 모티프가
모여 만들어 내는 것으로, 문양은 소재에 생명력을 불어넣기도 하고
생명력을 한정시키기도 하는 중요한 역할을 한다.

— 색채(colour)

패션을 구성하는 요소의 하나인 색채는 인상을 부여하고 그 시대의
가치관과 문화적 성향을 전달하는 시각적 매체로서 중요한 요인이다.

콘셉트별 소재

— 점

점은 모든 조형의 최소단위로 크기를 갖고 있지 않으며 선의 끝과
시작이나 위치를 표시한다. 두 점을 가깝게 놓으면 선의 효과가 생기며
두 점을 멀리 떼어 놓으면 분산 효과가 생긴다. 기초조형 요소로서의
점은 오랜 기간 많은 디자이너와 아티스트들에게 활용되어 온
조형 요소이기도 하다. 패션에서 점이 될 만한 소재를 선별한다면

다양한 단추, 스팽글, 비즈와 각종 액세서리용 부자재를 들 수 있겠다.
또한 조형 실습에서는 각종 원단을 활용하여 점 구성을 시도해 볼 수
있을 뿐 아니라 이러한 소재들은 단순히 장식의 효과를 넘어선
아트패브릭 개발로도 활용할 수 있다.

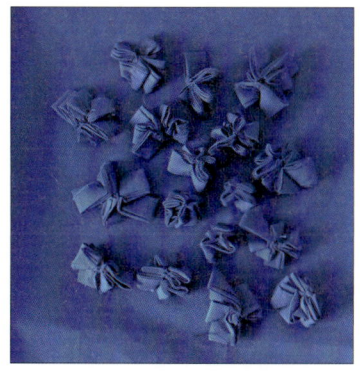
그림 26. 하나의 유닛을 반복해서 점을 표현

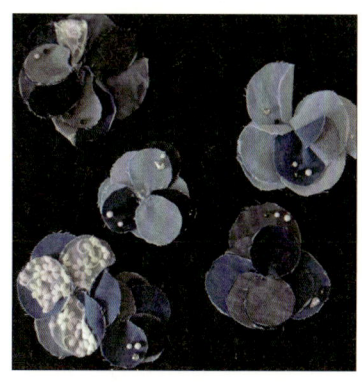
그림 27. 비즈와 원단으로 점을 표현

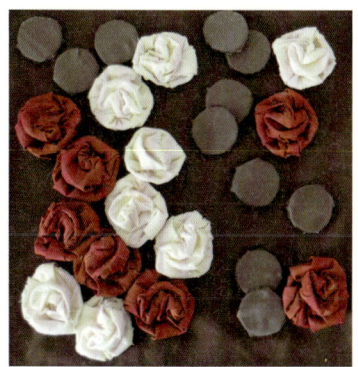
그림 28. 단추와 꽃 모양의 원단으로 점을 표현

— 선

선이란 위치만 있고 폭과 부피가 없으며 이동에 따라 직선, 곡선이
생기는 것을 말하며, 방향의 길이, 굵기, 형태에 따라 속도감, 운동감을
표현한다. 기초조형 요소로서의 선은 점과 함께 오랜 기간 활용되어 온
조형 요소이기도 하다. 특히 조형물 제작에 필요한 선재로서 와이어의
역할과 기능, 응용과 활용의 예는 무한대라고 할 만큼 그 사용의

범주는 가늠하기 쉽지 않다. 더불어 소잉(sewing) 기법이나 소재 개발을 통해서도 선의 느낌을 살릴 수 있다.

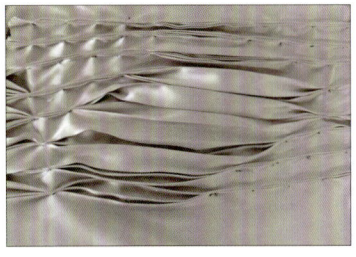

그림 29. 손박음질을 활용해 선을 표현

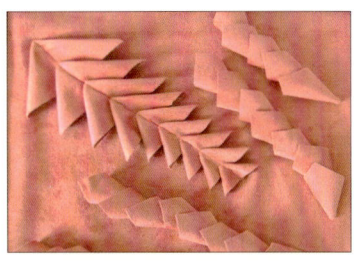

그림 30. 유닛의 방향에 따라 선을 표현

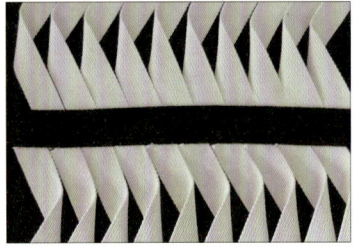

그림 31. 직선의 형태를 접어 사선 구도를 표현

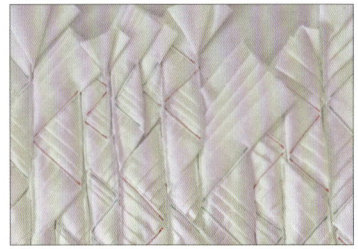

그림 32. 반복되는 선이 겹쳐진 면으로도 보임

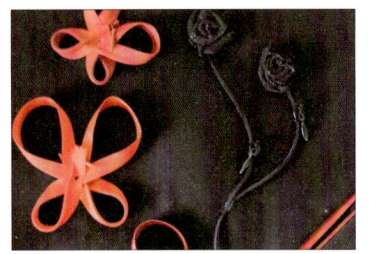

그림 33. 지퍼를 활용해 유기적인 선의 형태를 표현

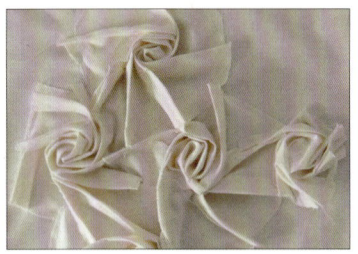

그림 34. 원단의 특성을 활용해 유기적인 선을 점증적으로 표현

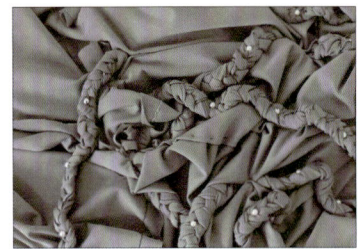

그림 35. 원단을 꼬아 구겨진 선과의 조화

— 면

면이란 선이 움직이면서 생기는 자취로, 원근감과 질감을 표현할 수
있고 색과 결합하여 공간감이나 입체감을 줄 수 있다. 일반적으로
패션에서 가장 많이 쓰이는 소재로서의 원단은 가장 중요한데
개성 있는 소재 개발을 통해 다양한 조형을 실습해 볼 수 있다.

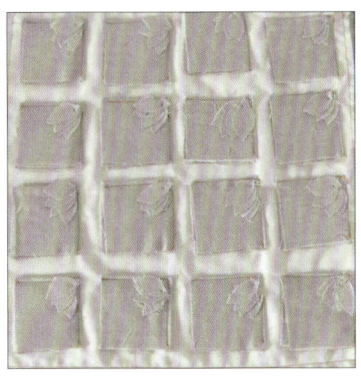

그림 36. 사각형의 원단을 유닛화하여 면의
형태를 표현

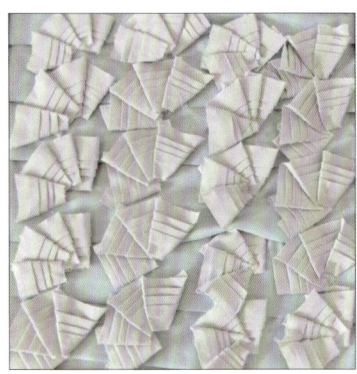

그림 37. 반복되어지는 선들과 접혀진 유닛이 모여
선과 면이 동시에 표현

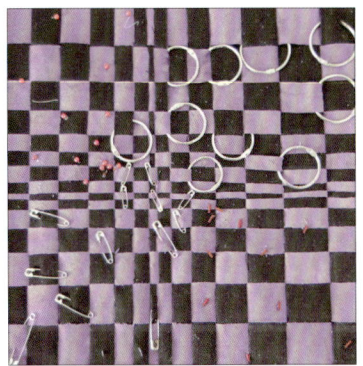

그림 38. 원단과 부자재를 활용해 점,선,면을
동시에 구성

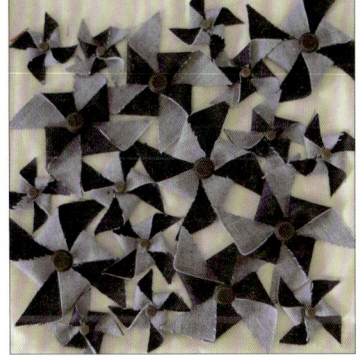

그림 39. 바람개비 형태의 점과 면의 구성

— 형(2D)과 형태(3D)

앞에서 다룬 점, 선, 면의 소재를 혼합 또는 활용하여 입체적인
실루엣을 살리기 위해서는 무엇보다도 소재의 특성을 연구해야 한다.
원단의 특성에 따라 다양한 소재를 개발할 수 있을 뿐 아니라

개성 있는 조형 작품 제작이 가능해지기 때문이다. 시대가 바뀜에 따라
패션 산업업체 및 디자이너들이 중요하게 생각하는 것이 소재 개발에
대한 연구이다. 그만큼 기초조형 훈련에서의 아트 패브릭 제작은
중요한 키워드이다.

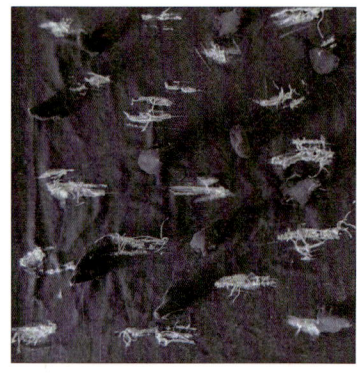

그림 40. 스크레치 기법과 입체 모양을 덧붙여
3차원의 형태를 표현

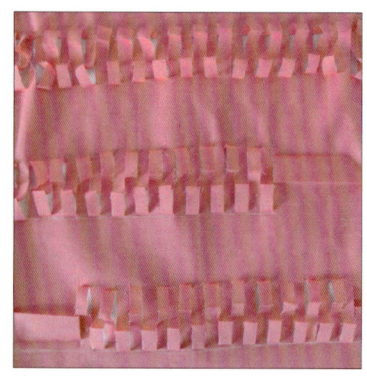

그림 41. 원단을 잘라 입체 모양을 표현

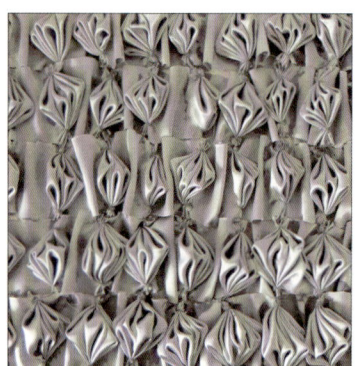

그림 42. 주름의 형태를 입체적으로 표현

탐구

20세기 이후 디자인은 기업의 가치를 창출하는 활동 중 하나로
기업의 경쟁력을 극대화시키는 경영 자원이자 혁신을 위한 새로운
주체로 그 위상이 날로 높아지고 있다.[1] 이에 따라 업계, 학계 등
전 세계적으로 디자인에 대한 관심과 지속적인 연구가 뒷받침되고
IT와 결합되면서 디자인이 가히 혁명적인 단계에 이르고 있다고 해도
과언이 아닐 것이다.

— 1
자료: 삼성경제연구원

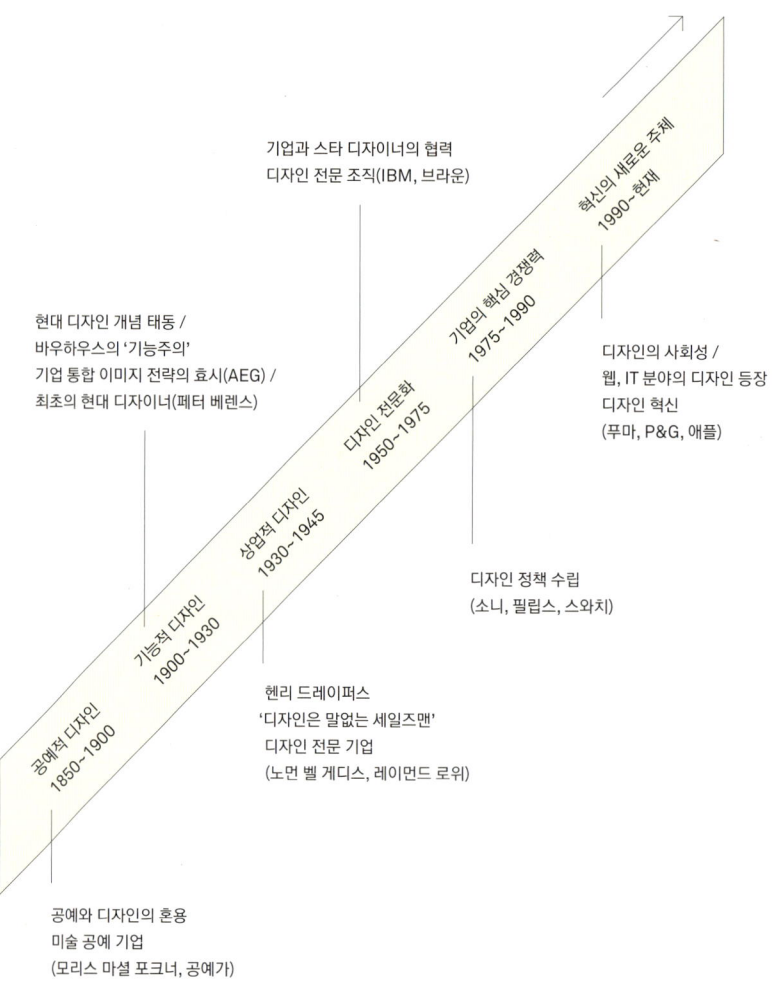

표 1. 디자인 패러다임의 변화

21세기 산업 현장에서는 디자인을 개발하기 위해 트렌드 요소를 강조한 트렌드 리더형 디자인이 요구되고 있으며, 글로벌 기업으로 성장하기 위해 개발 단계에서 이미지의 가시화에 대한 보편적 준거와 정성적 분석 및 정량적 분석이 요구되고 있다. 특히 제품 디자인이 사용자의 이해를 바탕으로 기능할 뿐 아니라 감성의 만족까지 추구하는 역할을 하게 됨에 따라 디자인 패러다임은 '과학 기술을 어떻게 소비시킬 것인가?'의 문제로 전환되고 있다. 디자인 트렌드에 대한 인식이 높아지면서 콘텐츠 분석, 글로벌노믹 시스템, PEST 분석, 전문가 심층면접 등 다양한 분석 방법을 활용한 트렌드 정보 수집이 이루어지고 있다. 또한 디자인 전문가로 구성된 자문위원회를 통해 객관적 결과 유추, 사회 현상 분석, 트렌드 전문가 그룹을 통한 디자인 트렌드의 검증을 거쳐 각 업체별 특성에 따른 과정을 추가해 진행하고 있다. 그에 대한 자세한 과정은 표 2와 같다.

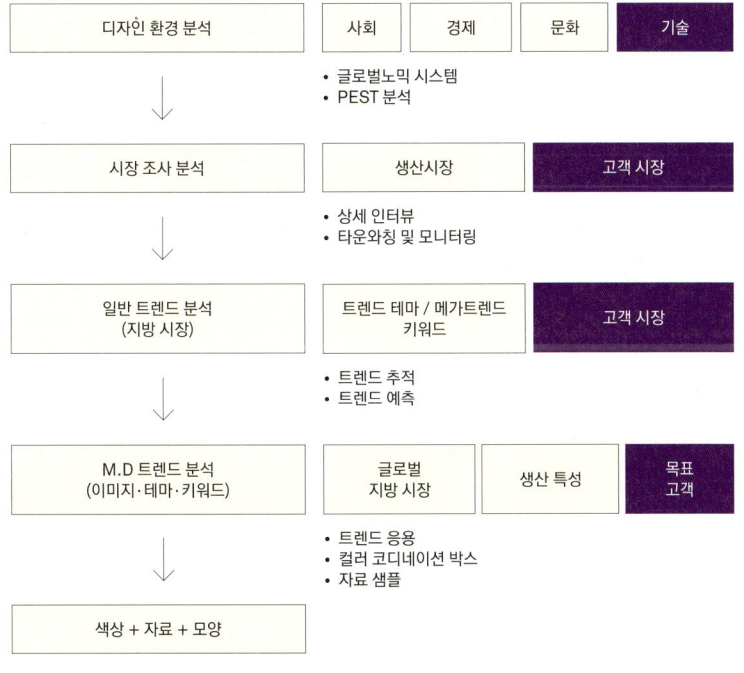

표 2. 산업 디자인 트렌드 예측 과정 및 분석 자료

디자인 트렌드와 글로벌 트렌드

디자인 트렌드의 개념

최근 트렌드라 할 만큼 '트렌드'라는 용어가 폭넓게 사용되고 있다.
많은 사람이 이 용어에 대해 다양한 정의를 내리고 있지만 가장
일반적으로 활용되고 있는 정의는 독일 출신의 세계적인 미래학자
마티아스 호르크스(Matthias Horx)가 내린 정의이다. 그는 트렌드란
현재에 일어나는 변화의 과정이라고 정의했다. 다시 말해 트렌드는
갑자기 생겨나는 것이 아니라 이미 시작된 변화가 전개되는 과정 속에
있다는 것이다.

   트렌드는 '도입–성장–성숙–쇠퇴'의 과정과 유사한 속성을 가지고
있다. 즉 갑작스럽게 등장하거나 일시적인 현상과는 구별되는 것으로,
일정한 방향성을 띠고 변화하는 속성이 있다. 따라서 미래의 트렌드는
과거 또는 현재의 사건을 분석함으로써 예측이 가능하다. 그러나
모든 변화의 과정에는 예측 불가능한 변수가 항상 존재한다.
따라서 완벽한 트렌드 예측이란 현실적으로 불가능하며, 외부의
작은 변화에도 크게 영향을 받지 않기 때문에 일정 시간 이상
지속될 수 있다는 특징이 있다.

   트렌드를 연구하기 위해서는 소비자의 라이프스타일과 소비자의
요구를 지속적으로 모니터링하면서 변화를 감지하는 것이 무엇보다
중요하다. 특히 소비자가 접하는 모든 것은 소비자의 태도와 생각과
감성에 따라 판단되고 선택된다. 소비자는 의류나 전자제품, 인테리어,
가전제품, 자동차 그리고 신기술에 따른 새로운 제품에 대해 주관적인
기준으로 통합적인 평가를 내린다. 즉 소비자는 개별 제품을 평가할 때
각각의 제품군마다 별개의 기준을 사용하는 것이 아니라 자신이
중요하게 생각하는 특정 요인(가격, 품질, 효용성 등)과 같은 주관적인
기준에 따라 통합적으로 평가하는 것이다. 그렇기 때문에 현재 모든
산업군의 전문가들이 소비자의 태도가 반영된 라이프스타일이나
이들의 감성에 이목을 집중하고 있다. 또한 트렌드를 분석하는 데
중요한 역할을 한다.

인위적 쇠퇴로서의 유행과 트렌드

과거에 품질이 소비자가 산업 제품 구매를 결정하는 데 중요한 역할을 했다면, 이제는 감성적인 요인이 더욱 중요한 역할을 하고 있다. 특히 소비자가 항상 휴대하는 모바일 디바이스는 패션 스타일을 결정짓는 유행 제품의 하나가 되었다고 할 수 있다. 영국의 극작가 오스카 와일드(Oscar Wilde)[2]는 "패션은 도무지 참아낼 수 없어서 반년마다 바꾸게 되는 추함의 한 형태에 지나지 않는다."라는 말을 남겼는데, 이 말은 극단적이지만 패션의 특징적인 면을 가장 명확하게 표현했다고 볼 수 있다. 뉴요커의 평론가로 활동했던 고프닉(Adam Gopnik)은 "패션은 인위적인 쇠퇴의 요소"[3]라고 했다. 경제적인 면에서 패션의 존재는 사람들이 굳이 필요로 하지 않는 상품을 사게 만드는 것이다. 만약 옷이 충분히 빨리 닳지 않는다면 더 빨리 낡을 어떤 것이 발견되어야 하는데, 우리는 이것을 패션이라고 부른다. 즉 패션은 여전히 사용 가능한 제품을(기능적인 면에서) 그와 별반 다르지 않은 새로운 품목으로 대체하도록 압박하는 인위적 쇠퇴의 요소가 된다.

디자인 트렌드의 흐름

최근 산업 제품 시장의 흐름을 보면 기술의 발달로 제품의 내구성이 높아졌음에도 불구하고 교체 주기는 보다 빨라졌다. 다시 말해 '인위적 쇠퇴'의 요소가 점차 그 영향력을 키워 가고 있는 것이다. 인위적 쇠퇴는 사람들로 하여금 아직 사용할 수 있는 제품을 신제품으로 대체하게 만드는데, 이러한 현상을 일으키는 요인으로 크게 '기술적인 요인'과 '감성적인 요인'이 있다. 기술적인 요인에는 신기술의 도입이나 멀티 기능을 탑재한 컨버전스 제품 등이 포함되고, 감성적인 요인에는 일반적으로 제품 디자인을 구성하는 조형적 요소인 형태, 색상, 재료, 후가공 등의 상호 연관성으로 표현되는 심미적인 부분이 포함된다.

감성적인 요인은 소비자의 심리에 따라 바뀌기 때문에 소비자의 심리를 결정하는 라이프스타일의 변화 등을 포함하는 메가트렌드에 영향을 받는다. 이러한 소비자의 요구를 반영한 감성적인 변화를 조형적으로 표현할 수 있도록 해 주는 것이 바로 디자인 트렌드이다. 디자인 트렌드는 소비자의 감성적인 욕구를 충족시켜 주지만, 여기에는

2 —
오스카 와일드는 아일랜드 출신으로 영국이 가장 번영했던 빅토리아 시대 후기의 대표적인 극작가이자 소설가, 시인이다. 특유의 재치를 담아 냉소적이면서도 날카로운 격언을 많이 남긴 것으로도 유명하다.

3 —
Fashion is an element of artificial obsolescence. (Adam Gopnik)

단순히 시각적 이미지가 제품을 통해 보이는 경향만이 아니라
기술 발달로 인한 신소재의 적용이나 표면 처리 과정에서 새롭게
나타나는 최신 동향 등도 전부 포함된다.

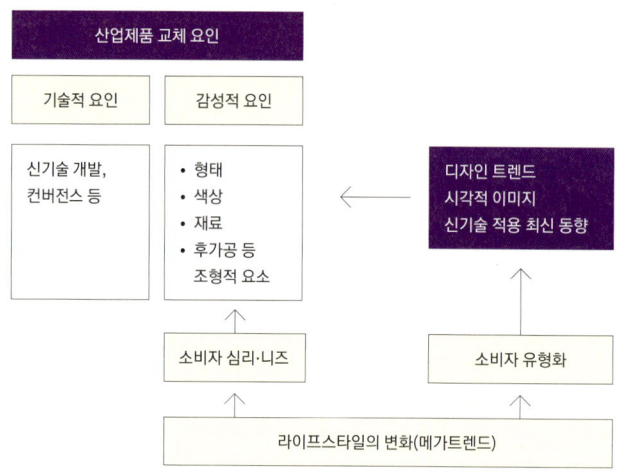

표 3. 산업제품 교체 요인과 트렌드의 연관성

디자인 트렌드 연구의 필요성

디자인은 단순한 외형적인 모습을 강조하는 것이 아니라 변화된
소비자의 라이프스타일에 걸맞는 새로운 개념의 제품과 서비스에 대한
요구가 부각되고 있다. 따라서 디자인을 사용하는 소비자에 대한
명확한 이해를 바탕으로 디자인이 개발되고 연구되어야 하며,
이러한 흐름의 핵심에 소비자 라이프스타일의 변화를 감지하는
메가트렌드로부터 추출된 디자인 트렌드가 존재함으로써 일관성을
유지하는 축이 된다. 품질은 더 이상 제품 선택에서 절대적 기준이
아니다. 품질 면에서 소비자의 기준을 만족시키는 제품이 많아졌기
때문에 품질만으로는 소비자의 선택을 받기 어려운 것이 현재의
시장 상황이다. 따라서 글로벌 시대의 소비자에게 선택받을 수 있는
경쟁력 있는 제품을 만들기 위해서는 전 세계의 흐름을 분석하고,
이를 바탕으로 형성되는 소비자의 감성적 요구를 충족시켜 주는 것이
매우 중요한 요소라고 할 수 있다. 이를 위해서는 세계적인
메가트렌드를 근거로 한 디자인 트렌드 정보가 절대적으로 필요하다.

디자인 트렌드 연구 방법

디자인 트렌드 연구 과정은 대부분의 정보사나 연구기관에서 비슷한 경로를 거치는데 표 4와 같이 크게 4단계로 나누어진다.

먼저 사회, 문화, 경제, 기술, 라이프스타일, 제품 디자인, 세미나와 전시회 콘텐츠 분석 등 디자인 트렌드에 영향을 미치는 요인들을 분석해서 키워드를 추출하는 개념화 단계를 거친다. 다음으로 개념화 단계의 키워드를 통합하고 정신적 가치, 감각적 가치, 혁신적 가치, 창조적 가치, 문화적 가치 등을 중심으로 효과를 추출하는 구조화 단계를 거친다. 세 번째 단계는 콘셉트 및 테마, 형태, 색상, 재료, 후가공 등으로 구분해 디자인 트렌드의 형상화 단계를 통해 비주얼라이징과 콘텐츠를 제안한다. 그런 다음 네 번째 단계인 적용 단계와 검증 단계를 거치는데, 트렌드 세미나와 워크숍, 맞춤 컨설팅을

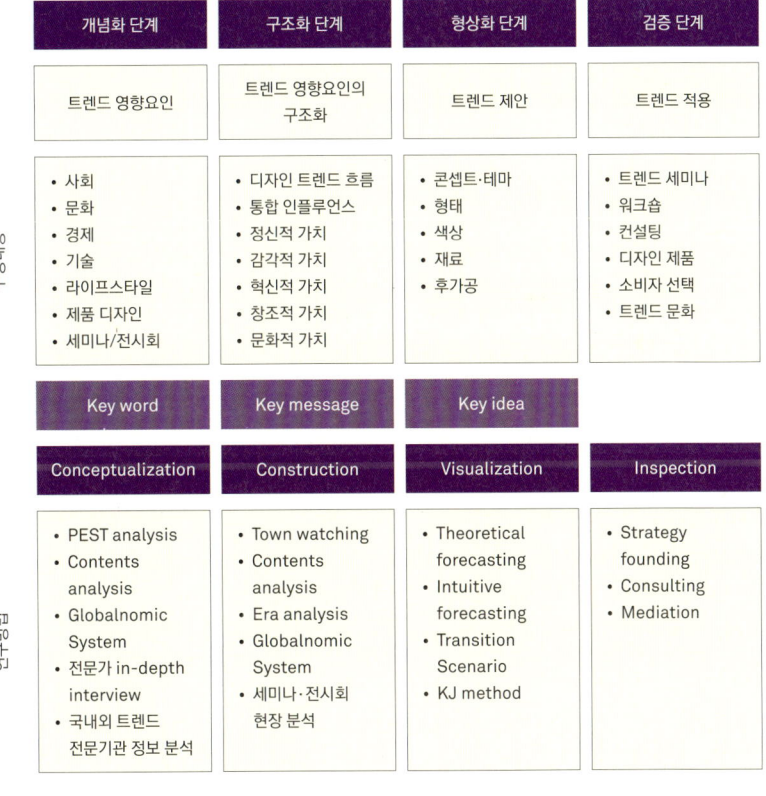

개념화 단계	구조화 단계	형상화 단계	검증 단계
트렌드 영향요인	트렌드 영향요인의 구조화	트렌드 제안	트렌드 적용
• 사회 • 문화 • 경제 • 기술 • 라이프스타일 • 제품 디자인 • 세미나/전시회	• 디자인 트렌드 흐름 • 통합 인플루언스 • 정신적 가치 • 감각적 가치 • 혁신적 가치 • 창조적 가치 • 문화적 가치	• 콘셉트·테마 • 형태 • 색상 • 재료 • 후가공	• 트렌드 세미나 • 워크숍 • 컨설팅 • 디자인 제품 • 소비자 선택 • 트렌드 문화
Key word	Key message	Key idea	
Conceptualization	Construction	Visualization	Inspection
• PEST analysis • Contents analysis • Globalnomic System • 전문가 in-depth interview • 국내외 트렌드 전문기관 정보 분석	• Town watching • Contents analysis • Era analysis • Globalnomic System • 세미나·전시회 현장 분석	• Theoretical forecasting • Intuitive forecasting • Transition Scenario • KJ method	• Strategy founding • Consulting • Mediation

영향요인 / 연구방법

표 4. 디자인 트렌드 연구 과정 및 활용 체계

통해 기업에 전달되는 트렌드 적용 단계를 거쳐 검증 단계를 갖는다.
이때 발신된 트렌드 정보는 디자인 제품을 개발하는 데 적용되고
이를 일반 소비자들이 채택하는 과정을 통해 트렌드 문화가 형성된다.
이 트렌드 문화는 다시 트렌드 정보사의 메가트렌드 영향 요인의
분석 팩트로 순환된다. 이러한 순환 구조 안에서 기업의 디자인 제품은
시장과 소비자에 따라 트렌드 수용 정도와 시기를 결정하게 되기 때문에
시장 안에는 다양한 트렌드가 공존하게 되고 이러한 크고 작은 트렌드가
좀 더 커다란 흐름의 메가트렌드로 새로운 문화를 형성하게 된다.

글로벌 트렌드의 추세

메가트렌드의 변화

사회 문화의 가치를 형성하고 있는 메가트렌드는 시대의 변화에 따라
더욱 다양한 양상을 보이고 있다. 따라서 메가트렌드의 변화를 파악하기
위해 다방면의 가치 변화에 대한 키워드를 살펴보는 것은 디자인
트렌드를 이해하는 데 중요한 방법이다.

트렌드 추세의 활용 예시

각 정보 업체들은 글로벌 이슈를 중심으로 사회 문화적 트렌드,
산업제품 정보 등을 분석한 결과를 통해 트렌드의 방향을 대체로 4개
정도로 발표한다. 이 과정을 통해 트렌드 분석의 경향과 영향을 이해할 수
있도록 정보를 제공하고 각 디자인업체와 디자이너들은 이를 수용해서
각 디자인 업무를 수행한다. 다음의 4개 트렌드 분석 결과를 통해 어떻게
디자인 트렌드를 활용하는가를 살펴보자.

— Pleasure of Daily Life(일상 속의 즐거움)

새로운 예술적 창작이나 디자인 영감을 일상생활 속에서 찾아내는
것이다. 디자이너 리하르트 휘텐(Richard Hutten)은 버려진 플라스틱이나
고무와 같은 소재를 이용해서 단순한 형태의 작품을 만들었다. 생활
속에서 발견하는 새로운 즐거움이나 지나간 과거의 지혜나 생활 방식에
대해 신뢰를 가지고 바라보는 사회 문화적 흐름이 나타난다.

— Image of New World(새로운 세계의 이미지)

상상 속 이미지가 과학 기술을 통해 실현되는 새로운 세계에 대한
동경이다. 디자인 그룹 memus는 콘크리트를 철사로 연결시켜서 만든
콘크리트 커튼을 제안했다. 상상 속에서 꿈꿨던 이미지들이 첨단 과학
기술과 만나 실현되는 세상이 된 것이다. 우리가 머물고 있는
이 순간이 현실과 상상 사이에 존재하는 벽을 뛰어넘어 새로운
세상으로 나아가고 있다.

— Emotional Technology(감성적인 과학 기술)

차가운 이성의 시대에서 따뜻하고 감각적인 시대로의 변화를
예고한다. 예를 들면 태양광전지로 기존의 검정에 딱딱하고 인공적인
소재에서 더욱 발전하여 유연하고 좀 더 자연친화적인 소재로의
진화가 이루어지고 있다. 과학 기술이 좀 더 감성적이고 자연친화적인
방식으로 발전하는 시대가 도래했다.

— Quest for Abnormal(비일상적인 것에 관한 욕구)

몇 년 동안 디자인, 특히 패션에서는 실버와 메탈로 표현하는
새로운 미래주의가 주류를 이루었고 모더니즘과 미니멀리즘 감성이
그 다음으로 주목받았다. 이성적이고 합리적인 디자인 시대가
지나가고 좀 더 인간적이고 장식적인 디자인 시대가 다가오고 있다.
이를 위해 새롭고 낯선 것들의 조합이나 과감한 변형과 같은 미학적
방법론들이 다시 주목을 받게 된다.

4개의 메가트렌드를 반영한 소비자의 감성 변화를 토대로 전반적인
산업 디자인 트렌드의 핵심적인 추세를 휴머니티로 도출했다.
휴머니티는 즐거움, 달콤함, 부드러움, 유연함으로 감성적 정의를
내린다. 향후 몇 년간은 보다 인간적이고 근원적인 의미에 대해
되돌아보고, 일상 속에서 쉽게 지나쳤던 모든 것들에 대해 다시
해석하며, 그 소중함과 의미로부터 새로운 창작의 영감을 얻는 시대가
될 것이다. 이를 위해 익숙하지만 진부한 것들과 최첨단의 과학 기술이
장르의 경계를 넘어 다양한 방식으로 융합되는 시대가 될 것이다.

새로운 시대는 미지의 것이 아닌 익숙한 것으로부터 출발한다는
명제를 되돌아볼 필요가 있다. 소중한 가치들을 서로 연결시켜
재창조하는 진실의 융합의 시대가 펼쳐질 것이다.

Mega Trend	해석 내용
pleasure of daily life	생활 속에서 발견하는 즐거움, 과거의 지혜에 대한 신뢰, 관계로부터 형성되는 행복함
image of new world	실제로 표현 가능한 상상의 세계, 비현실적인 현실, 초감각적인 것에 대한 매료
emotional technology	감각을 지배하는 테크놀로지, 오감을 동시에 만족시키는 디자인, 유동적인 디자인
quest for abnormal	새롭고 낯선 조합, 과감한 변형, 장식의 회귀

디자인 트렌드 테마에 따른 실행 전략

디자인 테마는 추세 그리고 이슈와 태도에서 언급된 중요한 개념들이
서로 확장되고 결합되어 원형, 순수, 기술에 의한 환상, 신뢰라는
4개의 테마로 구성되었다. 각 테마는 2개의 실행 전략으로 구체화되어
해석되며, 그 전략은 디자인적 접근 방법으로 제시된다.

원형

자연은 그 자체가 본질이자 이미지이며 디자인이다. 가장 진보적이며
가장 트렌디한 감각은 내추럴 감성으로부터 출발한다. 자연에
존재하는 모든 것은 새로운 창작을 위한 가장 풍부하고 창조적인
영감을 제공한다. 새로운 의미의 부여, 재배치, 응용과 차용 등에 의해
새로움과 동시에 익숙한 세계를 디자인한다.

핵심 키워드
techno eco, DNA, bio-design, micro structure, fluidity, irregularity

    이것은 자연과 과학 기술의 융합이 만들어 내는 가장 트렌디한
영감을 제안하는 테마로, 생물체를 구성하는 마이크로 사이즈를
확대하거나 재구성함으로써 자연친화적이면서도 과학적이고 진보적인
디자인을 창조한다. 이를 위해 자연을 구성하는 가장 작은 단위나
자연의 유동성과 불규칙함을 통해 새로운 디자인의 영감을 얻는다.

원형의 색상은 유기체적인 느낌과 인공적이고 기술적인 느낌을
표현할 수 있는 연두색이 기본 색상이 되고 농도 짙은 초록색과 갈색이
악센트 역할을 한다. 또한 연보라색 계열의 색상이 새롭게 제안되고
있는 것도 주목해야 한다.

— 전략 1. 유기적 구조(bio-weave)
유기체의 조직과 형상, 기능 등이 경이로운 상상력과 첨단 과학에
의해 재구성된다.

디자인 전략 키워드   alive diagram(살아 있는 도형) /
elementary particle(소립자) / fluidic(유동성의, 유체공학의)
morphology(생물형태학) / synthetic freshness(인조의 신선함)
색상   무기질 안료를 바탕으로 한 인공적인 파스텔톤의 차분한 레인지
소재   유기체의 느낌을 표현할 수 있는 불규칙한 조직과 표면감,
가죽 또는 스킨 느낌, 매끈하고 유연한 느낌
패턴   유기체 구조의 마이크로 이미지를 확대하고 단순화한 형태,
규칙적이거나 불규칙한 모티브의 무한 반복

— 전략 2. 자연의 재구성(redesigned nature)
자연이 원형 그대로 또는 구체적 형상으로 생활 속에 전개된다.

디자인 전략 키워드   eco-gate(에코로 이르는 길) / earth
friendly(친환경적) / drenched with nature(자연으로의 동화)
색상   활력 있는 자연 색상의 구성
소재   동식물의 유약이나 체액의 느낌, 재생된 천연 소재, 돌 또는
자연물의 원래 그대로의 느낌, 콘크리트 또는 인공물의 거친 느낌
패턴   자연 이미지의 포토프린트, 산화되거나 얼룩진 효과,
비계획적이고 일시적인 연출에 의한 그래픽

유기적 구조 전략은 자연을 마이크로 단위로 접근하고 있는 반면
자연의 재구성 전략은 자연을 인간의 눈으로 바라보고 재활용하거나

오감의 느낌을 디자인에 적용하는 방법을 제안한다. 먼저 이 전략을 표현하기 위해서는 자연 소재의 느낌을 인공적이면서도 계획적인 디자인으로 옮겨 놓는다. 자연물의 끈끈한 느낌이라든지 비계획적으로 번지거나 비치는 느낌을 디자인으로 옮기는 것이다. 다음은 자연물의 형태나 소재를 그대로 적용시키는 방법이 있다. 마치 소나무의 나뭇잎처럼 구성된 작은 조명기구 그리고 천연의 돌을 포장 재료로 그대로 활용하는 방법 등 자연의 소재를 공업화하는 새로운 영감을 전달한다. 그리고 폐자재의 재활용에 좀 더 디자인화되고 기술적인 감도를 결합시키는 것은 여전히 유효한 디자인 방법론으로 제안될 수 있다. 인공과 자연이 동시에 존재함을 은유적으로 표현할 수 있는 다양한 방법을 이 전략에서 살펴볼 수 있다.

신뢰

가장 새로운 것은 지나간 기억을 통해서 탄생한다. 우리는 다가올 미래의 불확실성을 과거로부터 얻은 지혜와 방식으로 헤쳐 나갈 수 있다. 마치 동화 속의 이야기처럼 행복했던 지난날의 기억을 떠올리며 가장 친근하고 행복한 라이프스타일을 연출한다.

신뢰의 테마는 일상생활을 좀 더 풍요롭게 만들기 위한 디자인이다. 따라서 진보적이고 합리적인 감성보다는 따뜻하고 친근한 감각의 라이프스타일을 연출하는 것이 중요하다. 전략 방향으로 익숙한 것들에 대한 재배치나 전통이나 지혜를 다시 활용하는 것이 제시된다. 신뢰의 색상은 장식적이며 나이브한 감각을 표현하기 위해 다소 유치한 느낌의 발제가 연속적으로 배열되는 팔레트를 제공한다. 특히 빨강과 파랑의 강렬한 대비는 색상 자체뿐 아니라 단순한 기하학적 패턴을 통해서도 더욱 강한 인상을 만들어 낼 수 있다. 또한 어린 시절의 달콤한 기억을 떠오르게 만드는 것 같은 부드럽고 달콤한 뉴트럴 팔레트가 보조 색상으로 작용한다.

핵심 키워드
memory of childhood, happiness, daily life, daily necessaries, hand-craft, cheap materials, old technology, accumulation

— 전략 1. 새롭게 색칠해진 기억들(recolored memories)
과거의 행복한 기억들을 일상생활 속의 소품과 결합시켜 동화 속 이야기와 같은 세상을 연출한다.

디자인 전략 키워드 object relationship(소품과의 의미 형성) /
valuable everyday(가치 있는 일상) / around the world
(의미가 있는 모든 곳)

색상 오래되어 바랜 사진을 보는 것과 같은 포근하고 따뜻한 팔레트

소재 생활 주변에서 흔히 볼 수 있는 소재의 느낌, 낡고 오래된 듯한
효과, 재생 소재, 산화되거나 부식된 효과

패턴 오래되고 소박한 느낌의 스트라이프, 플로럴 패턴, 다양한 패턴의
비계획적인 결합, 낡고 부식된 느낌의 그래픽, 촌스러운 광택 효과

과거에 대한 회상, 지루한 일상생활을 좀 더 풍요롭게 만들 수 있는
나이브한 디자인 감각을 적극적으로 활용하는 전략이다. 따라서
색상은 오래된 바랜 사진을 보는 것과 같은 포근하고 따뜻한 팔레트로
구성된다. 여기에 생활 주변에서 흔히 볼 수 있는 소재들을 적극적으로
활용한다. 낡고 오래된 듯한 효과, 재생 소재, 산화되거나 부식된
효과 등을 통해 이 전략을 표현한다. 일상생활을 풍요롭게 만드는
새로운 접근 방식이 필요하다. 횡단보도를 장식하는 세심한 손길,
공공건물을 장식하는 세련되지 않은 손길 등 메마른 도시의 삶 속에서
한번쯤 미소 지을 수 있는 여유를 맛볼 수 있게 한다. 리사이클링에
관해서도 단순한 재활용이 아니라 기존의 느낌이 유지되면서
전혀 새로운 디자인으로 탈바꿈되는 것이 중요하다. 기존 방식의
리사이클링에서 한 단계 발전하여 좀 더 고급스러운 이미지까지
표현할 수 있어야 한다. 또 다른 표현 기법으로는 잊혀진 아날로그적
감성과 지식을 다시 끄집어내는 전략이다. 손맛이 느껴지는 산업화
시대의 유물들을 디지털 시대에 다시 활용함으로써 전통에 대한
가치를 확인하고 새로운 디자인을 위한 영감으로 활용한다.

— 전략 2. 시간 이동(time-shifting)
과거로의 시간 여행을 떠난다. 다양한 원색의 강렬한 대비, 단순한
기하학, 경쾌하고 율동감 있는 형태이다.

디자인 전략 키워드 60's festival(1960년대 축제 인스피레이션) /
simple geometric(간결한 지오메트릭) / kidult(키덜트)
색상 역동적인 느낌을 연출하는 레트로 브라이트의 병렬 구성
소재 색감이 도드라지는 매끄러운 표면감의 소재, 미완성된 듯한
후처리, 흔하게 사용되는 플라스틱, 나일론
패턴 1960년대 감각의 단순함 & 마이크로지오메트릭 패턴,
멀티 컬러의 블로킹, 키덜트 감각의 면 분할, 이질적 소재의
불규칙적인 결합에 의한 패턴 표현, 과도한 광택감

마치 시간을 그대로 이동한 것처럼 과거의 디자인 모티브와 색상,
형태 등을 그대로 차용하는 전략이다. 특히 1960년대 감각의 색상과
단순한 기하학, 컬러 블로킹이 특별한 영감을 준다. 이 전략을
디자인화함에 따라 가장 기본이 되는 활용 전략은 다양한 밝은
색상을 불규칙한 느낌으로 배열하는 가운데 느껴지는 기하학적인
감각이다. 오래된 스타일과 새로운 디지털 스타일을 혼합해 오래된
느낌의 장식적 요소나 색상을 최신의 디지털 테크놀로지와 결합하는
것이 특징적이다. 어디에서나 흔한 나일론 소재나 아크릴, 재활용된
천과 같이 생활 속에 버려지는 온갖 소재들을 적절하게 조화시킬
줄 아는 디자인 감각이 이 전략에서 활용될 수 있다. 결코 고가는
아니지만 눈에 보이지 않는 디테일한 부분에 디자이너의 감각과
추억이 잘 녹아 있는 스타일링이 핵심이다.

순수

선과 면에 의해 표현되는 순수 미학의 도래했다. 극도의 절제미를
추구했던 모더니즘 양식에 가장 현대적이고 최신의 미적 감각과
테크놀로지가 융합한다. 마치 레고처럼 가장 작은 단위의 반복과
중첩으로 다채롭게 변화하는 디자인이 탄생한다.

핵심 키워드
abstract composition,
solidity, simple &
functional, geometry,
repetition, replacement,
module design, narration
design

모더니즘 미학의 기초를 이루었던 점, 선, 면이라는 요소를
활용하면서도 현대의 미적감성을 표현하는 테마이다. 극도의
절제미와 표현하고자 하는 본능적 욕구를 적절하게 뒤섞는다.
또한 레고처럼 조립하고 반복하는 디자인적 방법론을 활용함으로써

다양한 세대의 기호를 충족시킬 수 있는 테마라고 할 수 있다.
이를 위한 색상으로는 검정과 하양 그리고 그 사이를 연결시키는
회색과 진회색들의 점진적인 조합으로 제안된다.

엄숙하면서도 테크니컬한 느낌을 표현하는 것이 핵심 색상이다.
여기에 현대적인 장식적 감각을 표현하기 위해 플라스틱의 가벼움과
빛을 반사하는 느낌을 표현하는 밝기가 연합한다.

— 전략 1. 완전무결함(absolute)
이성적이며 물리적인 완벽함을 추구하기 위해 선과 면을 가장
기초적인 방식으로 결합한다. 복고풍의 기하학적 디자인을 현대적인
감각에 맞춰 재해석한다.

> **디자인 전략 키워드** compact organizing(치밀한 구성) /
> perfection(완벽함) / concise frame(간결한 구조) /
> metaphysics(형이상학적인)
> **색상** 검정과 하양의 모노톤 조합, 단순함과 복잡함의 극적인
> 대비 효과 연출
> **소재** 매끈한 금속 또는 합성수지, 견고한 외관, 투명 소재, 테크니컬
> 느낌의 마이크로 기하학적 패턴
> **패턴** 단색의 느낌, 점·선·면의 규칙적 반복, 단순한 다각형 모티프의
> 무한한 반복, 반투명 소재의 반복에 의한 패턴 형성

점, 선, 면의 완벽한 구성을 통해 새로운 디자인을 연출한다.
첫 번째 디자인 전략으로는 단순한 형태의 무한 반복이다. 하나의
요소를 구성하는 데는 가장 기본적인 선이나 면을 활용하지만
그 요소를 무한히 반복함으로써 전혀 새로운 세계를 창조할 수 있다.
다음 전략은 모듈 디자인이다. 동일한 형태나 기능을 가진 요소들에
조금씩 다른 성격을 부여함으로써 또 다른 디자인을 창조하는
것이다. '단순함을 통한 복잡성.' 이 콘셉트를 통해 세계를 좀 더
쉽게 이해할 수 있다. 반복과 중첩이라는 요소를 통해 가장 완벽한
디자인을 표현할 수가 있는 것이다.

— 전략 2. 구성(composition)

서로 다른 요소들을 조합하여 새로운 세계를 디자인한다. 단순한 결합을 통해 신선함을 연출한다.

디자인 전략 키워드 irregular aesthetic(비규칙의 미학) / solidity(입체감) / connection(연결 구조) / narration(설명적인)

색상 견고함과 내구성을 표현하기 위해 불투명하고 중성적인 느낌의 색상들을 구성

소재 색이 강조된 플라스틱 또는 투명 소재, 견고한 외관, 볼륨감을 강조할 수 있는 소재, 가벼운 터치감을 느낄 수 있는 부드러운 소재

패턴 도형의 불규칙한 구성, 색상에 의한 면의 강조, 색상의 상징성을 활용한 그래픽 효과, 극도로 단순화된 이모티콘

이 전략에서는 주어진 다양한 기하학적 요소를 새로운 시각으로 재해석하고 재배치한다. 따라서 규칙보다는 일탈과 비규칙의 미학이 중요하며 평면적인 감각보다는 입체적인 감각이 중요하다. 첫 번째 디자인 전략으로는 다양한 형태와 색상, 소재를 퍼즐처럼 구성하는 방법이다. 산업화 시대의 산업적 감각의 기하학이나 색상 또는 볼륨감을 새롭게 재구성할 수도 있다. 그 다음이 상징과 설명에 의한 디자인이 활용 전략이다. 이것은 사용자가 쉽게 납득할 수 있도록 상징이나 기호, 텍스트 등을 과감하게 드러내는 디자인을 의미한다. 그리고 새로운 조합이다. 전혀 생각하지 못했던 이질적인 소재나 색상을 과감하게 혼합했지만 매우 신선하고 세련된 느낌으로 표현될 수 있을 때 이 전략이 혁신적으로 적용된 것이라 할 수 있다.

기술에 의한 환상

감성과 첨단 과학의 융합이 연출하는 초현실적인 디자인이다. 단순함과 견고함, 메탈과 실버로 대변되는 모던 디자인에 반대하는 새로운 흐름이 나타나고 있다. 물질과 비물질 사이의 끊어진 공간을 시적이고 초현실적인 상상으로 연결시킨다. 물리적 법칙과 상식을 뛰어넘는 세계로의 초대라고 할 수 있다. 이 테마는 감성과 과학 기술의 융합이

핵심 키워드
immateriality, light & shadow, new materials, techno surrealism, wave & curve

만들어 내는 초현실적 현실을 표현한다. 기존에 활용했던 방법론에서
벗어나 빛이나 물, 바람과 같이 비물질적인 소재를 예술적 감각으로
활용한다. 이성적인 판단보다는 비합리적이고 상상적인 이미지를
표현하는 것이 중요하다. 이를 표현하기 위해 빛과 같은 비물질적
요소를 나타낼 수 있는 하양을 중심으로 모노톤 감각의 뉴트럴 컬러가
기본 팔레트로 구성된다. 최신의 감성 테크놀로지 스타일을 연출하기
위해 검정을 중심으로 갈색 셰이드가 연결된다.

— 전략 1. 초현실적 공간(surreal space)
과학과 기술의 진보는 물질과 비물질 사이의 경계를 모호하게 만든다.
빛, 바람 그리고 공기와 같은 손에 잡히지 않는 감각적 요소들을
디자인에 적용한다.

디자인 전략 키워드　techno dream(기술에 의해 구현된 꿈) /
light streak(빛줄기) / extreme delicate(극도의 섬세함) /
ultra lightweight(초경량의)

색상　북구의 신비로운 밤하늘처럼 차갑고 경이로운 터치의 팔레트

소재　빛의 반사, 투과 효과를 최대화할 수 있는 소재, 부드럽고 견고한
신축성 소재

패턴　패턴보다는 소재의 느낌을 강조하는 것이 중요하다. 모노톤의
중첩에 의한 빛 이미지의 표현, 자유로운 형태, 모티브의 부분적인
플레이스먼트, 비현실적이고 추상적인 이미지

이 전략에서는 빛이라는 요소를 활용함으로써 초현실적 감각을
표현한다. 빛이 통과하면서 만들어 내는 흔적들을 디자인에 적극적으로
활용하는 것이다. 따라서 기존의 형태나 소재를 재배치함으로써
빛의 흐름을 적절하게 조절하는 감각이 필요하다. 그런 다음 고체나
액체 속에 빛의 요소를 주입시킴으로써 새로운 디자인을 연출하는
트랜스퓨전(transfusion) 전략을 제안하고, 빛의 요소를 활용하는 동시에
그것을 투과할 수 있는 소재를 활용해 전혀 새로운 형태를 연출할 수도
있다. 기존의 형태를 유지하면서도 낯선 세상을 표현한다.

— 전략 2. 시적 변이(poetic mutation)

새로운 소재와 기술의 진보는 실현 불가능했던 상상의 세계를 표현할 수 있게 만든다. 자연과 인공, 곡선과 직선, 문학과 비문학과 같이 대비되는 것들이 융합되어 시적인 변이를 일으킨다.

디자인 전략 키워드 free drawing(자유로운 표현) / artificial fluidity(인공적인 유동성) / refused normality(평범함에 대한 거부)

색상 인공적이면서도 친근한 느낌을 연출하기 위한 부드러운 갈색 톤으로 구성

소재 유연성과 견고함을 동시에 표현할 수 있는 소재, 후가공에 의한 형태의 변형, 부드럽고 말랑말랑한 느낌, 천연소재의 느낌을 표현한 합성소재

패턴 패턴보다는 형태의 변형이 중요, 금속·나무·합성소재 등의 소재 고유의 조직과 패턴을 최대한 표현

겉으로 보기에는 단순히 초현실적이고 예술적인 감각을 출발점으로 한 것 같지만, 실제로는 발전된 과학 기술에 따른 가공 기술이나 소재가 없으면 절대 표현될 수 없는 가장 고난위도 전략이다. 천연소재를 마치 합성소재처럼 변형하거나 견고한 소재에 유기적 유연성과 부드러운 감각을 주기 위해 가장 발전된 기술이 필요하다. 기존의 형태감이 무너져 내리면서 만들어지는 새로운 형태감에 주목하고 기능적으로나 미학적으로 전혀 필요없는 요소들을 과감하게 강조하거나 추가함으로써 새로운 디자인을 만들어 낼 수 있다. 또한 합리주의적 미학을 무시하고 기능에 따른 형태미를 배격하는 디자인 방법론을 채택할 수 있다. 불완전한 형태의 구성, 불규칙한 표면감 등을 통해 새로운 미적 세계를 개척하는 것이다. 그리고 무엇보다 불규칙한 곡선의 무한 반복이 만들어 내는 형태에 집중해야 한다. 개개의 형태는 불규칙적이고 임시적인 느낌이지만 이 요소들이 함께 그룹화되면서 연출하는 새로운 느낌에 주목해야 한다.

형태와 기능

면과 형태 탐구

조형 연습의 면에 대한 탐구에서 종이와 판재는 매우 다루기 쉬워
많이 활용되고 있는 도구이다. 종이나 보드지로 작품을 만들 경우
종이의 결을 항상 고려해야 한다. 기계로 제조한 모든 종이와
보드지에는 결이 있다. 접착성 있는 머리털 모양의 섬유가 서로 붙어
한 장의 종이가 만들어지는데, 벨트콘베어 위에서 펄프가 진동하면서
'젖은' 쪽에서 '마른' 쪽으로 이동하는 방향에 따라 차례대로 종이가
완성되고 종이의 결이 생기게 된다. 한편 손으로 만드는 종이는
섬유들이 서로 엉켜 있기 때문에 결이 없다. 선을 그리거나 물감으로
그릴 때는 아무렇지도 않았던 결이 접기, 구부리기, 찢기, 자르기 등을
할 때 큰 영향을 준다.

- 결의 방향과 탄력을 알아보기 위해 종이를 반복적으로 둥글게 말아 본다.
- 이번에는 종이를 90° 회전시켜 처음과는 다른 두 변을 말아 본다.

섬유의 결을 따라 말 때는 쉽게 말리지만 결과 반대 방향으로 말려고
할 때는 쉽게 말리지 않는다. 만들기를 할 때는 두꺼운 종이일수록
결을 따라 접는 선을 넣어야 한다. 결과 반대로 접는 선을 넣을 경우
종이의 어떤 면도 불균형 상태가 되어 종이 표면에 삐뚤삐뚤한 선이
생기게 된다. 따라서 접는 선은 종이의 결과 평행이 되도록 한다.
종이를 손으로 접을 때는 접기 전에 같은 종류의 작은 종이로 먼저
접어 본다. 접어지는 선이 울퉁불퉁하지 않고 깨끗하게 접힌다면
손으로도 접을 수 있지만, 깨끗하게 접히지 않는다면 손으로 접기에는
부적절한 종이이다. 그때는 칼선을 넣거나 점을 찍는 등 여러 방법을
취해 본다.

- 종이를 매끄럽고 딱딱한 평면 위에 놓는다. 접는 선은 항상 자신의 몸 왼쪽에서 오른쪽으로 수평이 되게 놓는다. 몸에서 가까운 쪽의 끝이나 각을 잡는다.
- 원하는 위치에 접는 선이 생기도록 잡고 있는 종이의 끝이나 각을 다른 한쪽 방향 끝에 겹쳐서 접는 선을 만든다. 이때 접는 선이 옆이나 위로 삐뚤게 나오지 않도록 주의한다. 작은 종이는 손으로 들고 만들면 효과적이다.

두께가 있는 종이나 보드지에 접는 선을 만들 때는 다음과 같은 방법이 간단하지만 종이 표면에 칼선이 생겨 접히는 부분이 약해지게 되는 결점이 있다.

- 접기선에 맞춰 칼을 직각으로 해서 종이 두께의 3분의 2까지 칼선을 넣는다. 반드시 표면 또는 접어지는 쪽에 자르는 선을 넣어야 한다.
- 곡선으로 접는 선을 넣기 위해서는 칼선을 넣는 것이 어떠한 형태로든 표현이 가능하다. 종이 조형에서는 이 기법이 가장 많이 활용되고 있다.

위 방법은 칼선의 기법과 패인 선을 만드는 기법의 중간으로, 두꺼운 보드지에 접는 선을 표시하거나 좀 더 얇은 종이라도 상자 뚜껑 등 구부리기 쉽게 하기 위해 이용한다. 두꺼운 종이에 파선형으로 칼선을 넣는데, 칼선의 길이와 간격은 종이의 두께나 구부리는 정도에 따라 다르다. 칼선의 길이가 길면 종이의 내구성은 그만큼 약해진다.

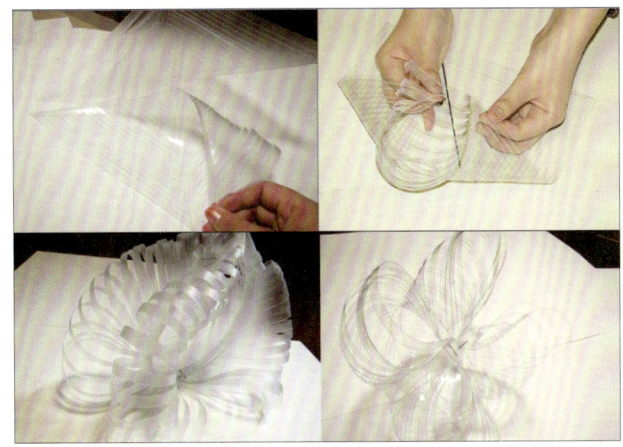

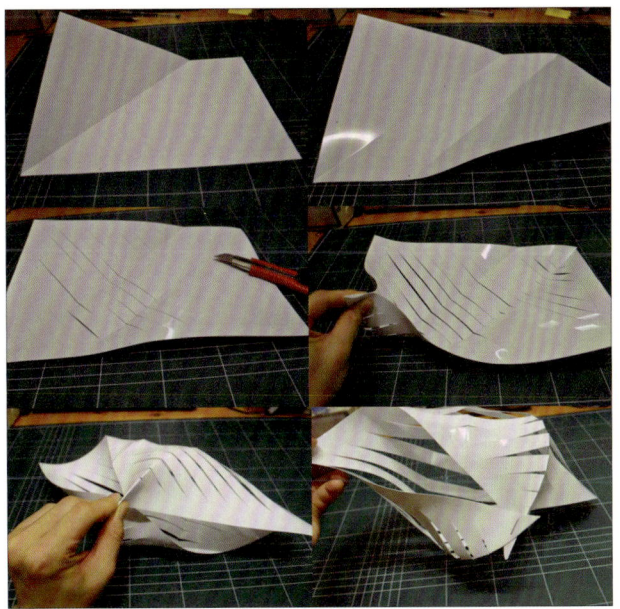

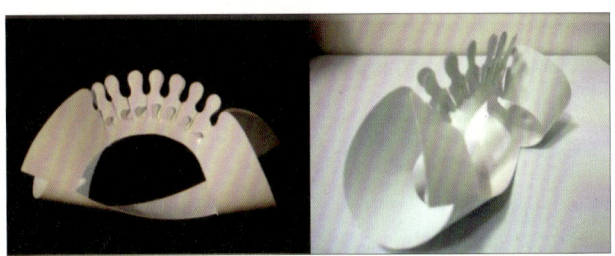

그림 1. 면과 형태 탐구

접는 연습 — 접기로 만들어지는 공간의 이해
종이나 플라스틱 시트를 가지고 접기 방법을 활용한
공간과 입체의 제작 조형 연습이다.

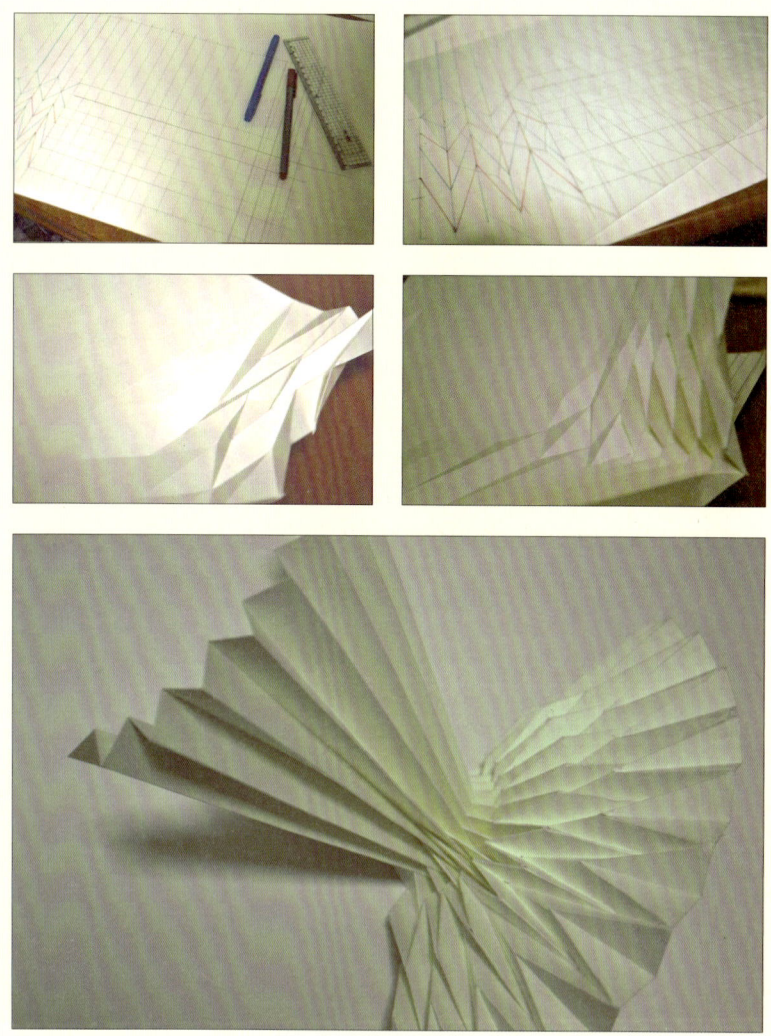

그림 2. 접는 연습

구부리기 연습 — 구부리기로 만들어지는 서피스의 원리

종이나 플라스틱 시트를 활용하여 구부리기를 통한
공간과 입체의 제작 조형 연습이다.

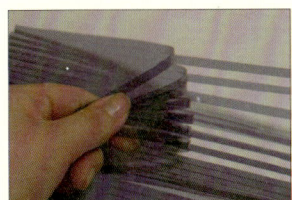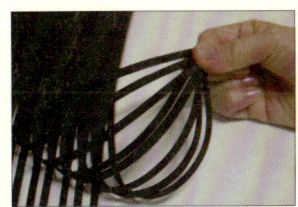

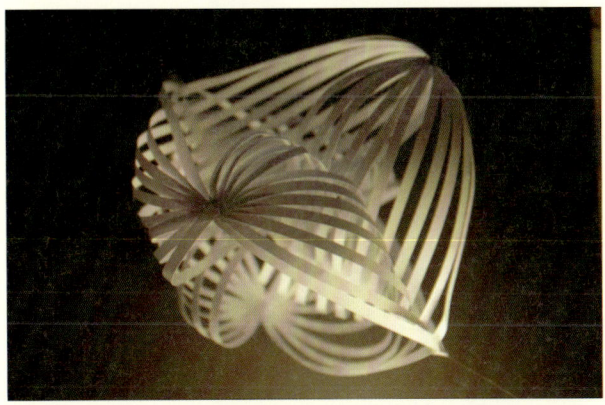

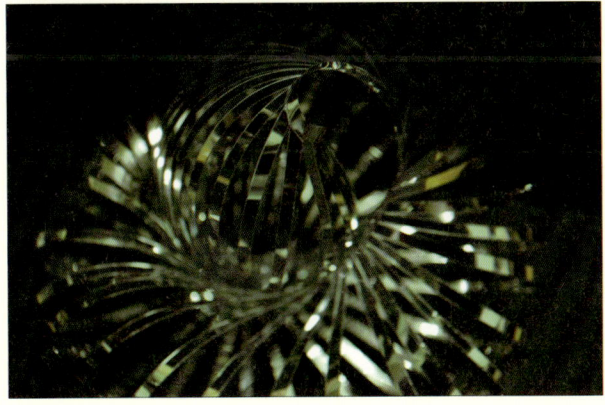

그림 3. 구부리기 연습

담기 연습 — 접기와 구부리기의 활용

종이나 플라스틱 시트를 활용하여 사물을 담을 수 있는
조형의 이해를 돕는다.

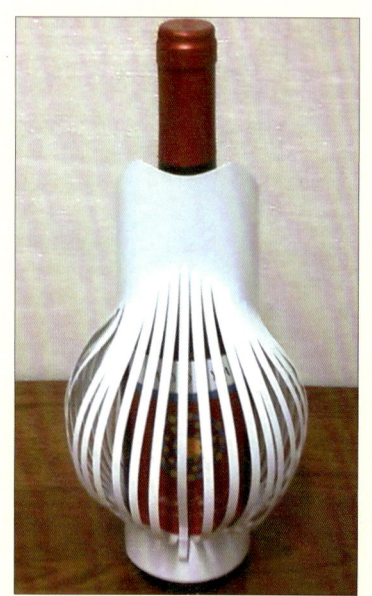
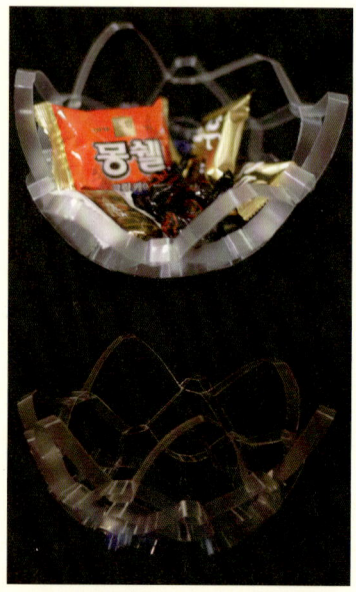

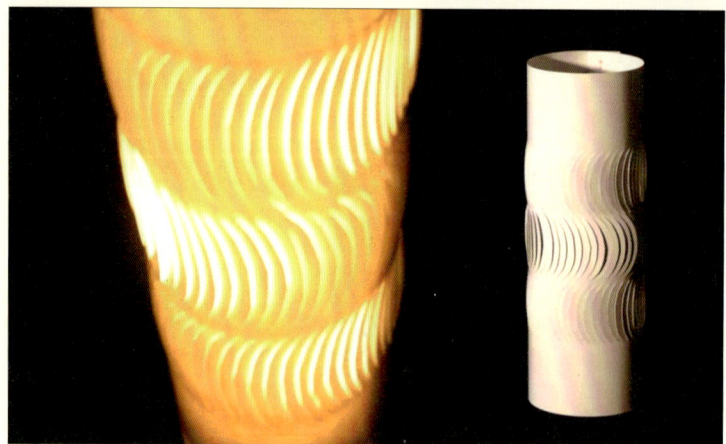

그림 4. 담기 연습

서피스 연습 ― 결합, 반복 율동

종이나 플라스틱 시트를 활용하여 반복을 통한
조형 공간의 연출이다.

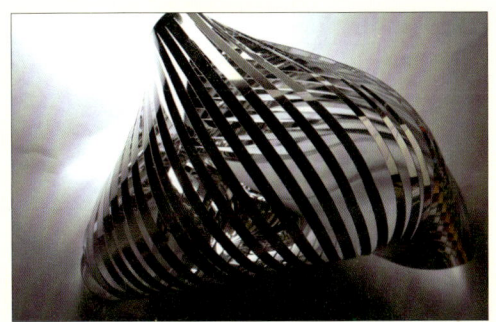

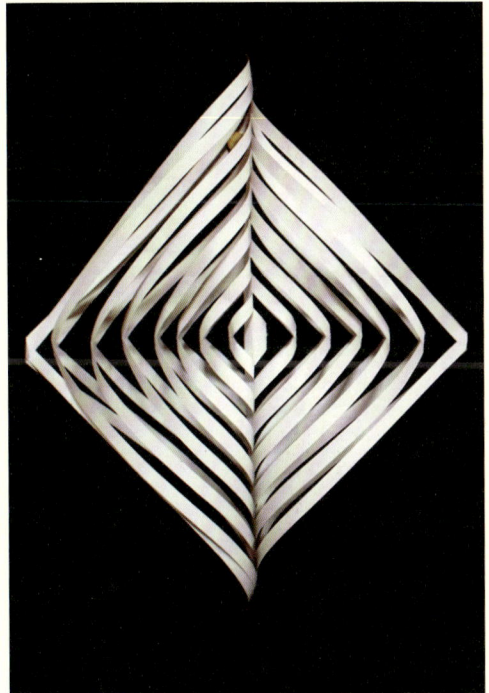

그림 5. 서피스 연습

모양 탐구

소프트 모형 제작

디자인 과정에서 모형이 차지하는 비중은 상당히 크다고 할 수 있다. 다시 말해 디자인의 신뢰성을 향상시키며 디자인의 조형적 확실성을 극대화하기 위해서는 모형의 검토가 반드시 필요하다. 이러한 조형의 검토를 위해서는 빠른 시간 내에 많은 연구모형(study mock-up)을 제작해야 하는데, 이때 주로 사용하는 것이 발포스티로폼이다. 발포스티로폼 중에서도 세 가지 종류를 가장 많이 사용하는데 가장 큰 이유는 경제성이라 할 수 있다. 즉 저렴한 가격의 스티로폼을 이용해서 디자인의 검토 과정을 손쉽게 마무리할 수 있기 때문이다. 일반적으로 연구모형은 부드러운 재료를 사용하는데 그렇다고 소재가 반드시 정해져 있는 것은 아니다. 흔히 사용하는 소프트폼의 재료로는 아이소핑크, 골드폼, 화이트폼을 사용한다. 이것은 소재의 밀도에 따라 분류한 것으로 건축용 재료이다. 이 재료들은 열에 약한 것들로 가공 방법은 열선 커터기나 일반 커터를 사용하며 마무리는 사포를 이용한다. 여기에서는 연구모형의 제작 과정을 알아보고자 한다.

— 디자인 구성안을 위한 캐드 작업

작업 초반부터 캐드 작업이 이루어지는 것은 아니지만 캐드 프로그램을 이용해 기본적인 도형이나 형태를 드로잉한 다음 모형 제작의 밑그림으로 사용하도록 한다. 이 과정은 본 설계 전의 작업으로 연구모형 작업 과정에 따라서 수정될 수 있다. 출력 시에는 반드시 1:1 스케일로 출력해야만 원하는 크기의 작업을 얻을 수 있다. 물론 축소 모형의 경우에는 그 스케일에 맞게 출력한다.

— 도면 출력 및 배접, 재단

캐드로 작업된 도면을 출력한 다음 출력지를 두꺼운 보드에 스프레이풀(3M 55 정도)로 도포하여 재단한다. 이 재단된 도면들은 소프트폼을 열커팅하기 위한 가이드로 사용된다.

— 열커팅 가이드의 제작

열커팅 가이드는 발포스티로폼 작업에서 가장 중요한 작업으로, 폼을 가공하는 데 좌우 대칭이나 절단면이 수직을 유지하거나 원하는 각도를 정확하게 작업하기 위해서는 반드시 필요한 과정이다. 열커터를 이동할 때 녹으면서 생기는 진행 방향의 저항 때문에 아무리 노련한 사람이라도 원하는 각도를 유지하기 어렵다. 이때 가이드를 이용해 정확한 작업을 유지할 수 있다. 즉 가이드의 정확도가 작업의 정확도와 밀접하다고 할 수 있다.

— 발포스티로폼의 재단

발포스티로폼의 기본적인 재단 도구는 간이 열커터기와 고정형 커터기, 칼, 자 등이다. 또 가이드와 테이프도 재단의 도구로 사용될 수 있는데 작업 상황에 맞도록 도구를 활용하여 작업한다. 발포스티로폼은 보통 30mm, 50mm 두께의 폼을 사용하기 때문에 재단 면이 직각을 유지해야 하는 어려움이 있다. 실제로 작업은 쉬워 보이지만 작업의 결과를 보면 삐뚤어지게 재단하여 재료를 쓰지 못하게 되는 경우가 많다. 이것을 보완해 주는 것이 가이드이다. 하지만 가이드의 제작은 작업 시간을 연장시킨다는 문제점이 있기 때문에 직선이나 간단한 작업의 경우는 테이프나 자를 이용해서 열커팅하는 것도 작업의 효율성을 향상시킬 수 있는 하나의 방법이다.

— 발포스티로폼의 가공

발포스티로폼의 가공에는 여러 가지 방법이 있다. 결과물의 사용 용도에 따라 가공의 방법이 달라지는데 칼, 열커터, 사포 등으로 가공하는 것이 일반적이다. 또한 재료의 상태가 일반적으로 판재가 대부분이기 때문에 두께가 두꺼운 모형을 재작해야 하는 경우 발포스티로폼을 여러 장 붙여야 하는데 이때 주의해야 할 점이 있다. 우드락 본드나 스프레이 접착제 또는 양면테이프 같은 재료로 붙이는 경우에는 열커팅에 문제가 생긴다. 왜냐하면 우드락 본드의 경우 건조가 된 상태에서는 발포스티로폼과 다른 이물질 재료가 되어 열커팅 시 재단되는 속도가 달라져 고르게 재단이 되지 않기 때문이다.

또한 스프레이 접착제는 열 때문에 접착제 자체가 녹아 스티로폼 접착 부위가 주변의 스티로폼보다 늦게 녹게 되어 고른 재단이 어려워진다. 이러한 문제를 해결하기 위한 것이 발포스티로폼끼리 녹여서 접착하는 방법이다. 이때 사용하는 것이 실크인쇄 시 사용하는 키틴올이라는 용제인데, 사용 시 주의해야 할 점은 조금이라도 많은 양을 도포할 경우 발포스티로폼 전체에 구멍이 생기거나 일부분이 녹을 수 있으므로 주의해서 사용해야 한다.

재료를 간단히 가공할 경우 칼이나 간이열커터기를 사용하는데, 가공하고자 하는 치수보다 여유 있게 가공해야 한다. 이렇게 함으로써 사포로 마무리할 때 무리가 없다. 또한 연구모형은 가공하면서 디자인을 수정하고자 하거나 부분적인 수정을 할 때 여유가 있어야 한다. 연구모형은 디자인이 결정된 것이 아니기 때문에 디자이너의 감각에 따라 모형 작업 시에 언제라도 디자인을 수정할 수 있다. 따라서 여유를 갖고 작업에 임하는 자세가 중요하다.

— 발포스티로폼의 가공부품의 조립

발포스티로폼으로 제작된 각기의 부품들은 서로 조립해야 하는데 조립 시 분리하지 않고 고정으로 부착하는 경우와 수시로 탈부착해야 하는 경우 또는 임시로 부착하는 경우 각기 다른 접착 방법을 사용해야 한다. 즉 고정 방식으로 부착할 때는 키신올 용제를 이용해서 부착하고, 나머지는 대부분 양면테이프로 부착할 때가 많은데 양면테이프의 경우 한 번 부착한 다음 다시 부착할 때 테이프를 교환해야 한다. 또한 이 작업에서 유의해야 할 점은 이 과정은 디자인 완성으로 가는 연구 과정이기 때문에 도면에 충실해야 하지만 디자이너의 감각이 더 우선시되어야 한다는 것이다. 즉 감각에 따라 언제든지 수정하는 것이 이 과정에서의 핵심이다.

기초조형 Producing 과제

기능적 형태
기능적 형태의 가장 간단한 조형 연구에서 손과의 관계를
탐구하는 과제를 통해 다양한 조형적 실험을 할 수 있다.
손과 연관된 다양한 기능적 제품들은 손을 쥐는 형태,
사용 방법, 연계되는 기능의 만족도 등에 따라 형상이
달라지며 독특한 형태로 발전된다.

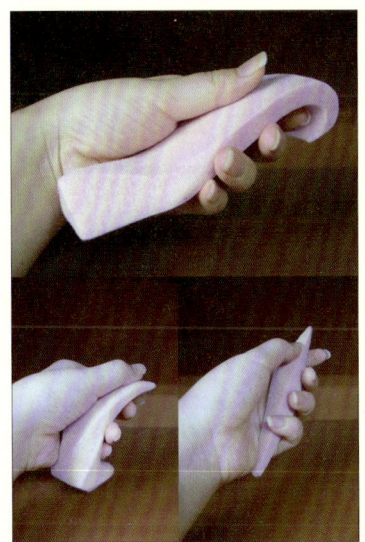
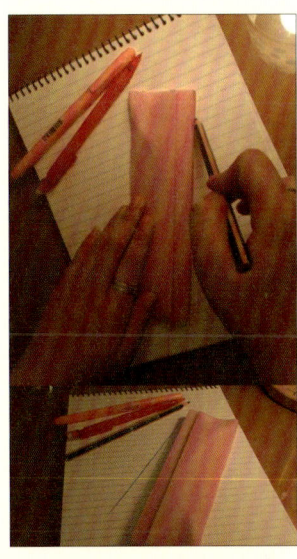

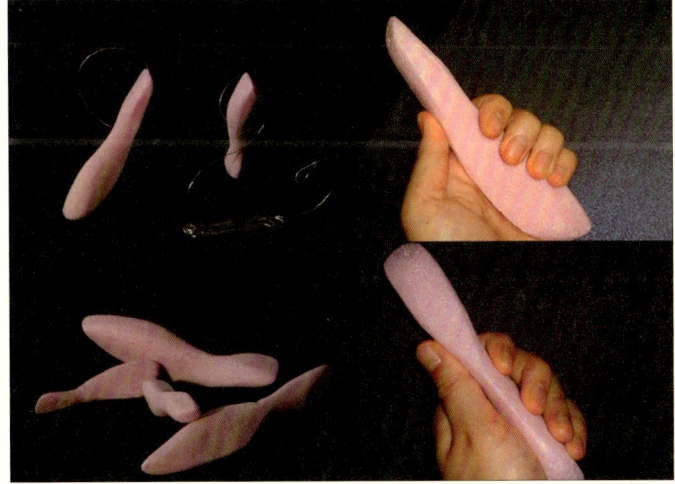

그림 6. 기능적 형태

기능적 탐구

종이공학의 역사는 13세기부터 찾아볼 수 있다. 팝업(pop-up)과 같은
비교적 정교한 기술은 제작상의 어려움으로 20세기 중반이 되어서야
상업적인 측면과 결합되어 급속히 발전하게 되었다. 종이공학은
상업적인 종이예술을 총칭하는 말이며, 기술적인 충분한 고려가
이루어져 있음을 내포하고 있다. 종이로 대표되는 카드보드류는
물성 및 가공특성 때문에 디자인 분야에서는 아이디어를 발상하는
단계의 프로토타이핑 용도로 사용되고 있다. 특히 CADD(computer-
aided design and drafting)와 CAM(computer-aided manufacturing) 기술과
결합되면서 디자인 분야에서 종이공학의 응용 가능성은 더욱
증대되고 있다. 체험을 통한 교육은 시간, 이해력, 집중도 측면에서
가장 효과적인 방법이다. 그런 이유로 체험 교육은 경험이 유아나
초등학생의 기초 입문 교육에서 주로 활용하고 있다. 메카닉 체험
교육을 위한 교구는 다양하게 개발되어 있지만, 가장 중요한 기구학을
이해하기 위한 교구는 거의 없다. 종이 오토마타(움직이는 모형)는
직접 메커니즘을 제작하는 체험을 통해 기구공학의 기본 지식을
습득함으로써 일반적으로 어렵고 전문인들의 영역이라고 인식되고
있는 공학 분야에 보다 쉽고 흥미롭게 입문할 수 있는 도구이다.

종이의 메카닉 속성

종이 소재는 그 자체가 가진 물성적인 특징뿐 아니라 특별한
도구 없이 가공이 가능하다는 장점 등으로 콘셉트 디자인 단계에서
많이 사용되어 왔다. 다양한 종이 공작 방법을 통해 기계적 메커니즘을
구현할 수 있기 때문에 아이디어 전개를 위한 간단한 모형뿐 아니라
구체적인 프로토타입까지도 제시할 수 있다. 종류에 따라 탄성도
가지고 있어 스프링과 같은 기구 요소를 대신할 수도 있고, 접철
구조에서도 힌지가 필요하지 않다.

　　종이 오토마타에서는 단순한 가공에 의한 기계적 속성들과
그 조합에 따라 메커니즘을 구현하게 된다. 한 가지 종이 소재만으로도
과거 오토마타에서 사용되던 각종 캠, 4절 링크, 크랭크, 기어 등의
단일 메커니즘뿐 아니라 이를 응용한 다양한 복합 메커니즘까지도

구현이 가능하다. 즉 종이 오토마타는 종이 공작에 필요한 공학적 요소와 메커니즘 요소를 결합함으로써 공학과 조형의 효과적인 방법을 제시한다.

종이는 소재 자체만으로는 강성을 유지하기 힘들기 때문에 무게에 견디기 위한 구조적인 설계가 필요하다. 오토마타와 같은 메커니즘 프로토타이핑 모델을 제작하기 위해 여러 판지류의 특성을 비교한 결과 폼보드가 비교적 우수한 소재로 판명되었다. 발포수지를 충전한 폼보드의 경우 자체 강성이 뛰어나 비교적 단순한 구조로 빠르게 모델링이 가능하다. 플라스틱 소재는 종이와 유사하지만 물질 특성으로 인장력이 훨씬 강하고 외부의 충격에도 강하다. 가공 특성 및 구조적 특성이 우수한 폼보드를 소재로 쉽고 빠르게 메커니즘을 구현하기 위해서는 기존의 전개도 방식이나 끼워 맞추기식의 입체 구조 방식과는 다른 새로운 방법이 필요하다.

종이 오토마타는 다양한 움직임을 표현하기 위해 복합적인 메커니즘을 사용하고 있다. 하지만 대부분의 종이 오토마타 제품들은 형상을 만들고 메커니즘을 구현하기 위해서는 보통 3-4시간 이상을 투자해야 하고 제작 방법도 복잡하다. 로브 아이브스(Rob Ives)가 제작한 〈종이 오토마타 제작 가이드북5〉에서는 교육적인 목적에 따라 메커니즘의 토대가 되는 기초 기구학의 원리들을 학습할 수 있는 간단한 종이 오토마타를 소개하고 있으며, 이를 직접 제작할 수 있는 전개도 소스를 제공하고 있다. 그러나 이러한 간단한 오토마타 제작 역시 1시간 정도의 시간이 필요하고 조립하는 과정에서 주의를 요구한다.

종이 오토마타의 경우 다이커팅 방식으로 제조되었다 할지라도 접고 풀칠하는 과정에서 조립이 잘못되는 때가 있다. 이 경우 수정이 어렵고 1시간 이상의 집중력을 필요로 하기 때문에 초보자 교육에 적용시키기란 쉬운 작업은 아니다. 따라서 새로운 재료나 구현 방법이 필요하다.

종이 장난감

종이와 폼보드 플라스틱 시트를 이용하여
물리적 구조를 연습한다.

기능의 분해

기존의 제품을 분해함으로써 기능과 동작의 원리를
학습하고 이를 활용한 새로운 조형 콘셉트를 도출한다.

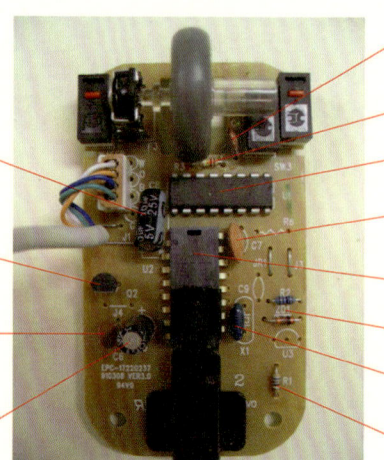

잡음제거 및 바이패스용
캐패시터(콘덴서)

다이오드저항

ht82m39a - 마우스
컨트롤러

잡음제거 및 바이패스용
캐패시터(콘덴서)

3D PS/2 Mouse Controller -
센서 드라이브

다이오드저항

진동자
신호발생기(주파수)

다이오드저항

캐패시터(콘덴서) - 커플링
캐패시터(DC 차단)

신호 증폭기(앰프)

캐패시터(콘덴서) -
커플링 캐패시터(DC 차단)

잡음제거 및 바이패스용
캐패시터(콘덴서)

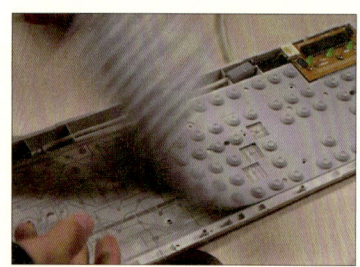
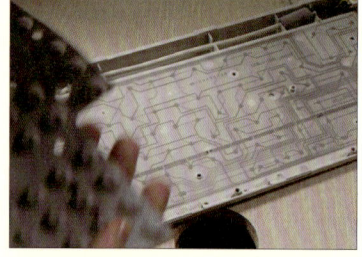
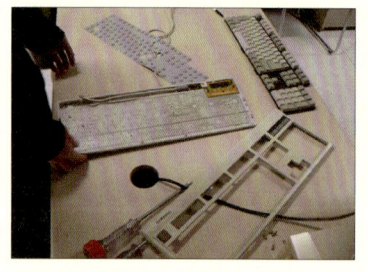
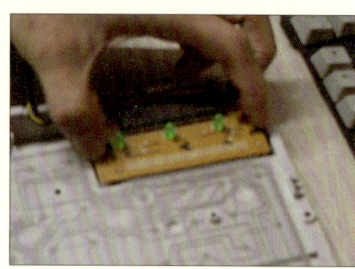

그림 7. 마우스와 키보드 분해

형태와 기능

생활의 가장 단순한 기능을 가진 소품을 주제로 기능과
형태의 의미를 파악하고 새로운 조형 콘셉트를 도출한다.

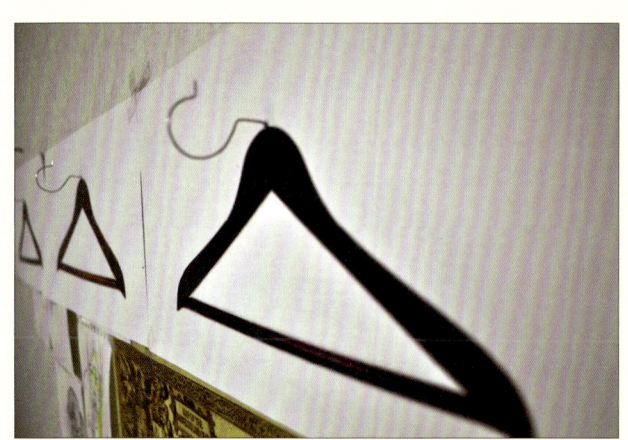

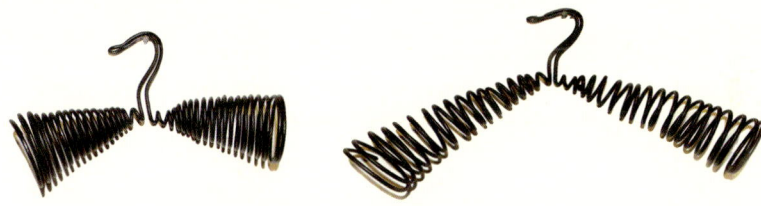

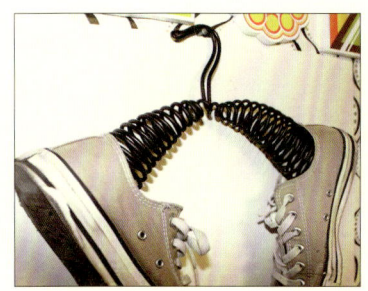
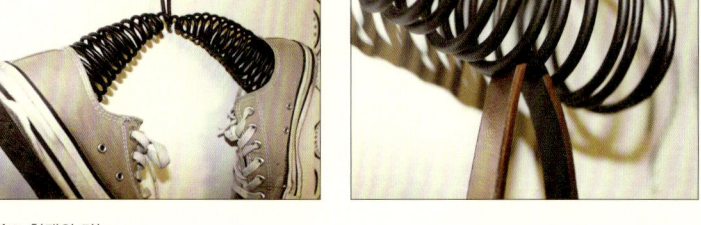

그림 8. 형태와 기능

구조

구조 연습

나무를 사용해 작품을 제작할 때는 해당 목재의 특성(결, 강도,
재질 등)을 신중하고 정확하게 고려해야 한다. 특히 나무의 결은
단순하게 시각적으로 보이는 패턴뿐 아니라 구조적 역할 정도,
접합 부위 등의 여러 가지 가변적 요소를 고려해서 사용해야 한다.
또한 산업목재(집성목, 밸사, 합판 등)는 수축과 변형의 정도가
상대적으로 적지만 원목의 경우 수분 함수율이나 외부 환경에 따라
그 편차가 심하기 때문에 세심한 고려가 필요하다. 다음은 나무를
사용할 때 고려해야 할 작업 순서 및 참고사항이다.

나무의 절단

나무를 절단할 때는 톱, 직소기(zig saw), 칼(얇은 판재의 경우) 등의
수동 공구 혹은 테이블톱(table saw), 밴드톱(band saw) 등 대형 전동
공구를 이용해야 한다. 경우에 따라서는 레이저 조각기, NC 조각기 등
컴퓨터 데이터를 이용해 절단할 수 있다. 절단된 목재의 1차 가공
샌드페이퍼, 대패, 그라인더, 벨트 샌더기 등을 이용해 나뭇결의 면을
정리할 수 있다. 마감 시 유의할 점은 나뭇결의 방향을 고려해야 하며,
샌드페이퍼를 사용할 때는 거친 것에서 고운 것으로 단계를 밟아
가면서 작업해야 한다.

나무의 접합, 조립

1차 가공된 나무를 접합할 때는 일반적으로 목공용 본드가 사용된다.
먼저 접합시키고자 하는 두 면에 본드를 얇게 바르고 붙인 뒤
클램프 등을 이용해 밀착 고정시킨다. 일정 시간 기다리면 접합이
완료된다. 접착 면 밖으로 새어나온 목공용 본드는 따뜻한 물을 적신
천으로 깨끗하게 닦아 주면 접착 후 본드가 말라붙는 상황을 피할
수 있다. 간단한 형태 혹은 작은 형태의 조형물을 만들 때는 목공용
순간접착제 혹은 에폭시 등을 사용할 수 있는데 접합의 강도 및

접착 면의 박리나 뜯김 현상 등이 일어날 수 있으므로 작업의
용도 및 형태, 구조적 특성을 잘 고려한다. 하드웨어(스크류, 못 등)나
축 등을 사용해 구조적인 조립을 하는 경우 드릴로 연결 구조물이
들어갈 구멍을 확보한 다음 작업해야 한다.

나무의 최종 마감

조립이 된 결과물은 흠집 등을 확인해 샌드페이퍼 등으로 없애 주고
고르게 면을 정리해 주는 작업이 필요하다. 표면은 무늬목이나
필름지 등을 붙여서 마감하거나 유색 도료 혹은 무색 도료를 표면에
입혀서 마감하는 방식이 대표적이다. 목재의 경우 표면이 공기 중에
장시간 노출되면 수축되거나 변형될 수 있으므로 표면에
얇은 막을 입혀 이를 예방하도록 한다.

기초조형 Producing 과제

고정관념에서 탈피하기

일반적으로 디자인을 할 때 반복, 대칭, 조화 등 조형의 원리에 대한 중요성이 언급되고 있다. 하지만 실제적으로 모든 조형의 원리를 정확하게 이해하고 이를 한 작품에 모두 접목시키기란 초보자들에게 여간 어려운 일이 아닐 수 없다. 다음 6개 원칙을 참고해 조형 작업을 하자. 이때 초보자들이 놓치기 쉬운 조형의 원리를 터득할 수 있도록 노력해 보자.

일상생활을 통해 알고 있는 일반 물체(오브제)가 가진 용어적 의미, 기능, 용도 등을 최대한 잊도록 한다. 오브제가 가지고 있는 보편적 지식은 무한한 상상력과 표현력을 표출하는 데 큰 장애물로 작용할 것이며 당신의 조형 작업을 혼란스럽게 만드는 원인이 된다.

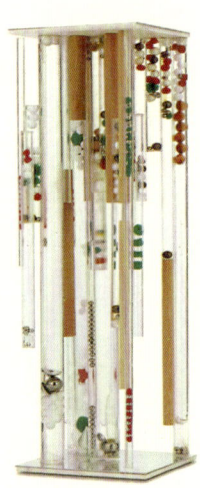
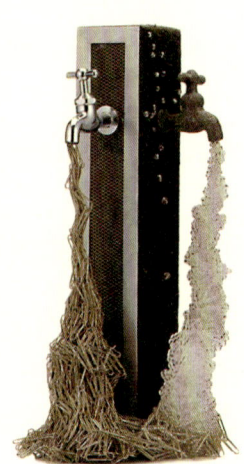

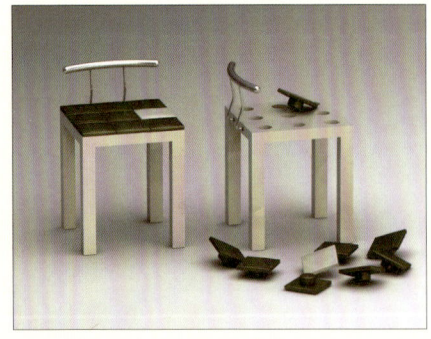
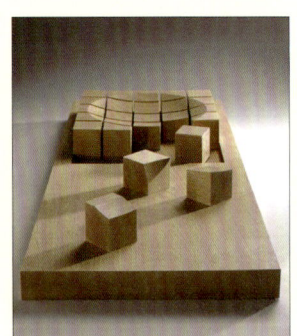

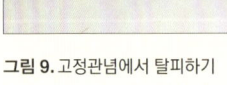

그림 9. 고정관념에서 탈피하기

대장, 부대장, 군사의 역할을 생각하며

전쟁 중인 부대를 생각해 보자. 전쟁에서 효율적으로 싸워 이기기 위해서는 뛰어난 지략과 능력을 갖춘 대장이 필요할 것이다. 또한 대장의 오른팔이 되어 조언과 피드백을 주고 밑으로는 부하들에게 수뇌부의 전략과 흐름을 명확하게 전달해 주는 부대장의 역할도 중요하다. 그리고 수뇌부의 전략을 일사천리로 수행하며 한 치의 흐트러짐 없이 단합하는 부하들의 역할 또한 전쟁을 승리로 이끌기 위해 필요한 조건이라 할 것이다. 만약 대장보다 잘났다고 생각하고 자신의 지위를 강화하고자

하는 부대장, 부하를 확실하게 통솔하지 못하는 무능력한 부대장, 제각각으로 행동하는 철없는 부하들 등 어느 하나라도 문제가 생긴다면 그 결과는 좋지 못할 것이다. 조형 작업을 하는 데 작품의 주요소가 되는 것 (시각적으로나 의미적으로 가장 강조가 되어야 할 것)이 무엇인지, 그 요소가 주변 요소를 확실하게 아우르며 긴장감을 표출하고 있는지 알아보자. 그리고 그 주요소를 따르는 종요소가 각각의 역할에 맞게 완급 조절이 되고 있는지 파악해 보자.

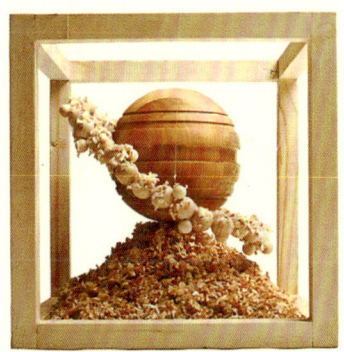
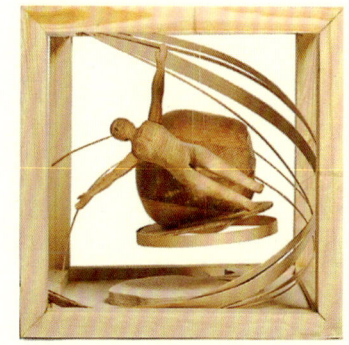
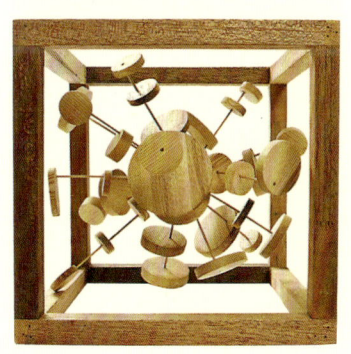
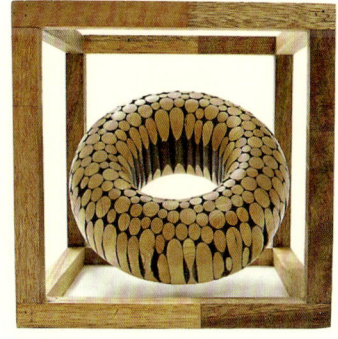

그림 10. 대장, 부대장, 군사의 역할을 생각하며

점점 크게, 점점 작게

여러 개의 선이나 면, 입체의 크기를 점점 크게 혹은
점점 작게 변화시키면서 그 안에서 원근감, 운동감,
리듬감 등을 느껴 보자. 초보 단계에서는 되도록 같은
형태의 객체들을 크기만 변형시켜 훈련하는 것이
효율적이며, 가로방향 또는 세로방향 한쪽만 선택해
크기를 변화시키면서 변화되는 상황을 감지하는 것이
수월함을 알 수 있을 것이다. 어느 정도 훈련에
익숙해지면 다양한 형태의 조합, 다양한 방향으로의

변화 등 응용 작업을 통해 완성도를 높여 보자. 크기의
변화 외에 인접하는 두 객체들과의 간격은 등간격일 때,
점점 벌어지거나 좁아질 때, 불규칙할 때 등 다양한
경우의 수를 연구해 보면 당신의 무한한 조형 능력에
감탄하게 될 것이다. 이것은 수학시간에 어렵게만
느껴졌던 등차수열, 등비수열 등의 이론을 입체적으로
입증하는 과정이다.

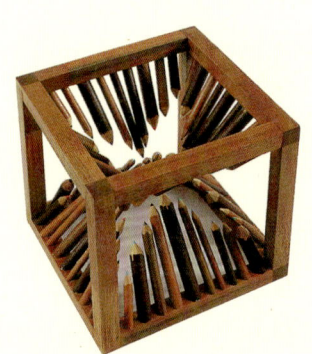
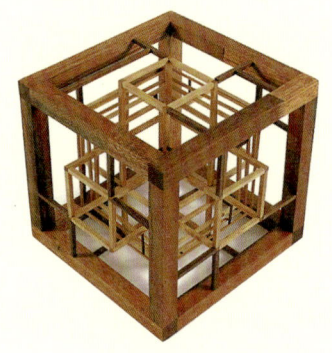
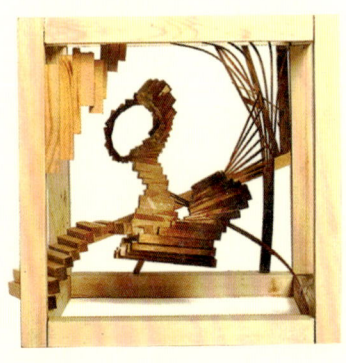
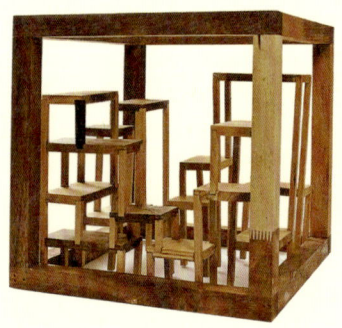

그림 11. 점점 크게, 점점 작게

직선과 곡선

일반적으로 직선은 '힘 있다, 강하다, 정적이다, 딱딱하다' 등의 이미지가 있으며, 곡선은 '부드럽다, 연하다, 운동감 있다' 등의 이미지가 강하다. 일반적으로 강하고 절제된 힘 있는 디자인 결과물을 지향할 때는 직선적 요소를 많이 가미하고 그 반대의 경우 곡선 성향의 요소를 강조하곤 한다. 중요한 것은 어느 한 성향만 지나치게 강조할 경우 본연의 의미가 퇴색되고 '정리가 안 된다.'라는 말을 듣게 된다. 곡선의 무리 속에서 뼈대를 잡듯 힘 있는 직선을 삽입해 보자. 아니면 그 반대로 실험해 보자.

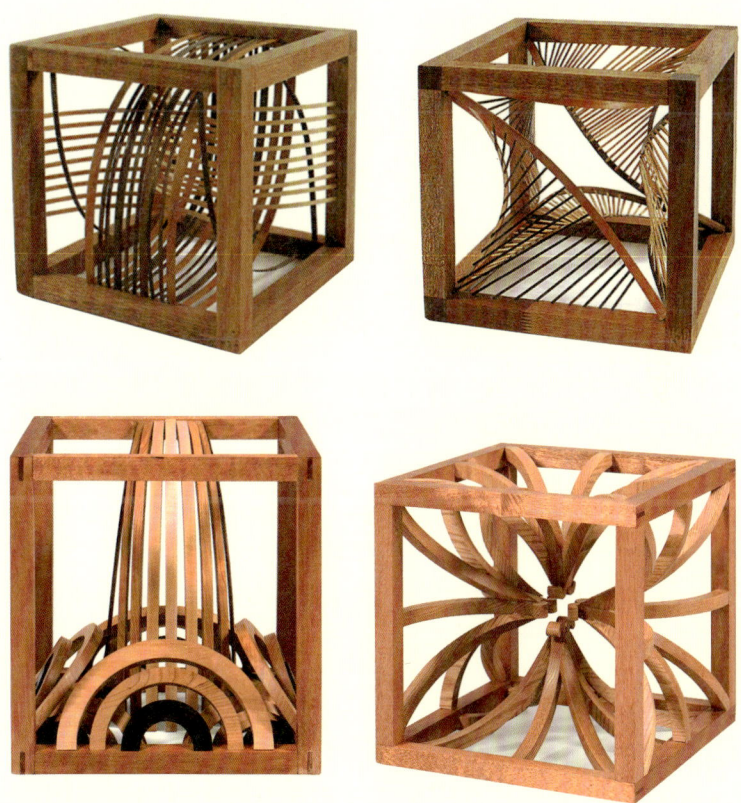

그림 12. 직선과 곡선

균형과 대조

서로 다른 성향의 객체를 합칠 때 매개체를 활용하자.
보색 관계에 있는 두 색 사이에 무채색을 끼워 넣거나
서로 이질감이 나는 물체 사이에 두 물체와 어울릴 수
있는 물체를 삽입하는 등 둘 사이의 충돌을 완화시키는

매개체의 역할을 고민해 보자. 재질, 색상, 크기 등을
이용해 그 문제를 해결할 수도 있고 공간을 이용하거나
객체의 위치를 바꿔 봄으로써 의외의 결과를
얻을 수도 있다.

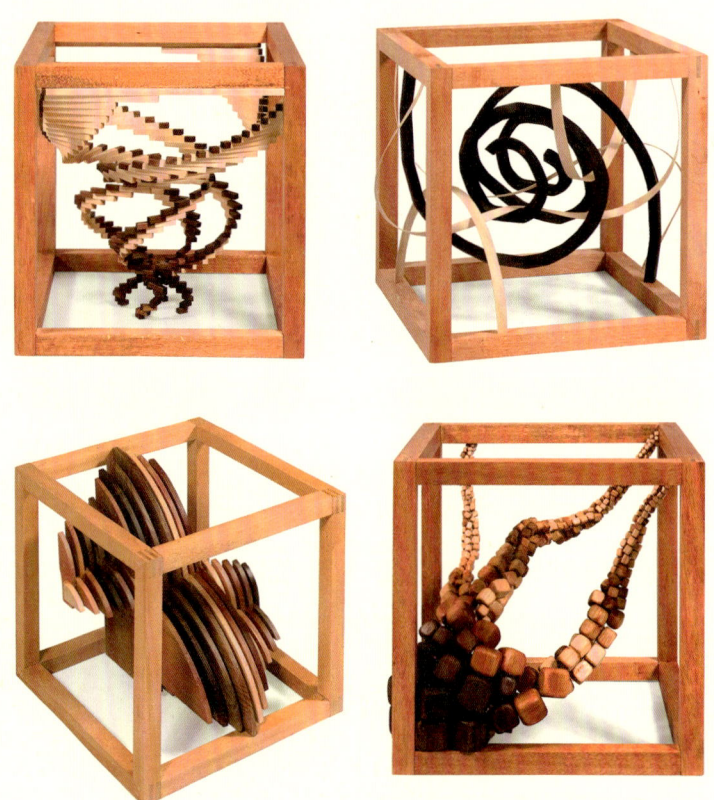

그림 13. 균형과 대조

조미료 그리고 재미

조미료는 필요할 때 약간만 적재적소에 포인트 주자. 틀에 얽매이지 말고 즐기자. 음식을 만들 때 음식을 더욱 맛깔나게 하기 위해 조미료를 뿌린다. 조미료를 첨가해 맛이 좋아졌다고 해서 계속해서 조미료를 추가한다면 음식 맛이 느끼해지고 본연의 맛을 잃어버리게 될 것이다. 조형 작업을 하면서 소위 말하는 '악센트(포인트)'라는 요소를 추가하곤 한다. 지루한 상황의 반전을 노리거나 시각적으로 주목을 받기 위해 또는 작업자의 감성적 의미를 표현하기 위해 사용되는 이 요소는 꼭 필요한 곳에 필요한 만큼만 사용하도록 하자. 지나친 악센트는 자칫 작품 본연의 이미지를 훼손할 수 있는 위험 요소이기 때문이다.

즐겨라. 이제껏 보아 왔던 모든 것들을 그대로 답습하고, 틀에 얽매인 이론이나 고정관념에 사로잡히는 순간 창의적인 조형 작업은 끝나 버린다. 당신의 감각과 능력을 믿고 꾸준하고 성실하게 반복 작업을 하면서 가장 만족할 만한 결과를 도출해 보자.

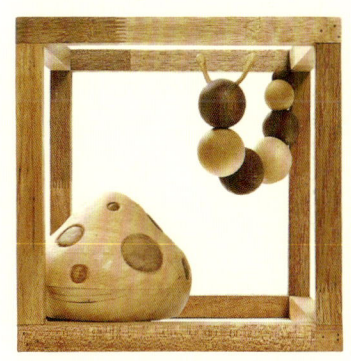
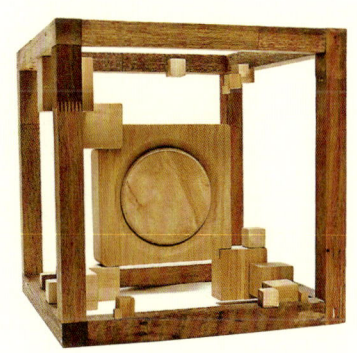
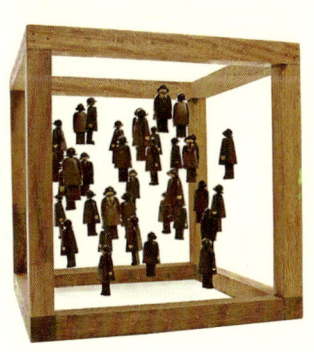
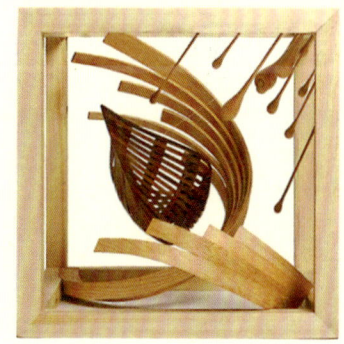

그림 14. 조미료 그리고 재미

다양한 재료의 표현 기법

다음 작품들은 앞에서 설명한 조형의 6개 원칙을
응용해서 만든 기초조형 연구의 결과물이다. 주어진
공간(600×600×200mm의 상자) 안에서 목재 등
다양한 재료의 표현 기법을 활용해 제작한 작품이다.

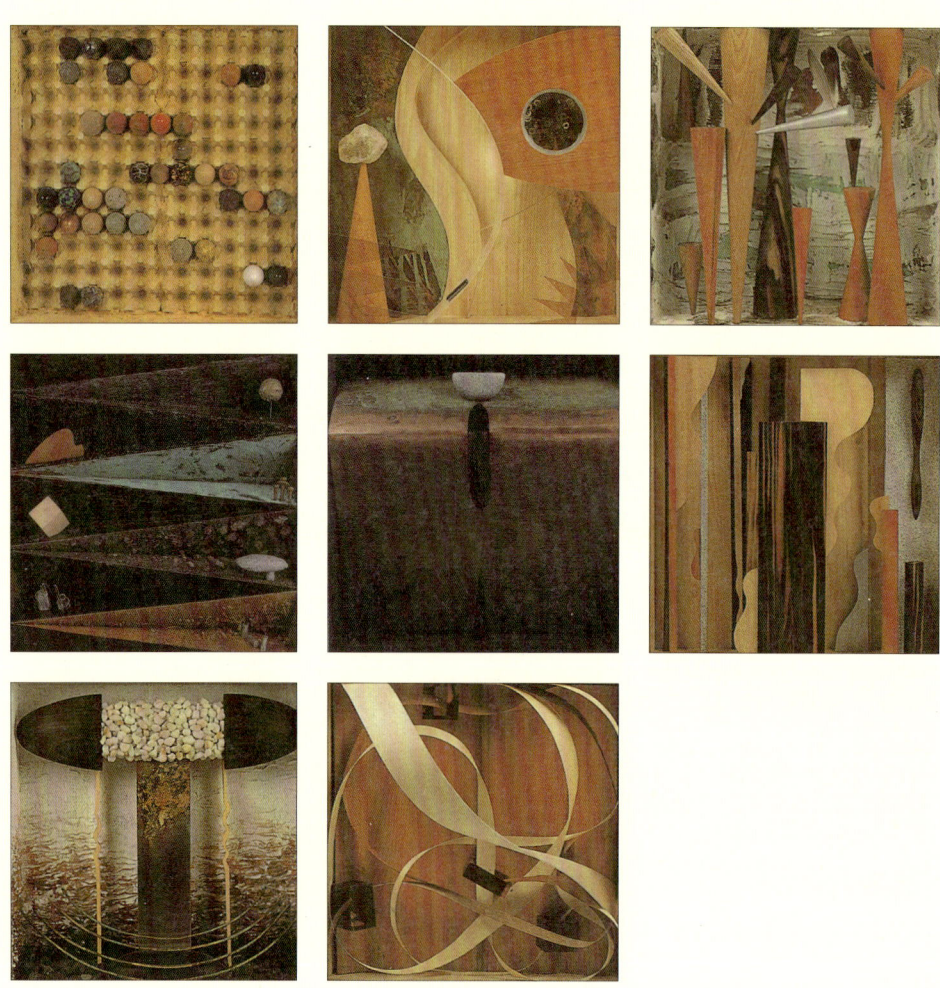

그림 15. 다양한 재료의 표현 기법

시각 커뮤니케이션

선으로부터의 연상 이미지

선은 점이 지나간 길이다. 점을 나열하면 선으로 지각되고, 방향이나 명도가 다른 면과 면이 만나는 부분도 선이 된다. 점을 나열하면 선이 되고 방향이나 명도가 서로 다른 면과 면이 만나도 선이 된다. 즉 선에는 움직임과 방향이 있다. 우리가 어떠한 형태를 그릴 때 가장 쉬운 방법이 선에 의한 표현일 것이다. 선사 시대 돌에 그려진 추상적인 그림이나 점토 위에 새겨 쓴 쐐기 문자도 그 표현은 선에 의한 것이었으며, 파피루스 종이에 갈대 펜으로 쓰인 로마 문자 또한 선으로 되어 있다.

필요한 정보를 기록하기 위해 여러 도구를 사용해 그림이나 글자로 나타냈던 선들은 때론 설명적이고 때론 단순화되기도 했다. 또한 시대에 따라 선의 형태는 '아름다움'에 비중을 두기도 했고 철저하게 '기능성' '가독성'에 목적을 두기도 했다. 그림이나 글자에서의 선은 그 뼈대인 동시에 표현 방법이다. 선이란 점이 움직인 흔적, 즉 점이 만들어 낸 소산으로 눈에 보이지 않는 본질이다. 외부에서 가해지는 하나의 힘에 의해 점이 어떠한 방향으로 움직이게 되면 그것은 선이 되는데, 그 힘의 방향에 수평선, 수직선, 대각선이 되며 2개 이상의 힘이 시간 차이를 두고 한 점에 가해졌을 때는 자유로운 직선이 생겨난다. 수직선은 성장이나 삶을 의미하고 대각선은 불안정하지만 움직임을 느낄 수 있다. 그에 비해 수평선은 휴식을 의미한다. 수평적 문장은 평범하며 일정한 리듬을 느낄 수 있고, 문장의 길이가 길고 간격이 일정해지면 그 느낌은 아주 고요하다. 같은 수평선일지라도 선의 성격은 다양하다. 왜냐하면 수평선은 중력으로 얻어지는 것이 아니라 장력으로 얻어지기 때문이다. 만약 장력이 없어진다면 선은 그 정적을 깨고 말려 버리고 말 것이다.

2개의 힘이 한 점에서 동시에 작용하게 되면 곡선이 생긴다. 곡선의 근본은 직선이지만, 측면에서 계속적으로 힘을 가하게 되면 힘의 세기에 따라 여러 모양으로 구부러진 곡선이 나타난다. 곡선은 중심으로부터 동일한 간격의 반경을 갖는 기하 곡선과 기하학적인 면모가 사라진 자유 곡선으로 분리할 수 있다.

이렇듯 선은 같은 모양이라도 각도나 방향에 따라 나타내는 성격이 달라지며 굵기나 간격 등의 변화에 따라 입체감, 원근감, 운동감 등을 표현할 수 있다. 우리 눈에 보이거나 보이지는 않지만 시각적으로 표현할 수 있는 선 혹은 선으로 지각되는 선(이를 허선이라고도 한다.)은 좋은 디자인의 소재가 될 수 있다. 짧은 선, 긴 선, 가는 선, 굵은 선, 매끈한 선, 거친 선 등 선의 다양한 질감과 성격으로 표현되는 이미지는 다양한 표정을 만들어 내는 동시에 내용이나 제목을 강조하거나 분리시키고 눈의 흐름을 유도하며, 때론 장식적인 효과를 위한 용도로 사용되기도 한다.

기초조형 Producing 과제

우리 주위에서 수평선으로 보일 수 있는 또는 수평선에서 연상되는 장면을 찾아서 표현해 보자.
실제 선만이 반드시 선으로 보이는 것은 아니다. 면과 면이 만나는 부분이 선으로 보이기도 하고 그림을 그리거나 사진을 찍었을 때 선을 전혀 의식하지 않았는데도 선처럼 보이는 부분이 있다. 또한 가까이에서 봤을 때는 선이 아니지만 멀리서 봤을 때는 선으로 보이는 경우도 있다.

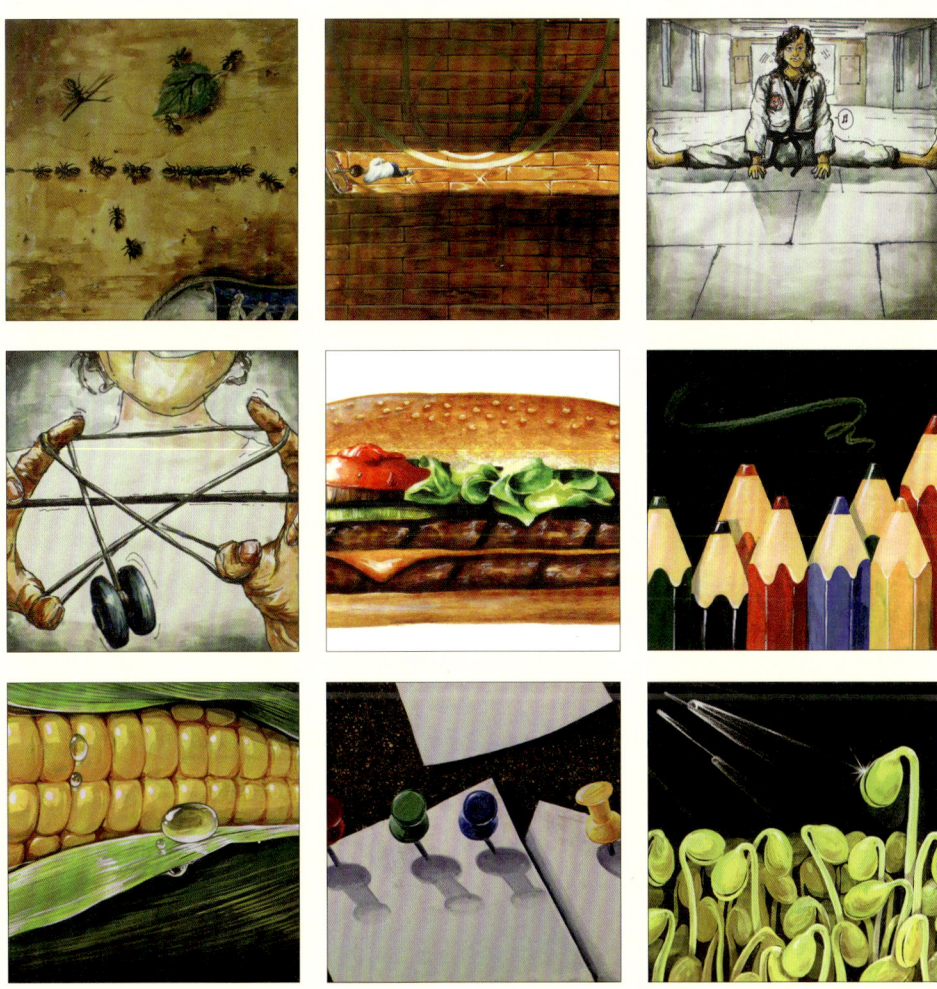

그림 16. 선을 이용한 일러스트레이션

주어진 텍스트에 선을 더하여 기능성을 가진
타이포그래피로 구성해 보자. 같은 글꼴, 같은 크기,
같은 글자사이를 가진 텍스트라도 어떠한 선과
만나느냐에 따라 가독성이 높아지기도 하고 장식적인
화면이 만들어지기도 하며 각기 서로 다른 정보로
지각되기도 한다.

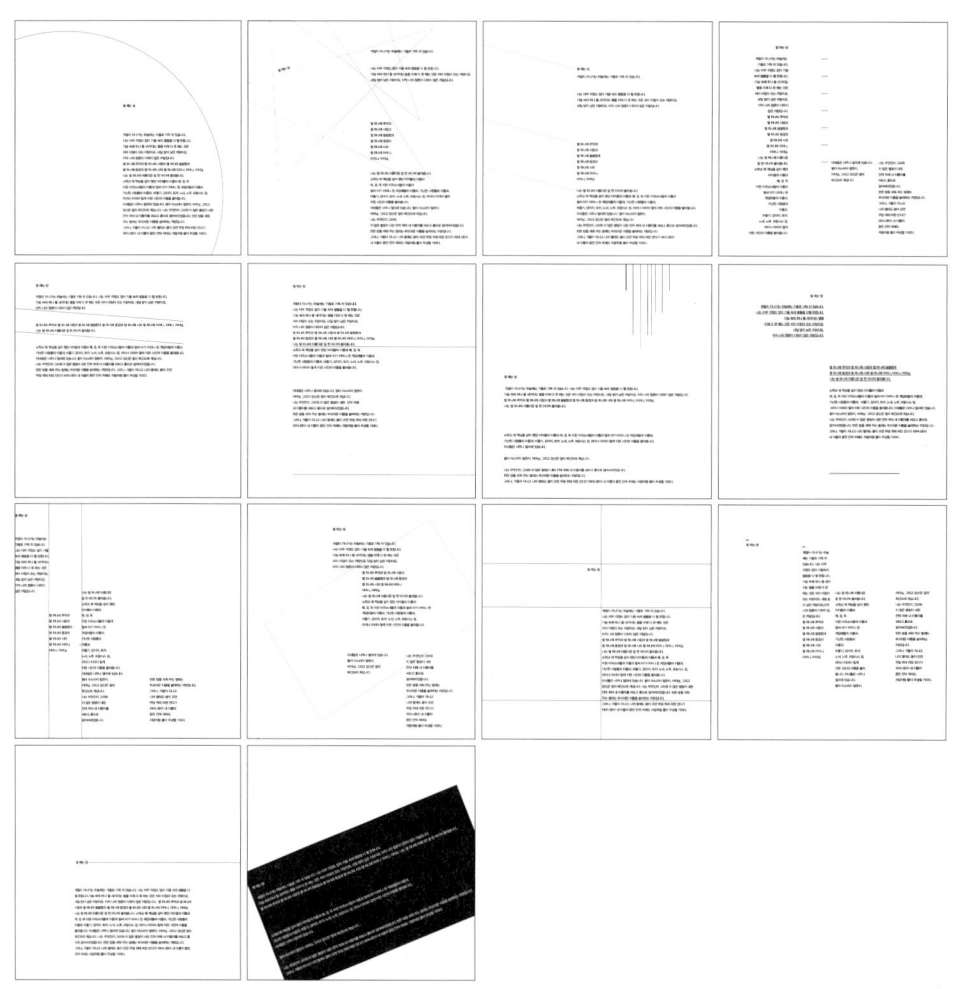

그림 17. 선을 이용한 타이포그래피

정보의 위계=시각적 위계

시각 디자인의 기본적인 목표는 다양한 시각 표현을 통해 효과적으로 정보를 전달하는 것이다. 이를 위해서 정보의 우선순위와 정보의 위계가 시각적으로 표현되어야 한다. 이것이 잘된 디자인은 보는 사람의 눈의 흐름을 편안하게 해 줄 뿐 아니라 전달하고자 하는 정보를 정확하게 전달해 준다.

기초조형 Producing 과제

시각적 위계를 달리하여 같은 내용의 정보를 표현한다. 우선 글자로 나열된 정보를 파악해서 정보의 우선순위를 결정한 뒤 그 정보의 중요도에 따라 시각적으로 어떻게 해결할 수 있는지 실험한다.

주어진 내용을 정확하고도 효과적으로 전달하기 위해서는 어떤 낱말, 문장에 우선순위를 두면 좋은지를 파악한다.

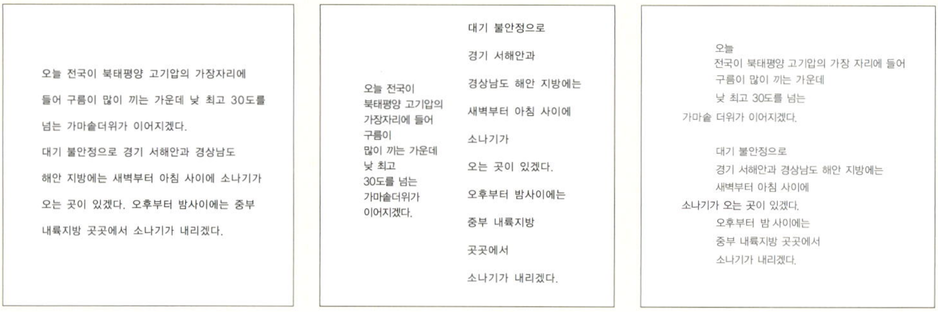

오늘 전국이 북태평양 고기압의 가장자리에 들어 구름이 많이 끼는 가운데 낮 최고 30도를 넘는 가마솥더위가 이어지겠다. 대기 불안정으로 경기 서해안과 경상남도 해안 지방에는 새벽부터 아침 사이에 소나기가 오는 곳이 있겠다. 오후부터 밤사이에는 중부 내륙지방 곳곳에서 소나기가 내리겠다.

그림 18. 시각적 위계

같은 정보 속에서도 글자의 크기, 굵기, 농도, 간격, 색에 변화를 주어 정보를 차별화할 수 있으며, 효과적인 선이 그 역할을 돕기도 한다.

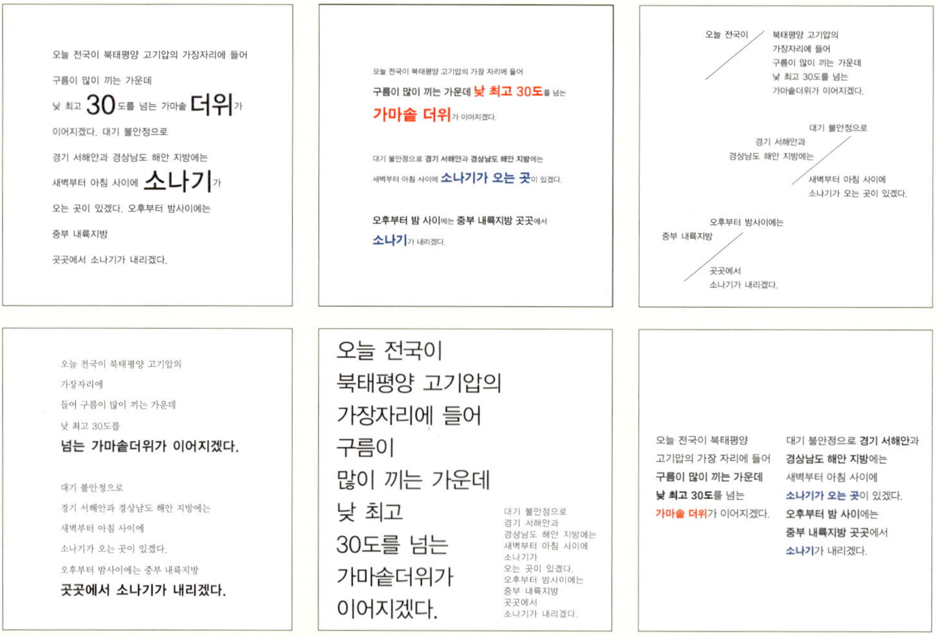

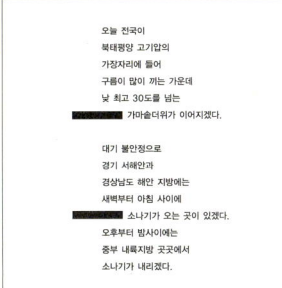
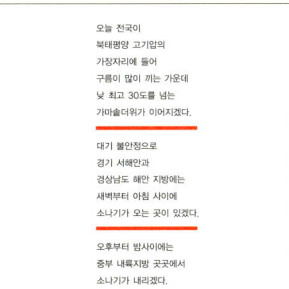
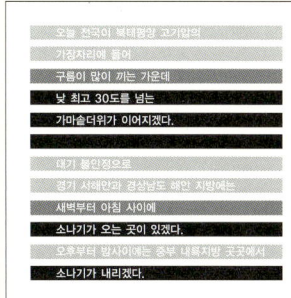
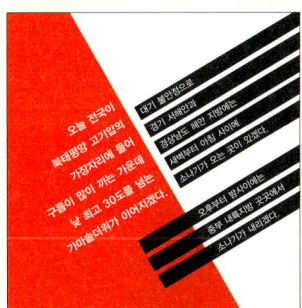
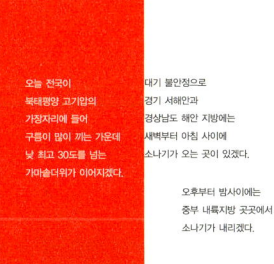
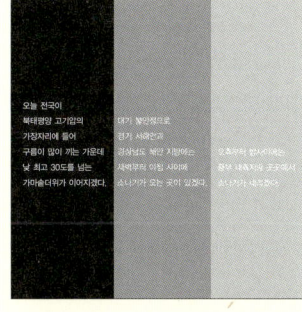
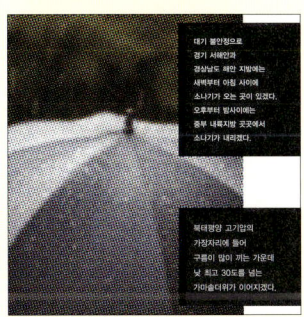
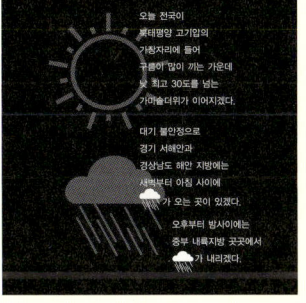
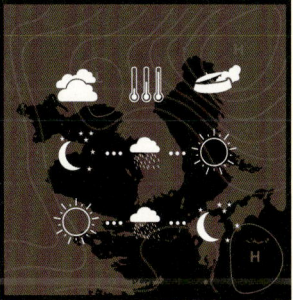

그림 19. 정보의 위계

조화로운 대비

조화로운 레이아웃은 보는 사람의 눈의 흐름을 편안하게 한다.
잡지나 팸플릿, 광고, 상품의 패키지 등을 보면 다양한 요소가 하나의
지면 안에 담겨 있는 것을 볼 수 있다. 디자인을 하는 사람이라면
'사진, 일러스트, 글자 등의 모든 요소들이 시각적으로 어수선하거나
딱딱하게 보이지 않고 잘 정리되어 보이면서 그것들이 보기 좋다는
인상을 줄 수 있는 방법은 없을까?' 또는 '많은 요소들이 조화를
이루고 있는 지면 속의 숨겨진 비밀은 과연 무엇일까?' 하는 고민을
한번쯤은 했을 것이다. 그렇다면 잘된 디자인이 가진 공통점은
무엇일까. 잘된 디자인, 즉 봤을 때 기분이 좋고 다시 보고 싶다는
마음이 드는 디자인의 경우 공통적으로 균형감을 가지고 있다.
그 균형감은 잘된 디자인에서 쉽게 발견할 수 있다.

　균형이란 대칭적인 요소와 대비적인 요소 사이에서 변화와 조화를
이루게 하는 요소이다. 무게감이나 주목성은 비슷하지만 그 안의
내용들이 반드시 완전한 대칭, 대비를 이루고 있는 것은 아니다.
이럴 때 우리는 "균형감이 있다."라고 말한다. 만약 흰 점이 검은
점보다 가벼워 보인다면 점이 얼마만한 크기만큼 커져야 검은 점과
무게가 같아 보일 수 있을까. 이를 위해 균형이라는 정확한 무게를
잴 수 있는 시각적 측정자가 필요하다. 좀 더 구체적인 예를 들어보자.
태극기가 대칭적인 형태로 보이는 것은 각 요소의 주목성이 비슷하기
때문이다. 사방의 괘 형태가 서로 다른 무게를 가지고 있으며, 빨강과
파랑의 태극과 하양 바탕의 검정괘들이 강한 대비를 이루고 있지만,
전체적으로 균형을 이루고 있어 동적 안정감을 느끼게 해 준다. 중심을
맞추어 배열된 광고의 헤드라인이나 광고문구의 경우를 보더라도
완전 대칭의 형태가 아닌 글자들이 모여 좌우 무게와 톤의 균형을
맞추고 있다.

　다시 말해서 균형이란 대비라는 요소의 반대 개념이 아니라
대칭적인 요소를 깨뜨리고 비대칭의 요소를 더하여 화면에 동적 중심을
잡는 것이다. 이는 형태, 질감, 색채, 위치, 방향 등으로 얻어진다.
또 하나의 중요한 사항은 어떠한 이미지도 놓여 있지 않은 여백,
즉 바탕이라는 공간 역시 시각적 무게를 가지고 있다는 점이다.

시각적 무게를 재는 방법은 간단하다. 눈을 가늘게 뜨고 자신의 손가락 끝에 전체 페이지의 중심을 올려놓은 다음 좌우의 무게 균형을 재면 된다. 그런 다음 형태적 균형을 측정해 보자. 수평적 형태 요소, 수직적 형태 요소, 둥근 형태와 각진 형태, 정적인 요소와 동적인 요소 등 대비적인 요소의 조화를 다루어 보는 것이다. 앞에서 설명했듯이 완전 대칭이 아니면서도 완전 대비가 아닌 중간점을 찾는 것이 과제로 남게 될 것이다.

밝고 어두움의 대비, 직선과 사선, 정적인 것과 동적인 것, 기하학적인 것과 유기적인 것의 대비, 둥근 선과 각진 선, 부드러운 것과 단단한 것의 대비, 단단한 것과 부드러운 것의 대비, 안정적인 것과 불안정적인 것의 대비, 중앙으로 집중된 것과 옆으로 분산된 것의 대비 등 대비적인 요소를 활용해 보자.

밝음과 어둠의 대비

명도 대비가 큰 그림이나 사진 혹은 채워진 공간과 비워진 공간을 통해 이러한 대비 효과를 얻을 수 있다.

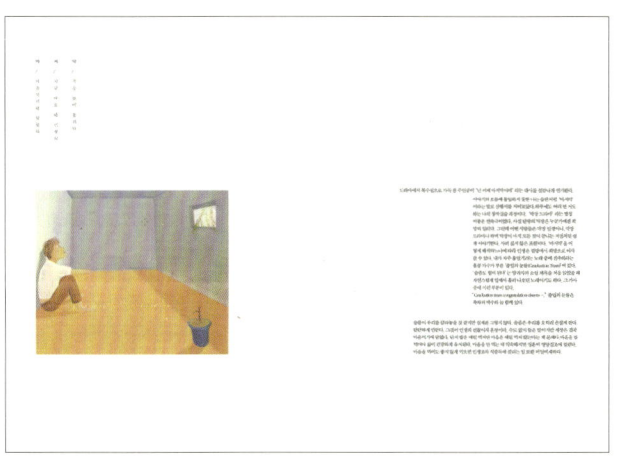

그림 20. 명도의 대비

색과 그림이나 사진이 들어간 면의 대비

그림이나 사진에서 만들어진 자연스런 질감과 색 면은
또 다른 대비를 만든다.

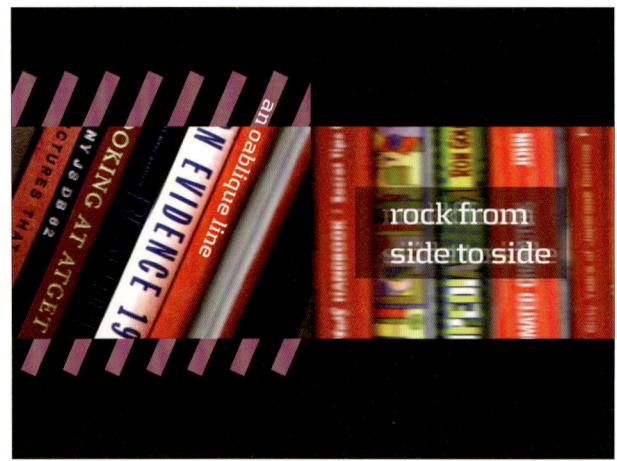

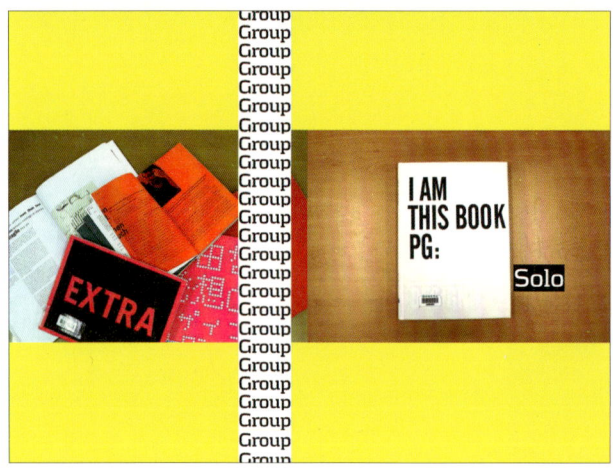

그림 21 면의 대비

가로와 세로 방향의 대비

보는 방향을 변화시킴으로써 시선흐름의 대비를 통한 조화로운
레이아웃을 얻을 수 있는데 이때 중요한 것은 두 대비 사이에도
강약이 있어야 한다는 것이다. 대비되는 요소의 비중이 동등할 때는
조화로움이 깨질 수 있다.

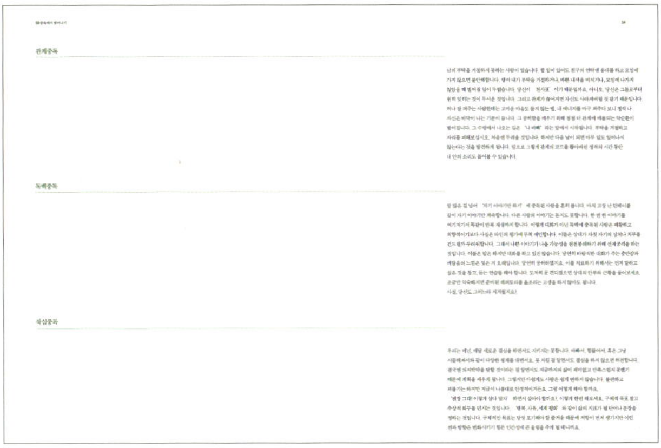

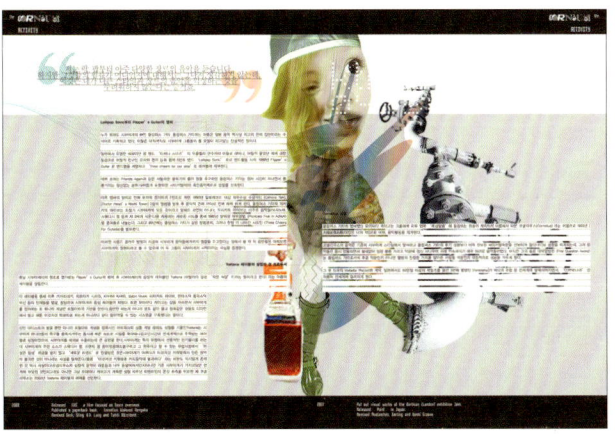

그림 22. 방향의 대비

안정적인 요소와 불안정적인 요소의 대비

수평적인 요소에서는 안정감을 느낀다고 이야기할 수 있다. 수직적인
요소를 비롯하여 운동감이 많은 요소를 수평적인 요소와 대비시켰을 때
서로의 요소를 부각시킬 수 있다.

그림 23. 요소의 대비

면과 선의 대비

글자로 이루어진 행은 선으로서의 역할을 때론 한다. 면과 선,
선과 점의 대비는 우리가 쉽게 활용할 수 있는 조형 요소이다.

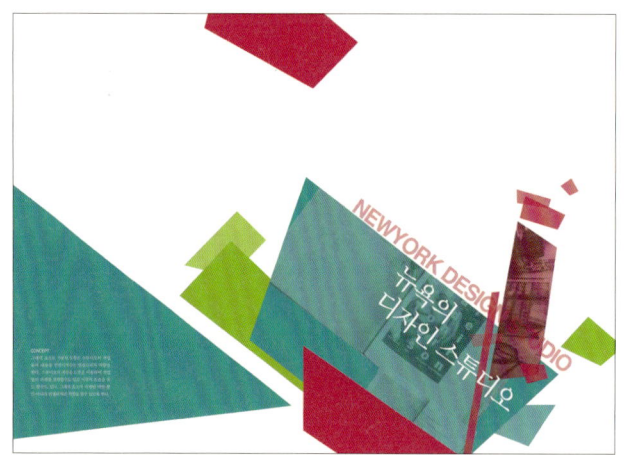

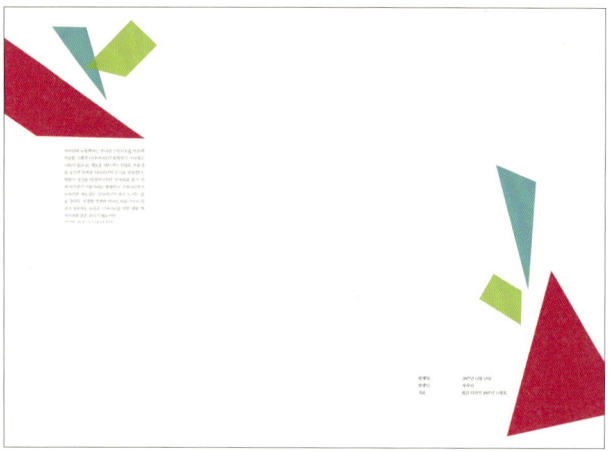

그림 24. 면과 선의 대비

부드러움과 딱딱함의 대비

면과 선의 성격에 따라 부드러움과 딱딱함이 자연스럽게 만들어진다.
이런 대비 요소를 활용하는 것도 좋은 방법이 될 수 있다.

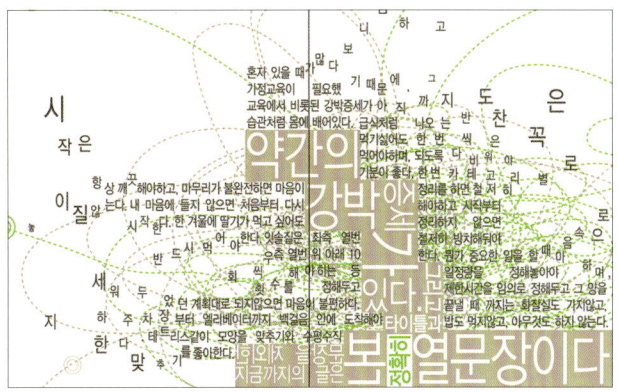

그림 25. 부드러움과 딱딱함의 대비

의미는 형태이다

매체에 관계없이 전달하는 내용의 의미가 형태로 표현될 때
내용 전달이 극대화될 수 있다. 화면을 분할하거나 구성하는 방법에는
'그리드'와 같은 구조를 활용할 수 있고, 그 화면에 들어가는 사진이나
일러스트레이션의 형태에 따라 감각적으로 레이아웃할 수 있다.
그러나 말하고자 하는 주제 속에 내포된 의미를 형태화하고
그 형태를 이용하여 화면을 분할하는 것은 주제의 의미를 또 다르게
표현하는 방법이기도 하다.

기초조형 Producing 과제

전달할 주제나 소재를 정한 다음 그 주제나 소재에
포함되어 있는 구체적인 형태 또는 그 주제나 소재의
성격을 표현하거나 연상될 수 있는 형태를 추출한다.
추출한 형태 중 하나의 형태 또는 두 가지 형태를
이용하여 화면을 분할하거나 구성한다.

'물'이라는 주제에서 연상되는 명사와 동사를 추출하고
추출된 명사와 동사를 점, 선, 면으로 표현했다.

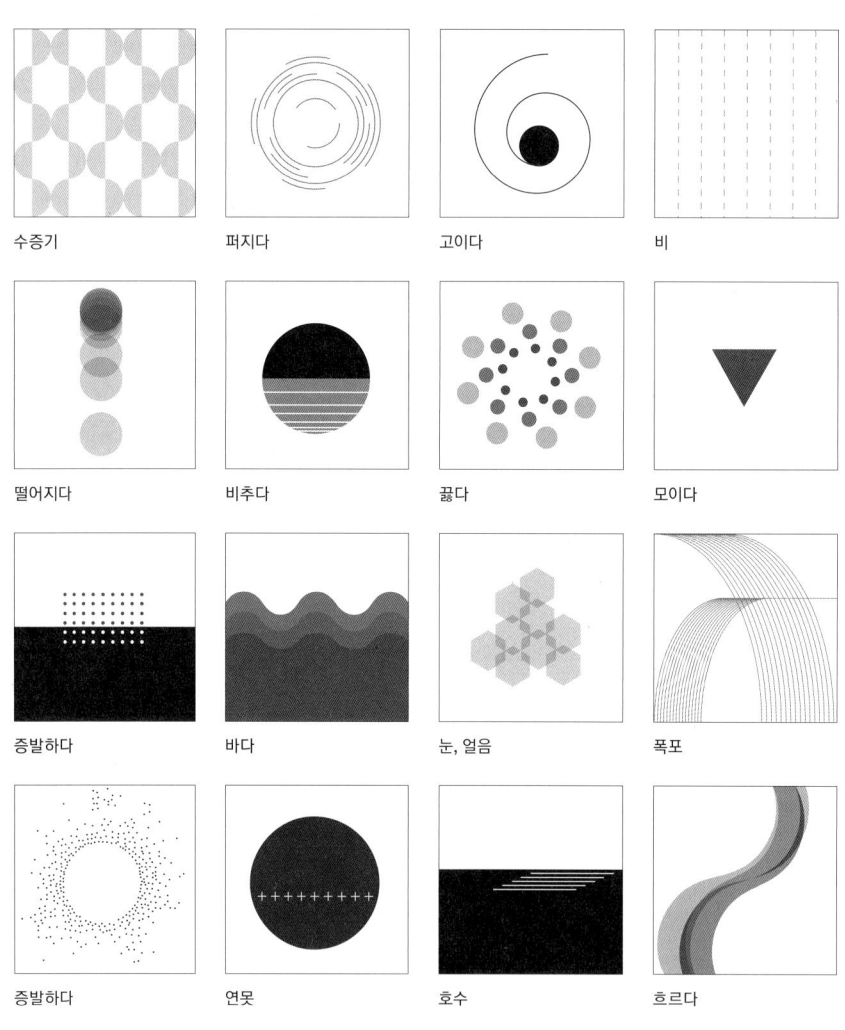

수증기　　퍼지다　　고이다　　비

떨어지다　　비추다　　끓다　　모이다

증발하다　　바다　　눈, 얼음　　폭포

증발하다　　연못　　호수　　흐르다

그림 26. 물

명사와 동사를 표현한 형태 중 각각 1개씩 추출하여
그 두 형태를 이용하여 화면을 분할했다. 그 분할된 면을
타이포그래피, 그림, 사진, 색으로 활용하여 주제를
표현했다.

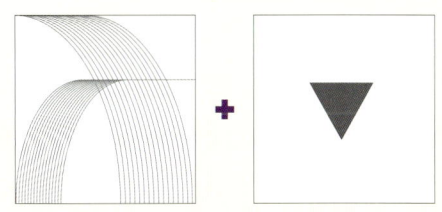

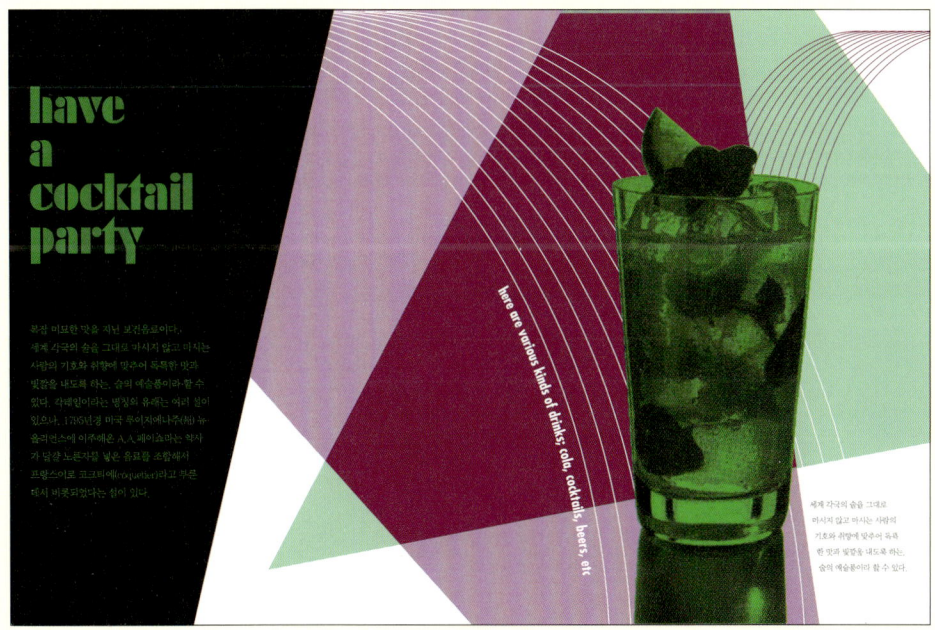

어떤 주제에 대해서 시각적 표현을 할 때 그 주제에 대해
직접화법으로 이야기하는 방법과 간접, 은유적인
표현 방법이 있다면 여기서 제시하는, 즉 주제의 의미,
주제의 내용을 추상적인 형태로 표현한 도형을 활용하여
화면의 레이아웃 도구로 사용하는 것은 그 주제를
은유적으로 표현하는 툴이라고 이야기할 수 있다.

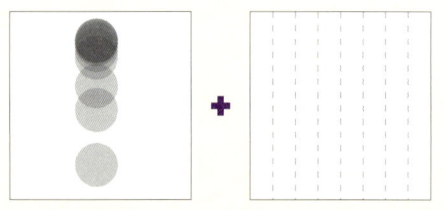

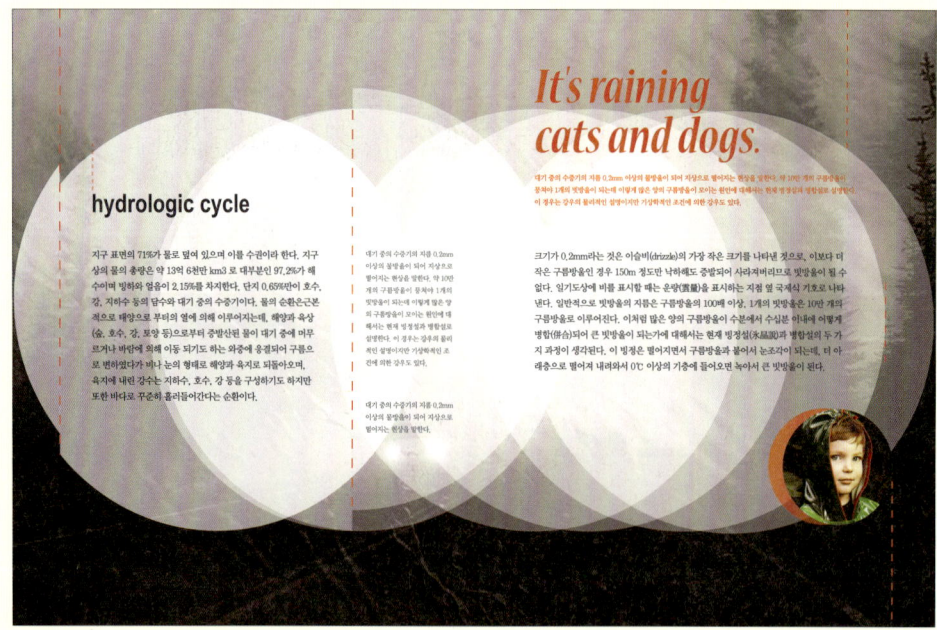

It's raining cats and dogs.

대기 중의 수증기의 지름 0.2mm 이상의 물방울이 되어 지상으로 떨어지는 현상을 말한다. 약 10만 개의 구름방울이 뭉쳐서 1개의 빗방울이 되는데 이렇게 많은 양의 구름방울이 모이는 원인에 대해서는 현재 명확하게 정확성을 설명된다. 이 경우는 강우의 물리적인 설명이지만 기상학적인 조건에 의한 경우도 있다.

hydrologic cycle

지구 표면의 71%가 물로 덮여 있으며 이를 수권이라 한다. 지구 상의 물의 총량은 약 13억 6천만 km3 로 대부분인 97.2%가 해수이며 빙하와 얼음이 2.15%를 차지한다. 단지 0.65%만이 호수, 강, 지하수 등의 담수와 대기 중의 수증기이다. 물의 순환은 근본적으로 태양으로 부터의 열에 의해 이루어지는데, 해양과 육상(숲, 호수, 강, 토양 등)으로부터 증발산된 물이 대기 중에 머무르거나 바람에 의해 이동 되기도 하는 와중에 응결되어 구름으로 변하였다가 비나 눈의 형태로 해양과 육지로 되돌아오며, 육지에 내린 강수는 지하수, 호수, 강 등을 구성하기도 하지만 또한 바다로 꾸준히 흘러들어간다는 순환이다.

대기 중의 수증기의 지름 0.2mm 이상의 물방울이 되어 지상으로 떨어지는 현상을 말한다. 약 10만 개의 구름방울이 뭉쳐서 1개의 빗방울이 되는데 이렇게 많은 양의 구름방울이 모이는 원인에 대해서는 현재 명확하게 정확성을 설명된다. 이 경우는 강우의 물리적인 조건에 의한 경우도 있다.

대기 중의 수증기의 지름 0.2mm 이상의 물방울이 되어 지상으로 떨어지는 현상을 말한다.

크기가 0.2mm인 것은 이슬비(drizzle)의 가장 작은 크기를 나타낸 것으로, 이보다 더 작은 구름방울인 경우 150m 정도만 낙하해도 증발되어 사라져버리므로 빗방울이 될 수 없다. 일기도상에 비를 표시할 때는 운량(雲量)을 표시하는 지점 열 국제식 기호로 나타낸다. 일반적으로 빗방울의 지름은 구름방울의 100배 이상, 1개의 빗방울은 10만 개의 구름방울로 이루어진다. 이처럼 많은 양의 구름방울이 수권에서 수십분 이내에 어떻게 병합(倂合)되어 큰 빗방울이 되는가에 대해서는 현재 빙정설(氷晶說)과 병합설의 두 가지 과정이 생각된다. 이 빙정은 떨어지면서 구름방울과 붙어서 눈조각이 되는데, 더 아래층으로 떨어져 내려와서 0℃ 이상의 기층에 들어오면 녹아서 큰 빗방울이 된다.

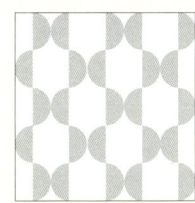

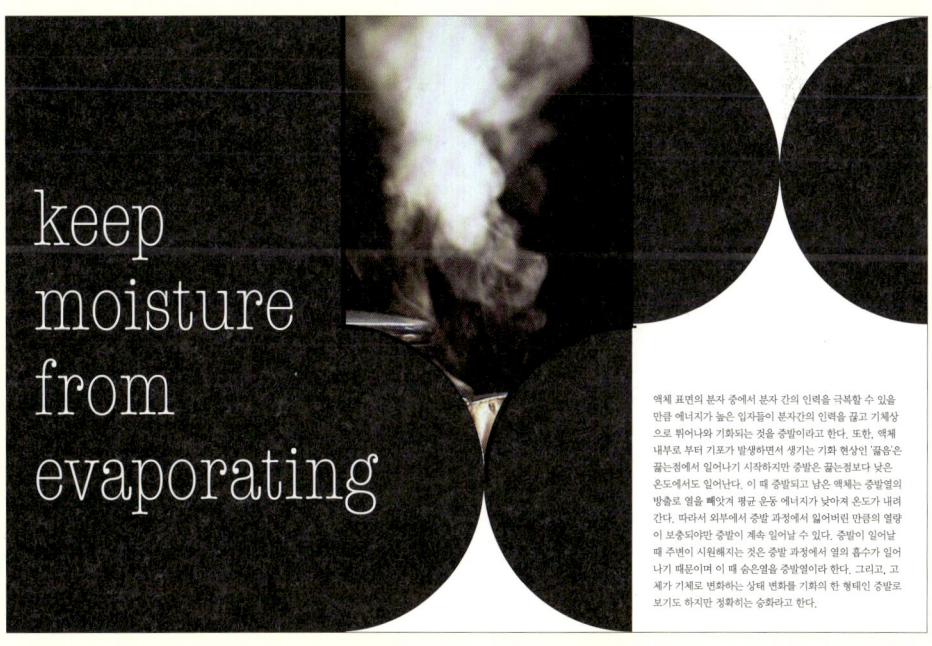

keep
moisture
from
evaporating

액체 표면의 분자 중에서 분자 간의 인력을 극복할 수 있을 만큼 에너지가 높은 입자들이 분자간의 인력을 끊고 기체상으로 뛰어나와 기화되는 것을 증발이라고 한다. 또한, 액체 내부로 부터 기포가 발생하면서 생기는 기화 현상인 '끓음은 끓는점에서 일어나기 시작하지만 증발은 끓는점보다 낮은 온도에서도 일어난다. 이 때 증발되고 남은 액체는 증발열의 방출로 열을 빼앗겨 평균 운동 에너지가 낮아져 온도가 내려간다. 따라서 외부에서 증발 과정에서 잃어버린 만큼의 열량이 보충되야만 증발이 계속 일어날 수 있다. 증발이 일어날 때 주변이 시원해지는 것은 증발 과정에서 열의 흡수가 일어나기 때문이며 이 때 숨은열을 증발열이라 한다. 그리고, 고체가 기체로 변화하는 상태 변화를 기화의 한 형태인 증발로 보기도 하지만 정확히는 승화라고 한다.

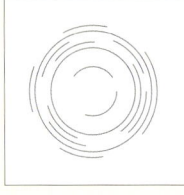

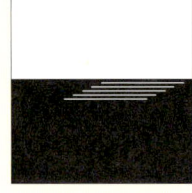

The waves are lapping

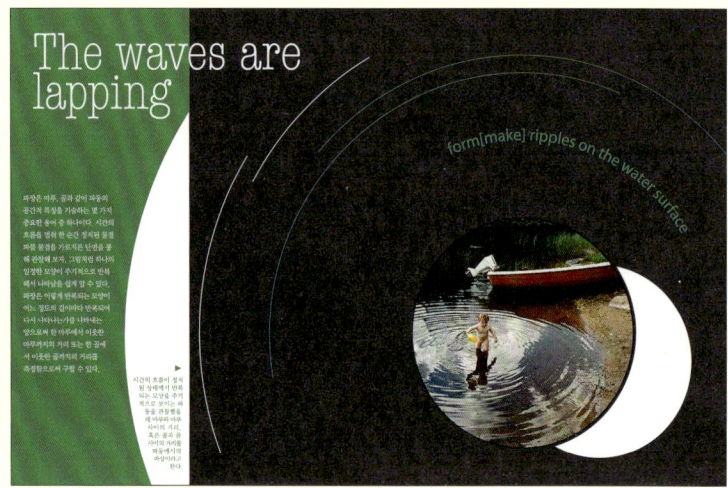

form[make] ripples on the water surface

파장은 마루, 골과 같이 파동의 공간적 특성을 가늠하는 데 가지 중요한 용어 중 하나이다. 시간의 흐름을 정지한 한 순간 정지화 같게 파동 풍경을 가로지른 단면을 통 해 관찰해 보자, 그림처럼 하나의 일정한 모양이 주기적으로 반복 돼서 나타남을 쉽게 알 수 있다. 파장은 이렇게 반복되는 모양이 어느 열로의 감아면서 반복되어 다시 '나타나는데 나타나는 앉으로써 한 마루에서 이웃한 아무까지의 거리 또는 한 골에 서 이웃한 골까지의 거리를 측정함으로써 구할 수 있다.

▶
시간의 흐름이 정지 된 상태에서 반복 되는 모양을 주기 적으로 보이는 둘을 관찰할 때 이때의 마루 사이의 거리, 혹은 골과 골 사이의 거리를 파장이라 한다.

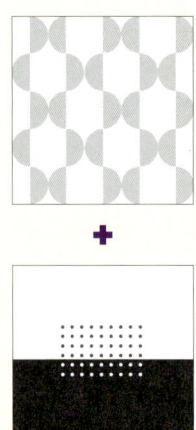

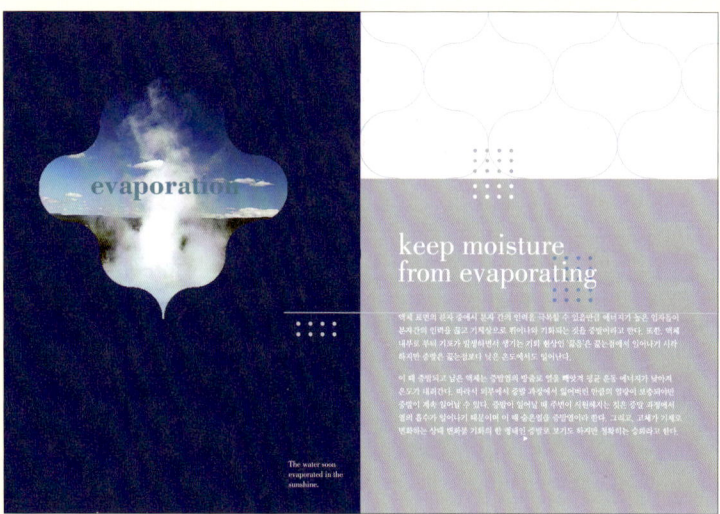

evaporation

The water soon. evaporated in the sunshine.

keep moisture from evaporating

액체 표면의 분자 중에서 분자 간의 인력을 극복할 수 있을만큼 에너지가 높은 입자들이 분자간의 끌고 기체상으로 튀어나와 기화되는 것을 증발이라고 한다. 또한, 액체 내부에 분비 기포가 직접하면서 생기는 기화 현상인 끓음은 끓는점에서 일어나며 시야 화시킨 증발은 끓는점보다 낮은 온도에서도 일어난다.

이 때 증발되고 남은 액체는 증발없아 발생으로 열을 빼앗겨 온도 등을 에너지가 낮아져 온도가 내려간다. 따라서 의문에서 공발 과정에서 빼앗겨던 인체의 얼굴에서 보존하야한 증발이 계속 일어날 수 있다. 증발이 일어날 때 주변이 시원해지는 것은 증발 과정에서 열이 흡수되기 때문이며 이 때 흡수되는 증발양이라 한다. 그리고, 고체가 기체로 변화하는 상태 변화를 기회의 한 형태인 증발로 보기도 화시한 현화하는 승화라고 한다.

카메라를 주제로 한 브로슈어 디자인에 앞서 카메라의 정면, 측면, 윗면에서 카메라 구성 요소의 세부 형태를 추출해 정리했다. 그 형태들 중 2개 또는 여러 가지를 선택한 후 그 형태를 이용하여 화면을 분할, 구성하여 브로슈어 디자인을 위한 레이아웃의 틀로 사용했다. 추출된 구성 형태 중 몇 가지를 선택할 때는 아주

대비되는 형태나 매우 유사한 형태를 선택하는 것이 좋다. 유사한 형태란 정원에서 잘린 반원과 정원과 같은 것을 이야기한다. 대비적인 형태도 아니면서 유사한 형태도 아닌 비슷해 보이는 형태, 즉 시각형과 오각형과 같은 형태를 선택하여 활용한다면 오히려 시선을 어지럽히는 요인이 될 것이다.

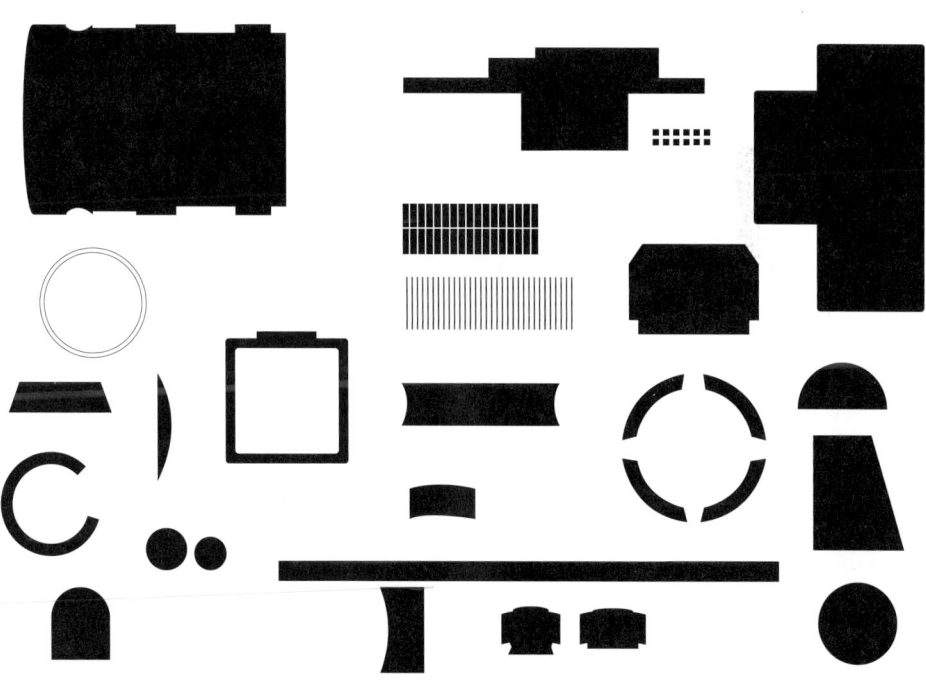

그림 27. 카메라

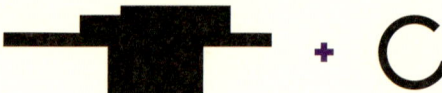

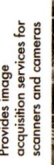
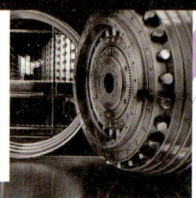

load film into a camera

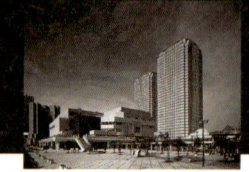

Provides image acquisition services for scanners and cameras

셋째로 사진은 모두가 과거에 일어난 사실들의 표상(表象)이요, 현실에서 사라진 시간이 항상 변화하는 시점에서 재생된다. 이러한 사실은 우리로 하여금 새로운 시간개념을 일깨워 주었다. 운동은 모두 시간성을 띠게 되고, 또 운동이란 사물이 변화하는 과정이며, 시간은 이러한 변화의 과정을 겪는 자신 동시에 개념인데, 스냅 사진은 눈으로 분별할 수 없는 운동하는 사물의 순간들을 다양하게 포착하는 데 성공하였다.

넷째, 카메라의 감도에 따라 대상의 모습이 무한히 변화하고, 그 변화에 따라 대상이 갖는 의미도 달라지는 것을 발견하였다. 이것에 입한 어러 특성, 즉 사진적 표현의 리얼리티의 확보란 기록성이며, 이 기록성에 의해 L.모호이너지가 말한 "사물의 순수객관의 파악" 이 가능하게 되었으며, 또한 크라카우어의 말과 같이 아직, "체계화되지 많은 미완화원" 현실대상이 사진의 표현세계에 모습을 드러내게 되었다. 사진술은 흔히 말하는 바와 같이 과학인 동시에 또한 예술이기도 하다. 이러한 상반된 복합성은 사진의 예술성을 논할 때 이제까지의 예술개념에 쉬 들어맞지 않는다. 본디 사진은 회화의 복제수단(複製手段)으로 발명되었으나 함께 되었다.

셋째로 사진은 모두가 과거에 일어난 사실들의 표상(表象)이요, 현실에서 사라진 시간이 항상 변화하는 시점에서 재생된다. 이러한 사실은 우리로 하여금 새로운 시간개념을 일깨워 주었다. 운동은 모두 시간성을 띠게 되고, 또 운동이란 사물이 변화하는 과정이며, 시간은 이러한 변화의 과정을 겪는 자신 동시에 개념인데, 스냅 사진은 눈으로 분별할 수 없는 운동하는 사물의 순간들을 다양하게 포착하는 데 성공하였다.

넷째, 카메라의 감도에 따라 대상의 모습이 무한히 변화하고, 그 변화에 따라 대상이 갖는 의미도 달라지는 것을 발견하였다. 이것에 입한 어러 특성, 즉 사진적 표현의 리얼리티의 확보란 기록성이며, 이 기록성에 의해 L.모호이너지가 말한 "사물의 순수객관의 파악" 이 가능하게 되었으며, 또한 크라카우어의 말과 같이 아직, "체계화되지 많은 미완화원" 현실대상이 사진의 표현세계에 모습을 드러내게 되었다. 사진술은 흔히 말하는 바와 같이 과학인 동시에 또한 예술이기도 하다. 이러한 상반된 복합성은 사진의 예술성을 논할 때 이제까지의 예술개념에 쉬 들어맞지 않는다. 본디 사진은 회화의 복제수단(複製手段)으로 발명되었으나 함께 되었다.

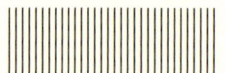

Everywhere I go, I bring a camera.

Amazon

11

사진기라고도 한다. 기원은 카메라 옵스큐라 (라틴어로 어두운 방이라는 뜻)라고 생각된다. 카메라 옵스큐라의 원형은 어두운 방의 지붕, 벽, 문 등에 작은 구멍을 뚫고 그 반대쪽 벽에 외부의 풍경을 투사시키거나 일식(日蝕)을 조사하는 데 이용한 것으로 추정된다. 그것이 몇 사람이 이동시킬 수 있는 형태로 변하여 적당한 장소에 설치하여 내부에서 정지를 관찰할 수 있게 되고, 다시 한 사람이 운반할 수 있는 소형의 것으로 변하여 카메라에 가까운 모양으로 발전하였다.

Santorini

27

메오나르도 다 빈치보다 늦게 이탈리아 물리학자 G. d. 포르타(1535~1615)가 1558년 [자연의 마술 Magia nat∼uralia] 이라는 저서에서 카메라 옵스큐라를 그림 그리는 도구로 사용할 것을 권하고 있다. 이것은 당시 잘 알려진 저서였고, 메오나르도 다 빈치의 노트가 그가 죽은 후 3세기 정도 후에 빛에 있었으므로 포르타를 카메라 옵스큐라의 발명자로 생각했던 시대도 있었다.

Greece

24

사진기라고도 한다. 기원은 카메라 옵스큐라 (라틴어로 어두운 방이라는 뜻)라고 생각된다. 카메라 옵스큐라의 원형은 어두운 방의 지붕, 벽, 문 등에 작은 구멍을 뚫고 그 반대쪽 벽에 외부의 풍경을 투사시키거나 일식(日蝕)을 조사하는 데 이용한 것으로 추정된다. 그것이 몇 사람이 이동시킬 수 있는 형태로 변하여 적당한 장소에 설치하여 내부에서 정지를 관찰할 수 있게 되고, 다시 한 사람이 운반할 수 있는 소형의 것으로 변하여 카메라에 가까운 모양으로 발전하였다.

Santorini Island Santorini is a group of five islands and is located in the most southeastcoast of the Cyclades.

Zeus is the king of the gods in Greek mythology. They traveled to numerous Greek islands, trading with natives or setting up colonies.

Santorini Island Santorini is a group of five islands and is located in the most southeastcoast of the Cyclades.

Mykonos and Santorini is also part of this group.

Zeus is the king of the gods in Greek mythology. They traveled to numerous Greek islands, trading with natives or setting up colonies.

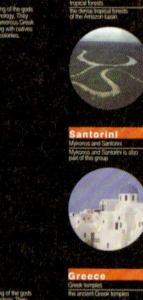

Amazon
Tropical forests
the dense tropical forests of the Amazon basin.

Santorini
Mykonos and Santorini
Mykonos and Santorini is often part of this group

Greece
Greek temples
the ancient Greek temples

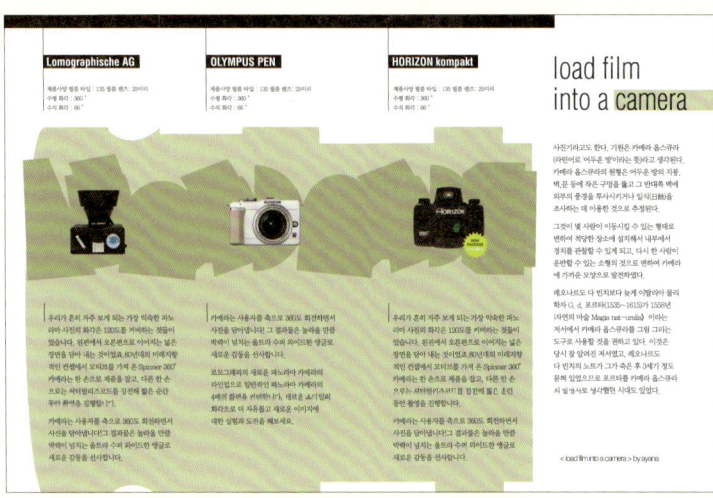

Lomographische AG	OLYMPUS PEN	HORIZON kompakt
제품사양 렌즈 마일 | 135 필름 렌즈 | 25mm이	제품사양 렌즈 마일 | 135 필름 렌즈 | 25mm이	제품사양 렌즈 마일 | 135 필름 렌즈 | 25mm이
수평 화각 : 360˚	수평 화각 : 360˚	수평 화각 : 360˚
수직 화각 : 66˚	수직 화각 : 66˚	수직 화각 : 66˚

load film
into a camera

사진기라고도 한다. 기원은 카메라 옵스큐라 (라틴어로 '어두운 방'이라는 뜻)라고 생각된다. 카메라 옵스큐라의 원형은 어두운 방의 지붕, 벽, 문 등에 작은 구멍을 뚫고 그 반대쪽 벽에 외부의 풍경을 투사시키거나 일식(日蝕)을 조사하는 데 이용한 것으로 추정된다.

그것이 빛 사방이 이동시킬 수 있는 형태로 변하여 적당한 장소에 설치해서 내부에서 정치를 관찰할 수 있게 되고, 다시 한 사람이 운반할 수 있는 소형의 것으로 변하여 카메라에 가까운 모양으로 발전하였다.

레오나르도 다 빈치보다 늦게 이탈리아 물리학자 G. d. 포르타(1535~1615)가 1558년 [자연의 마술 Magia nat~umia) 이라는 저서에서 이 카메라 옵스큐라를 그림 그리는 도구로 사용할 것을 권하고 있다. 이것은 당시 잘 알려진 저서였고, 레오나르도 다 빈치의 노트가 그가 죽은 후 3세기 정도 문혀 있었으므로 포르타를 카메라 옵스큐라 시 발명자로 생각했던 시대도 있었다.

우리가 흔히 자주 보게 되는 가장 익숙한 피노라마 사진퇴 화각은 135도를 카메라는 렌즈이 었습니다. 원래에서 오른쪽으로 이어지는 넓은 장면을 담아 내는 것이었죠.80년대의 미케지탈 적인 관점에서 모티브를 가져 온 Spinner 360˚ 카메라는 한 손으로 제품을 잡고, 다른 한 손으로는 셔터릴리즈르들을 장전해 짧은 순간 두어 쓴냐으로 십봐댔나 [?].

카메라는 사용자를 축으로 360도 회전하면서 사진을 담아낸니다. 그 결과물은 놀라울 만큼 박에서 넘치는 울트라 수퍼 파이드의 앵글로 새로운 감동을 선사합니다.

카메라는 사용자를 축으로 360도 회전하면서 사진을 담아낸니다 그 결과물은 놀라운 만큼 박에서 넘치는 울트라 수퍼 파이드의 앵글로 새로운 감동을 선사합니다.

포토그래피의 새로운 제뉴레이 카메리테의 라인업으로 일반적인 제뉴레이 카메라의 4배의 필름을 커버한다. 비트, 새로운 요구담의 화각으로 이 자동들감 새로운 이미지에 대한 실험과 도전을 해보세요.

우리가 흔히 자주 보게 되는 가장 익숙한 피노라마 사진퇴 화각은 135도를 카메라는 렌즈이 었습니다. 원래에서 오른쪽으로 이어지는 넓은 장면을 담아 내는 것이었죠.80년대의 미케지탈 적인 관점에서 모티브를 가져 온 Spinner 360˚ 카메라는 한 손으로 제품을 잡고, 다른 한 손으로는 셔터릴리즈르들을 장전해 짧은 순간 두어 쓴냐으로 십봐댔나 [?].

< load film into a camera > by ayana

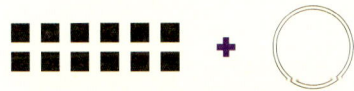

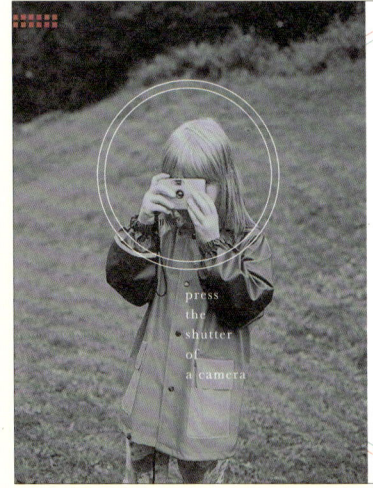

A photographic interview

사진촬영을 위한 광학기기로 포토사트. 상업사진 건축사진 복사 문서. 또는 행미3발사진 렌트겐 사진. 항공사진 천체사진 등 각종 응업 학술의 광범위한 분야에 널리 사용된다.

사진기라고도 한다. 기원은 카메라 옵스큐라 (라틴어로 '어두운 방'이라는 뜻)라고 생각된다. 카메라 옵스큐라의 원형은 어두운 방의 지붕, 벽,문 등에 작은 구멍을 뚫고 그 반대쪽 벽에 외부의 풍경을 투사시키거나 일식(日蝕)을 조사하는 데 이용한 것으로 추정된다. 그것이 빛 사방이 이동시킬 수 있는 형태로 변하여 적당한 장소에 설치해서 내부에서 정치를 관찰할 수 있게 되고, 다시 한 사람이 운반할 수 있는 소형의 것으로 변하여 카메라에 가까운 모양으로 발전하였다.

레오나르도 다 빈치보다 늦게 이탈리아 물리학자 G. d. 포르타(1535~1615)가 1558년 [자연의 마술 Magia nat~umia) 이라는 저서에서 이 카메라 옵스큐라를 그림 그리는 도구로 사용할 것을 권하고 있다. 이것은 당시 잘 알려진 저서였고, 레오나르도 다 빈치의 노트가 그가 죽은 후 3세기 정도 문혀 있었으므로 포르타를 카메라 옵스큐라의 발명자로 생각했던 시대도 있었다.

press
the
shutter
of
a camera

기하도형으로 이야기 전달하기

추상 형태는 구상 형태와 달리 보는 사람에 따라 다양하게 해석될 수 있으며, 많은 연상과 상상을 하게 한다. 그러나 그 형태가 글과 만나 정보를 전달할 때는 직접적이지 않으면서도 의미 작용이 가능한 커뮤니케이션이 이루어질 수 있다. 왜냐하면 무한한 연상과 상상이 아닌 주어진 범위, 즉 글로 나타난 의미 안에서 커뮤니케이션 작용이 일어나기 때문이다.

더욱이 기하 형태는 간단한 형태이지만 디자이너는 그 안의 함축된 의미를 발견하고 만들어 내서 다른 사람에게 그 의미를 은유적인 방법으로 전달할 수 있다. 이것은 보는 사람마다의 경험이나 상상에 따라 다른 담론을 만들어 낼 수 있기 때문에 흥미롭다.

기초조형 Producing 과제

동화 한 편을 선택해 전체의 이야기를 10개의 문장으로 축약한 다음, 기하도형을 이용해 한 문장을 하나의 화면에 표현한다. 등장하는 인물이나 사물의 구체적인 형태를 기하도형으로 묘사하지 않고 되도록 가장 단순한 형태로 표현하되 그 문장에서 이야기하는 중심어를 표현하도록 한다. 중심어는 동사가 될 수도 있고 형용사가 될 수도 있다. 이러한 작업은 의미를 간단한 형태로 전달해야 하는 픽토그램 등에 응용할 수 있다.

금도끼 은도끼

1. 옛날 한 나무꾼이 나무를 하러 갔습니다.
2. 착한 나무꾼은 그만 연못에 도끼를 빠뜨렸습니다.
3. 연못에서 산신령이 나타나 금, 은, 쇠도끼를 보이며 네 것이냐고 물었습니다.
4. 나무꾼은 쇠도끼가 자신의 것이라고 말했습니다.
5. 산신령은 착한 나무꾼에게 세 도끼를 다 주었습니다.
6. 마을에 한 나쁜 나무꾼이 그 이야기를 듣게 되었습니다.
7. 연못에서 산신령이 나타났습니다.
8. 금, 은, 쇠도끼를 보이며 네 것이냐고 물었습니다
9. 나쁜 나무꾼은 모두 자신의 것이라고 말했습니다.
10. 산신령은 거짓임을 알고 모든 도끼를 가지고 물속으로 사라졌습니다.

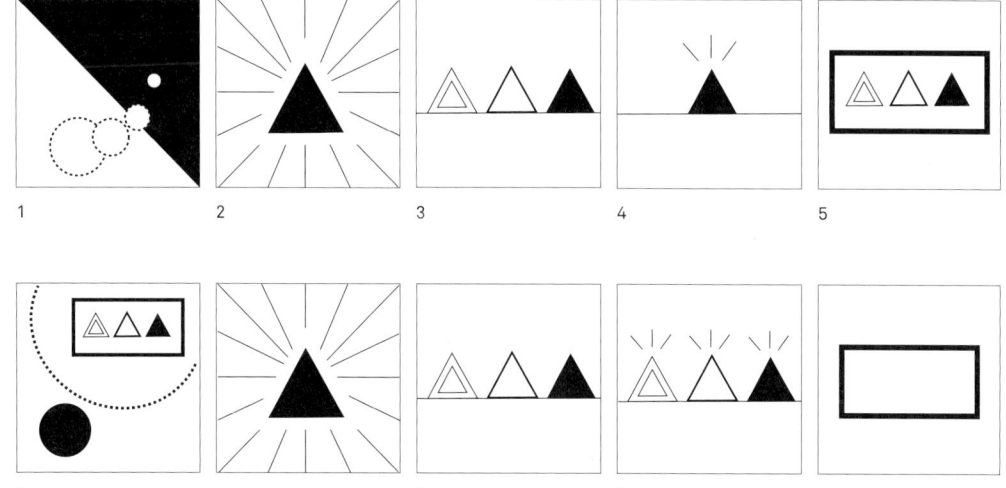

그림 28. 금도끼 은도끼

잭과 콩나무

1. 집에서 키우던 소 한 마리를 요술콩과 바꾸어 온 잭을
    보고 어머니는 화가 나서 콩을 창 밖으로 던졌다.
2. 다음 날 보니 콩나무 덩굴이 높이 높이 자라나
    있었다.
3. 잭은 그 콩나무 덩굴을 타고 올라갔다.
4. 콩나무 꼭대기에는 살고 있는 거인을 발견하고
    잭은 거인을 피해 숨어 버렸다.
5. 잭은 거인의 집에서 황금알을 낳는 거위를 발견했다.
6. 잭은 그 황금알을 낳는 거위를 훔쳤다.
7. 이 장면을 들킨 잭은 도망을 쳤고 거인은 도망가는
    잭을 쫓았다.
8. 거인을 피해 콩나무 아래까지 내려온 잭은
    콩나무를 잘라 버렸다.
9. 잭을 따라 내려오던 거인은 콩나무 아래로 떨어졌다.
10. 거인은 죽게 되고 잭은 어머니와 행복하게 살았다.

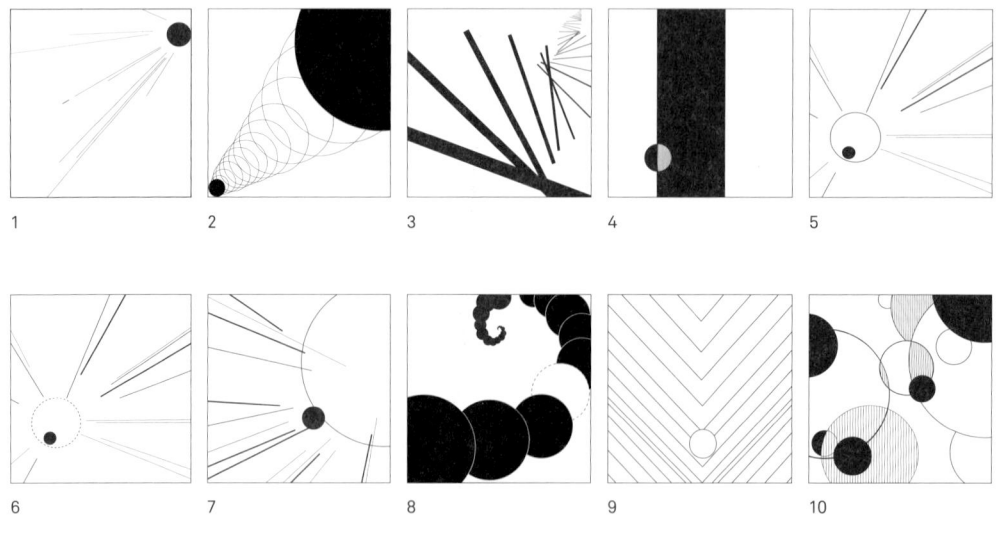

그림 29. 잭과 콩나무

양치기 소년

1. 어느 마을에 양치기 소년이 살고 있었습니다.
2. 심심한 양치기 소년은 마을 사람들에게 "늑대가 나타났다!" 하고 거짓말을 했습니다.
3. 마을 사람들은 늑대를 잡으러 달려갔지만, 그곳엔 늑대가 없었습니다.
4. 마을 사람들은 양치기 소년을 혼냈습니다.
5. 며칠이 지나고 양치기 소년은 또 거짓말을 했습니다.
6. 마을 사람들은 더 이상 그를 믿지 않았지만, 한 번 더 용서해 주었습니다.
7. 그런데 진짜 늑대가 나타났습니다.
8. 놀란 양치기 소년은 마을 사람들에게 "늑대가 나타났다!" 하고 소리쳤습니다.
9. 하지만 아무도 나타나지 않았습니다.
10. 결국 양치기 소년의 양들은 늑대에게 다 잡아 먹혔습니다.

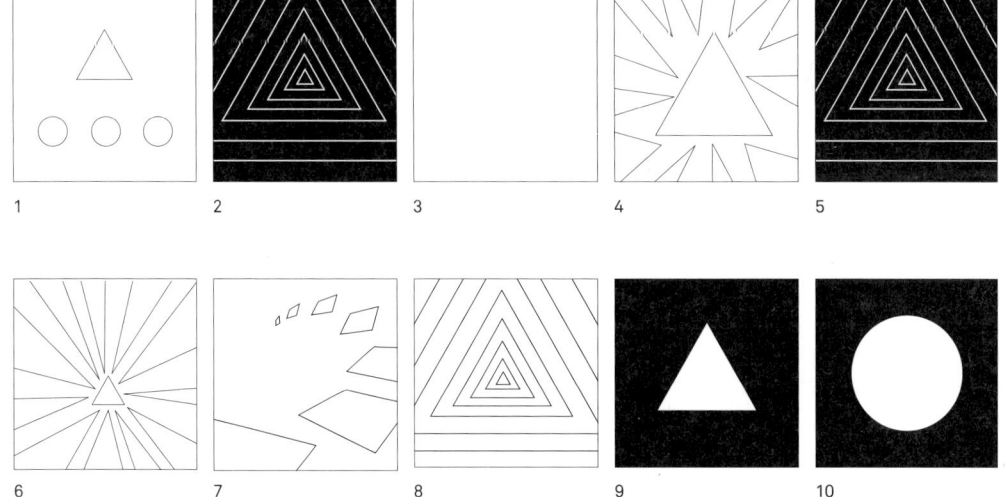

그림 30. 양치기 소년

신데렐라

1. 행복했던 신데렐라 집에 새엄마와 새언니가 오게 되었습니다.
2. 새엄마와 새언니는 신데렐라를 매일 괴롭힙니다.
3. 어느 날 왕궁에서 신부를 뽑는다는 전갈이 왔습니다.
4. 새엄마와 새언니는 신데렐라를 버려두고 둘만 왕궁으로 가버렸습니다.
5. 가여운 신데렐라를 갑자기 요정이 나타나 변신을 시켜 줍니다.
6. 왕궁에 신데렐라가 들어서자 왕자는 그녀에게 첫눈에 반해 버립니다.
7. 시간이 다되어 왕궁을 빠져나오는 도중에 유리 구두를 떨어뜨리게 됩니다.
8. 왕자는 유리 구두의 주인을 찾기 위해 여러 마을을 돌아다닙니다.
9. 마침내 유리 구두의 주인인 신데렐라를 찾게 됩니다.
10. 그 이후 왕자와 신데렐라는 행복하게 살았답니다.

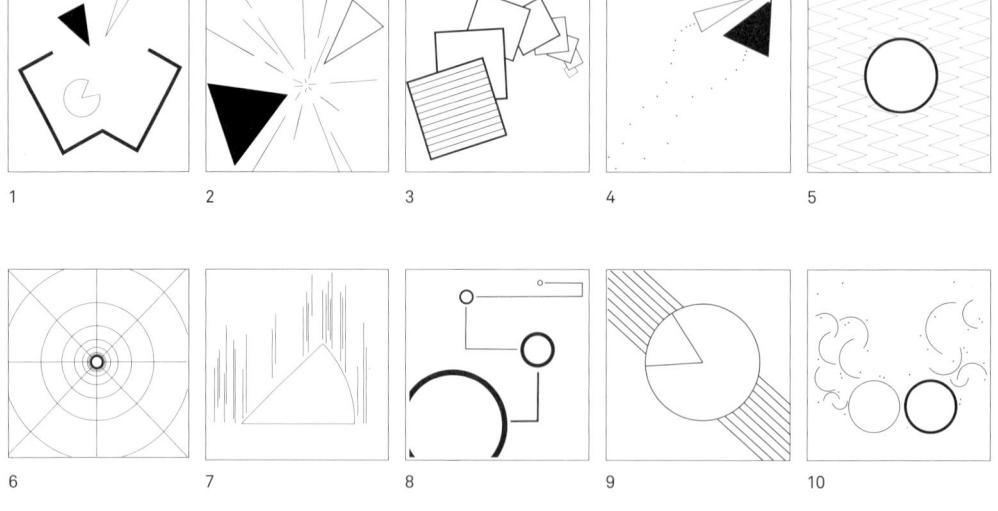

그림 31. 신데렐라

모션 디자인

모션 디자인의 특성 가운데 하나는 실제로는 2차원의 성격을 가지고
있지만 3차원적인 움직임을 통해 공간의 환영을 만들어 낸다는
것이다. 이 움직임은 실험적인 설치 작업을 제외하면 실제 물리적인
공간에서의 움직임이 아니라 시간성 위에 변화되는 이미지로 표현된다.
영상디자이너가 CF, 영화 및 방송 타이틀, 온에어 프로모션 등
스크린을 바탕으로 한 디자인을 진행할 때 반드시 디자인의
기본 원리와 함께 시간적 공간적 개념에 대한 이해가 수반되어야만
효과적인 움직임을 연출할 수 있다.

공간
구조적 공간
— 점

길이, 깊이, 폭이 없는 점은 한 선의 양 끝이며 선의 교차,
면의 교차 지점에 나타난다.

— 선

선은 길이와 두께를 가지며 면과 면이 만나는 곳에 존재한다.
선을 이용하면 어떤 형태나 특성, 성격을 가장 쉽게 표현할 수 있다.

길이와 두께의 차이를 가지고 있는 선

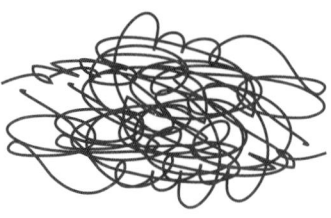

정밀, 곧음, 논리적, 안정감 　　　　　　　　방황, 불안정

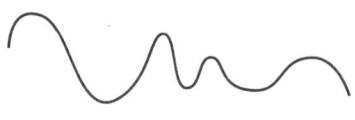 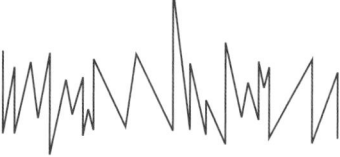

출렁, 움직임, 율동감 　　　　　　　　　　예리, 아픔

— 면

면에는 깊이가 존재하지 않으며, 최소 하나의 선을 이용하여 그려진다.

프레임의 공간

스크린에서 활성화된 구성 공간을 프레임이라고 한다. 영상에서의
프레임은 영상에 담기는 이미지와 이런 이미지를 상영하는
스크린 모두를 지칭한다. 프레임의 공간에서는 점, 선, 면이 구조적
공간에서의 의미와 다르게 해석되기도 한다.

— 점

프레임의 공간에서의 점은 위치, 장소를 표시한다.

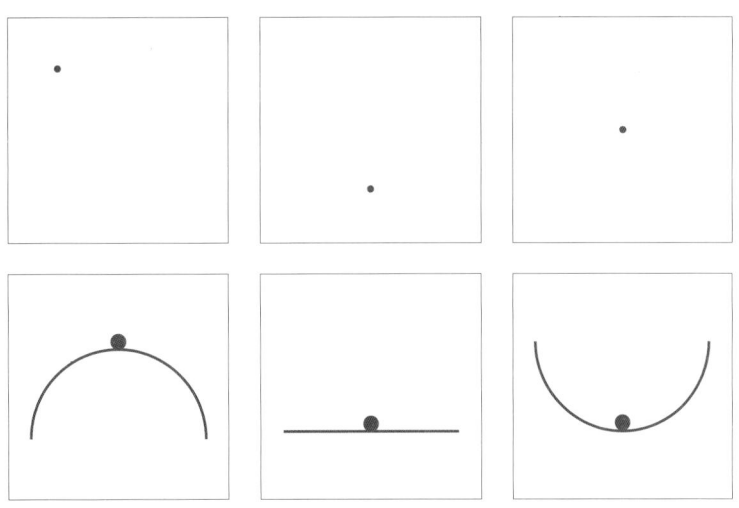

— 선

선은 공간에서 움직이는 점의 이동 경로이며, 위치와 방향을 가진다.

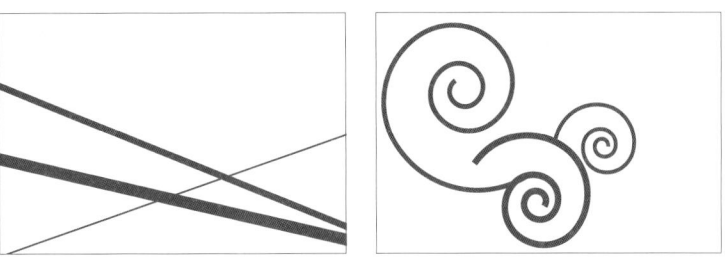

— 면

면은 선의 공간 안에서의 움직임에 따라 생성되는 속성을 가지고 있다.
선의 방향과는 다른 방향으로 움직임의 경로가 만들어진다.

점, 선, 면은 디자인의 기본 요소로, 단독으로 존재하지 않으며
공간 속에서 형태로서 존재한다. 구조적인 공간에 대한 이해 그리고
프레임의 공간에 대한 이해를 바탕으로 2D의 공간 안에서 3D의
환영을 표현할 수 있다.

환영의 공간

구조적인 프레임의 공간 속에서 환영의 공간을 효과적으로 표현하기
위한 방법에는 서양화 속에서 살펴볼 수 있는 투시원근법의 이용과
데카르트의 좌표계[3]를 통한 움직임의 표현이 있다.

— 3
데카르트 좌표계는 X축은
수평으로, Y축은 수직으로,
Z축은 공간상에 진출하거나
후퇴하도록 놓인다. 프레임 면을
기준으로 Z축으로 움직이는
경우 카메라에서 줌인(Zoom
in), 줌아웃(Zoom out)의
효과와 비슷하다. 이런 3차원의
프레임 구성 방법은 카메라의
렌즈를 통해 대상을 바라보는
것으로 이해할 수 있다.

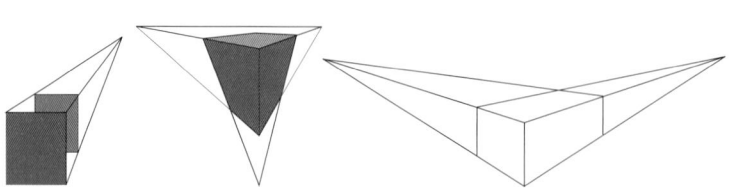

투시원근법

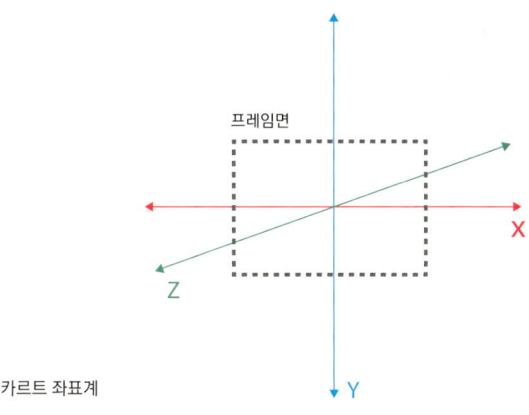

프레임면

X

Z

Y

데카르트 좌표계

X, Y축만을 가진 2D의 공간 안에서 Z축을 이용한 진출 후퇴의
표현은 3D의 공간으로 인지할 수 있게 만든다. 또한 카메라의 심도와
같은 선명도의 활용도 공간의 표현을 가능하게 한다. 환영의 공간을
실제처럼 표현하기 위해서는 투시도와 카메라를 통해서 바라보는
시점에 따라 디자인되어야 한다. 즉 디자인의 요소, 카메라의 시점과
관객의 시점을 고려해야 한다.

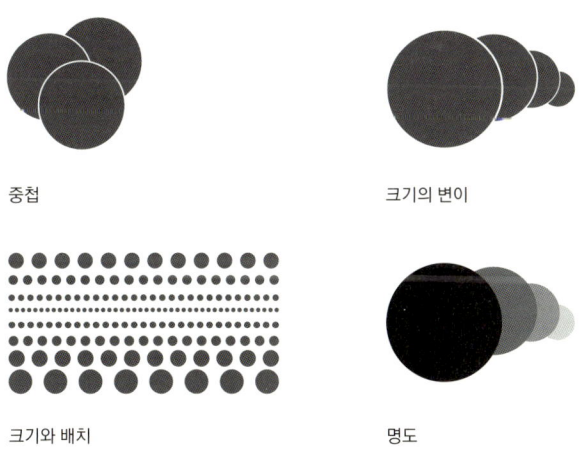

중첩

크기의 변이

크기와 배치

명도

공간 속에서 서로의 관계와 요소의 움직임에 따라 환영의 공간은
표현될 수 있으며, 중첩되어 표현되는 이미지로 전경, 후경을 표현할 수
있다. 또한 명암, 스케일, 색상 등의 대비를 통한 공간 표현도 가능하다.

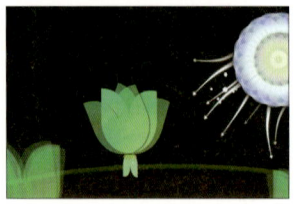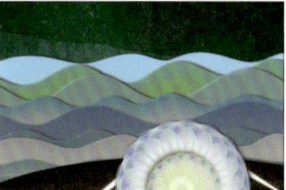

그림 32. 도형 간의 관계로 표현되는 공간

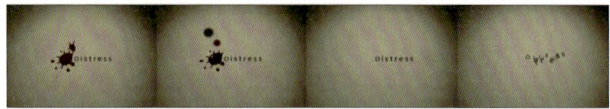

그림 33. 카메라의 심도를 이용한 공간의 표현

암시적 공간

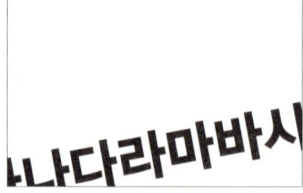

여백의 연장선상에 놓인 시각적 요소들은 프레임 밖 공간에 대한 연상을
통해 실제 화면 크기보다 크게 느끼게 할 수 있다.[4] 움직임을 가지고
있는 영상의 경우 암시적 공간을 반드시 염두에 두고 구성하는 것이
움직임을 통한 다양한 공간적 표현과 함께 화면에 힘을 실어 줄 수 있다.

— 4
공간과 시간을 다루는 영상
디자인의 경우 투시와 좌표계에
대한 개념을 가지고 프레임을
바라보는 것이 중요하다.

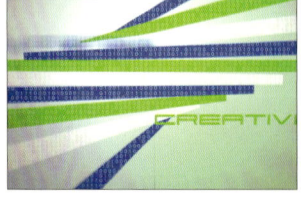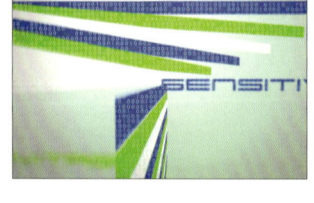
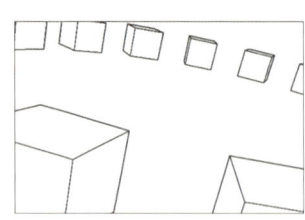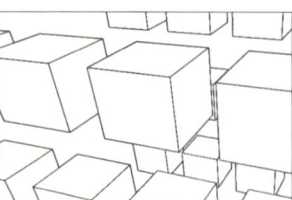

그림 34. 암시적 공간의 적용 사례

공간 표현 연구

디자인 요소의 움직임과 카메라의 움직임을 모두
고려하여 프레임의 공간 안에서 거리감과 공간감을
가질 수 있는 15초의 영상을 제작한다.

제작 시 고려 사항

- X, Y, Z 축의 움직임을 통한 공간감 표현
- 중첩, 변이 등을 이용
- 플래너 그라운드(planer ground, 프레임 안의
  배경과 그 안에 놓이는 디자인 요소와의 관계)와
  리니어 그라운드(linear ground, 관객과 대상의
  관계)를 고려하여 제작

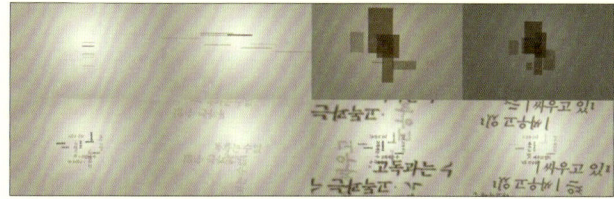

그림 35. 암시적 공간을 고려해 명도, 중첩을 이용한 공간의 표현

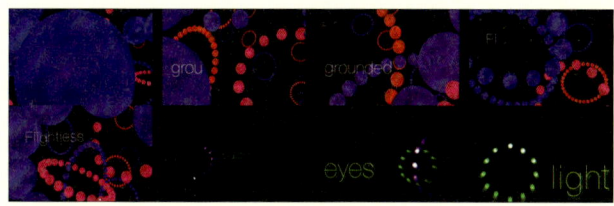

그림 36. 중첩과 크기의 변이, 배치를 이용한 공간의 표현

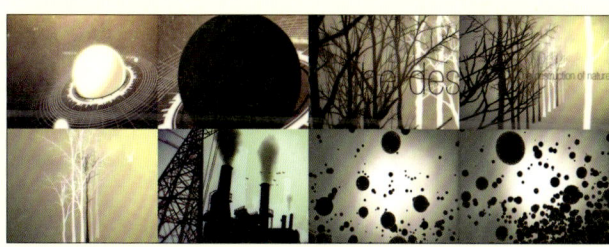

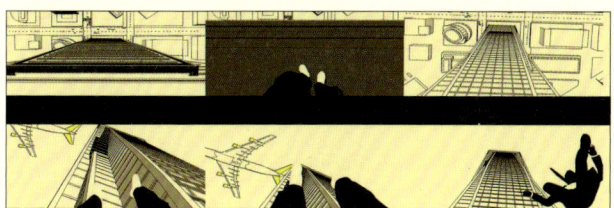

그림 37. 데카르트 좌표계, 투시를 이용한 공간의 표현

시간

영상 속의 움직임은 순간의 지속과 휴지, 리듬과 페이스 등 시간의
흐름을 통해 느끼는 리듬감의 표현으로 이해할 수 있다. 시각적인
요소가 움직임을 가지기 위해서는 공간 안에서 시간의 경과에 따른
크기, 위치, 색상, 불투명도, 방향 등의 변이가 있어야 한다. 시간은
움직임과 시퀀스 속에서 디자인의 연속적인 것과 불연속적인 것,
동적인 것과 정적인 것을 분리시키는 1차적 요소가 될 수 있다.
또한 전체 장면의 길이를 나타내는 물리적이고도 객관적 시간과
사람이 느끼는 심리적 시간, 즉 주관적인 시간이 존재한다. 움직임을
디자인하기 위해서는 객관적 시간과 더불어 심리적인 시간에 대한
연출이 필요하다. 심리적 시간은 작품에서 전달하고자 하는 내용에
영향을 미치기도 한다.

키프레임

키프레임은 변이의 끝과 시작을 지시하는 특별한 프레임이며,
최소 2개의 키프레임이 존재해야만 움직임이 생성된다. 바닥에
떨어지는 공을 보면 방향이 변하는 곳, 다시 말해 움직임의 끝점에서
운동의 방향이 바뀜에 따라 움직임이 생기는데, 변화가 있기 전까지는
운동의 방향을 계속 유지함으로써 움직임의 축을 만들게 된다.

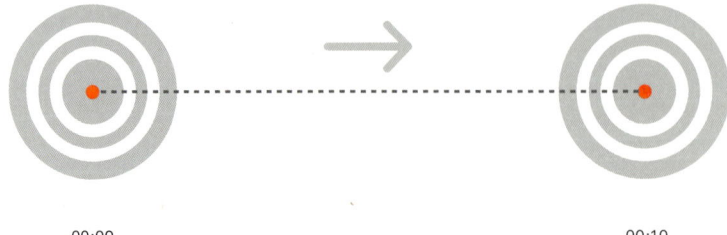

00:00   00:10

키프레임

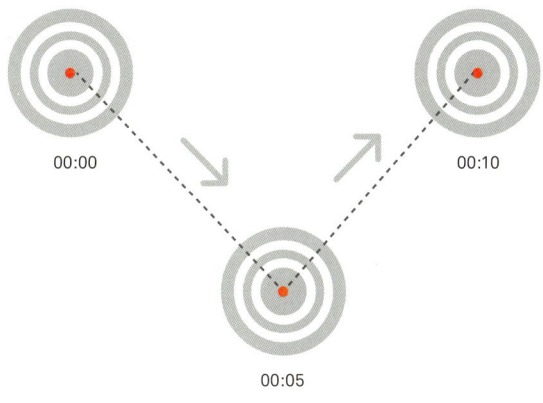

키프레임과 움직임의 방향과 축

수작업으로 제작되는 셀 애니메이션에서는 각 프레임을 위해
한 장의 이미지를 만들어야 하지만, 디지털로 제작되는 작업의 경우
소프트웨어상에서 키프레임을 설정해 주면 움직임 사이에
자동으로 프레임이 생성된다.

　　　움직임은 시퀀스 속에서 생성되는 동작의 궤적을 시간 배분을
통해 타이밍으로 나타나게 된다. 아래에서 보여지는 그림과 같이
지속 시간과 프레임의 수가 같은 상태에서 물체의 이동거리가 멀어지면
움직임은 빨라지며, 이동거리가 짧으면 그 움직임의 속도는 느려진다.

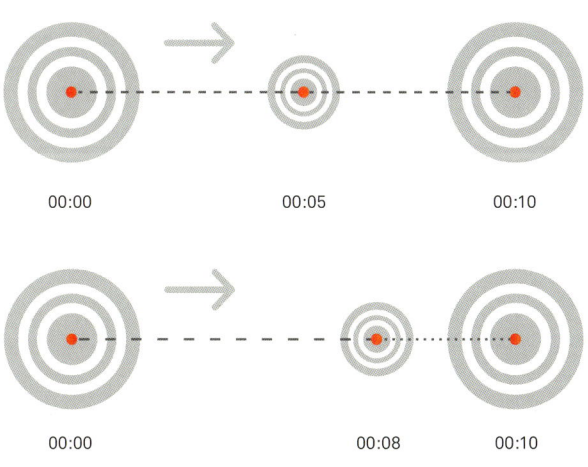

키프레임에 따른 속도감

— 이징 인과 이징 아웃

움직임의 시작과 끝 프레임에서 속도를 조절하여 자연스러운 동작의
움직임을 가능하게 한다. 물리적 공간에서의 가속도와 관성의 법칙을
생각해 볼 수 있다.

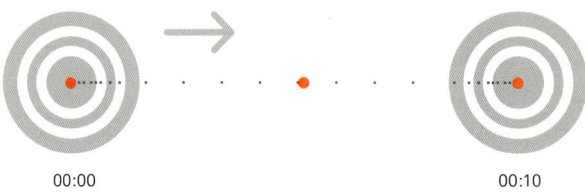

00:00   00:10

시퀀스의 구조

특정한 순서로 놓인 임의의 열을 시퀀스라고 하는데 영상에서의
시퀀스는 다양한 장면이 모여 동일한 사건 행위의 구성을 의미한다.
움직임을 디자인하는 경우에는 내용이 구성되고 보여지는 방법으로
이해하면 된다.

— 시퀀스 병렬

이미지나 타입 등이 시간 축으로 연이어 등장하거나 교차되어
등장하는 경우에 해당한다. 이미지나 타입이 동시에 등장할 수는
없으나 장면 사이의 관계를 통한 연출이 가능하다. 동영상 편집이
시퀀스의 병렬에 해당한다.

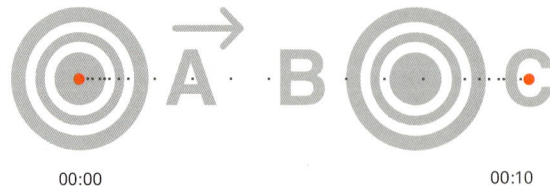

00:00   00:10

아이리스(iris)

· 한 장면의 시작 또는 끝에서 세부 특정 부분을 강조하기 위해 닫히거나
  열리는 회전 이동 마스크를 지칭한다.

컷(cut)

- 한 화면에서 다음 화면으로 이어지는 즉각적 장면 전환을 가리킨다.
- 동작의 진행, 카메라의 앵글에 따라 동작의 연속을 보여 준다.
- 상세한 묘사를 위해 컷을 바꾸어 정보를 제공한다.
- 화면에 리듬을 준다.

디졸브(dissolve)

- 앞 화면의 영상이 사라지는 동안 뒤 화면의 영상이 서서히 나타나는 두 컷 간의 전환 방식을 가리킨다.
- 다른 컷과 아이디어를 연결해 연속성을 만든다.
- 짧은 시간의 경과를 나타낼 수 있다.

페이드인·페이드아웃(fade in·fade out)

- 영상이 어두운 색 혹은 밝은 색에서 점차 나타나거나 사라지는 효과를 말한다.
- 장면의 시작과 끝을 암시한다.
- 생각과 장소의 변화, 긴 시간의 경과를 나타낸다.

와이프(wipe)

- 하나의 선이 화면을 가로 지르면서 앞 컷을 지우는 동시에 뒤 컷의 영상을 드러나게 하는 장면 전환 기법이다.

리듬과 페이스

리듬은 규칙적으로 반복되는 동작을 말하며, 페이스는 그러한 리듬의 속도를 가리킨다. 대부분의 영상은 사운드와 함께 작업을 하게 되는데, 이는 사운드에서 느낄 수 있는 리듬과 페이스의 시각적 표현이라 할 수 있다. 리듬과 페이스를 통해 요소들 간의 편집 템포를 달리 할 수 있다. 그러나 시각 요소와 사운드의 리듬과 페이스를 반드시 일치시켜 연출할 필요는 없다. 대조적인 구조의 연출을 통한 표현이 가능하기 때문이다.

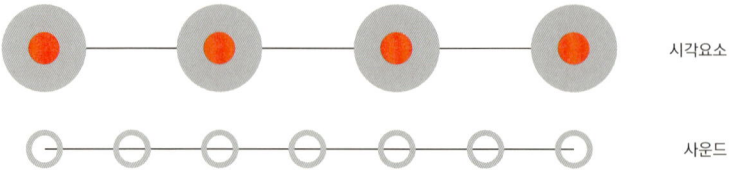

병렬적인 구조의 리듬과 페이스

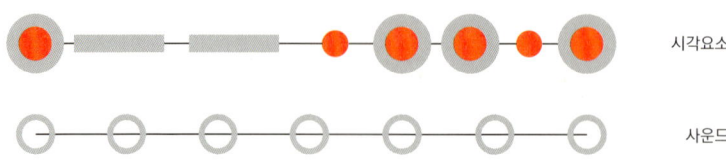

가변적인 시각요소의 리듬과 페이스

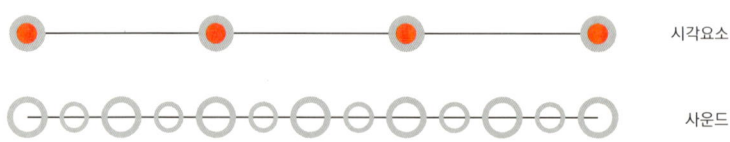

빠른 템포의 사운드와 대조적인 구조의 시각요소

지속과 휴지

지속과 휴지는 시퀀스의 리듬과 페이스를 구성하는 데 중요한
기능을 한다. 지속은 이미지나 시각적 요소가 프레임 안에 등장해
머무르는 시간적 길이를 의미하며, 휴지는 이미지나 시각적 요소가
등장했던 그 사이의 구조를 말한다. 또한 지속은 의미를 강조할 수
있는 방법이 될 수 있으며, 휴지는 시각적 휴식을 부여할 수 있다.

　　텍스트를 이용한 타이틀을 디자인할 때는 텍스트의 정보 전달을
위한 시간이 확보되어야 한다. 움직임이 있는 텍스트의 경우 정지된
텍스트보다 요소의 지속 시간이 길어야 전달이 용이하다.

기초조형 Producing 과제

사운드의 시각화

사운드를 듣고 점, 선, 면, 색상 등 기초조형 요소를
포함한 이미지를 이용해 화면을 디자인하고, 요소의
성질과 움직임에 따라 사운드에서 느껴지는 감성을
시각화해서 표현한다. 프레임의 공간 안에서의
시간과 공간을 통해 만들어지는 움직임의 관계에
대해 살펴보자.

제작 시 고려 사항

- 사운드의 리듬과 레벨, 음색 등을 분석해
  시각 요소의 디자인과 움직임의 연출 시 반영
- 크기, 색상, 방향, 반복, 질감 등을 이용해
  시각적으로 표현
- 사운드의 리듬과 페이스 지속과 휴지를 고려해
  움직임을 디자인
- 움직임의 연출 시 시간과 공간 간의 관계에 대한 고려

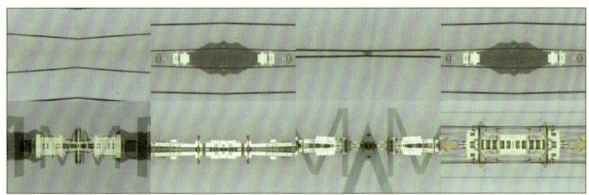

그림 38. 요소의 반복을 통한 리듬감의 표현과 크기의 변이를 통한 사운드레벨의 표현

그림 39. 지속과 휴지를 통한 리듬감의 표현과 부드러운 텍스처로 음악의 분위기를 표현

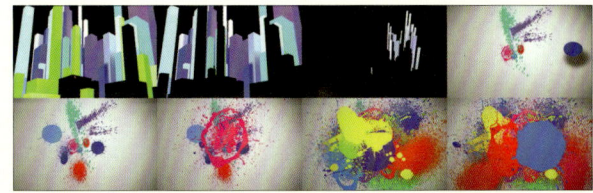

그림 40. 프레임 속 지속과 휴지를 통한 리듬감의 표현

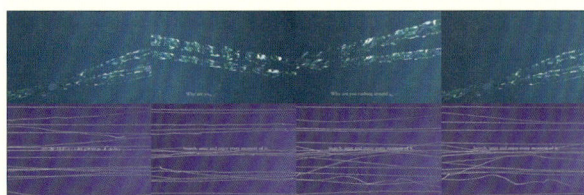

그림 41. 선의 변이와 텍스처를 통한 표현

패션 트렌드

'트렌드'의 사전적 의미는 '경향, 동향, 추세'이다. 트렌드는 여러 학문 분야에 걸쳐 활용되고 있는데, 철학, 심리학, 사회과학, 미래학, 경제학, 기술 과학, 경영학, 예술, 디자인, 그래픽과 패션 등 그 범주가 다양하다. 인간과 인간을 둘러싼 사회사상을 연구하는 사회학에서 인간의 행위 및 사회의 변화와 추세를 서술하는 데 '트렌드'라는 용어를 사용한다. 또 경영학에서는 판매 촉진을 위한 광고의 대상과 수단을 정하기 위해 사회, 문화, 인간 군집에 대한 트렌드를 연구하고 있으며, 미래학에서는 경제, 사회 전반과 그 사회의 변동, 도시설계, 사회 계획에서의 트렌드와 나아가 문화 변혁의 트렌드 또는 라이프스타일의 변화 등을 연구 범위로 삼는다. 이렇듯 트렌드는 다양한 정의로 여러 분야에 활용되고 있다.

패션에서의 트렌드는 패션의 경향을 의미한다고 할 수 있다. 즉 패션이 유기적으로 변화하고 있는 상태, 패션이 변화하고 있는 기본적인 흐름을 뜻한다. 사회의 제반 현상, 국내외의 사회 정세, 인간의 의식주에 관련된 모든 분야에 걸쳐 나타나고 있는 현상들이 용해되어 삶을 주도해 나가는 하나의 큰 흐름이라 할 수 있다.

패션 산업이 발달할수록 정보의 가치가 더욱 중요시되고 있다. 현대의 소비자들은 매스컴의 생활화를 통해 많은 정보를 접하고 있으며 정보 전달의 가속성이나 광역성의 가치를 배가시키고 있다. 따라서 패션 트렌드는 의복이 지니는 패션의 경향뿐이 아니라 일반적인 디자인에 통용되는 감성의 경향까지를 포함한다고 할 수 있다.

패션 트렌드 정보

디자인 기획에 앞서 관련 업계에서 가장 필요로 하는 것은 여러 가지 분석 결과에 대한 정보와 국내외의 트렌드 정보이다. 만약 신제품을 계획할 때 합리적이면서도 정확하게 디자인의 기본 방향을 결정하지 못하거나 예측하지 못하면 기업의 생존과 발전에 위협을 받게 되기 때문이다. 국내 패션업계에서는 신제품을 기획하면서 다양한 패션 정보를 수집하고 있다. 그중에서도 색채, 소재, 스타일 등의 패션 트렌드 정보는 시즌별 디자인 기획 방향 결정에 중요한 역할을 하고 있다. 국내외에서 제공되는 패션 트렌드는 기본적으로 일반 트렌드(general trend), 패션 테마(fashion theme), 색상(colour), 소재(fabric), 실루엣(silhouette), 아이템(item), 디테일(detail) 등으로 제안되고 있으며, 디자인 기획은 이 같은 트렌드 정보의 분석을 토대로 이루어진다.

트렌드 정보 회사는 처음 미국에서 시작되어 주로 섬유업계와 패션 제조업계, 그리고 기타 디자인 관련업체를 대상으로 전 세계적으로 퍼져 나가게 되었다. 국내의 패션 정보 회사에서는 해외 패션 정보 회사가 제안하는 트렌드 정보를 분석하여 그 결과를 국내 시장에 맞도록 조정하여 제안한다. 따라서 해외 트렌드 정보보다 6개월 정도 늦어지게 되는데 이에 뒤처지지 않도록 12개월 전에 트렌드 설명회를 개최하고 있다.

국내외 패션트렌드 정보 제공 업체

디자인 트렌드에 대한 정보를 얻을 수 있는 소스는 많이 있지만 산업 제품에 대한 디자인 트렌드를 전문으로 하고 있는 곳은 국내는 물론 국외의 경우를 봐도 거의 전무한 상황이다. 현재 세계적으로 유명한 트렌드 정보 회사는 대체로 패션 트렌드에서 시작해서 그 적용 분야를 확대한 경우가 대부분이다. 그 외에 소비자의 행동 분석이나 시장의 흐름 변화를 연구하는 마케팅을 위한 사회적 트렌드를 중심으로 한다. 전자는 유행의 흐름이 시즌별로 명확히 구분되어 변화하는 패션 산업의 속성이 다른 제품에까지 확대되면서 트렌드의 적용 분야를 확대한 경우이고, 후자는 전반적인 사회의 흐름에 따라 감성적이고 심미적인 충족이 소비의 선택에 결정적인 역할을 하게 되면서 디자인이 마케팅에 중요한 요소로 부각되어 디자인 트렌드까지 확대되어 제공되는 경우이다. 이러한 전문 트렌드 정보 회사 이외에도 국제 연합 기관이라든지, 색상이나 소재 등

어떤 한 부분에 포커스를 둔 정보 기관이라든지, 관련 전시회의
트렌드 포럼이라든지 디자인 관련된 정보를 얻을 수 있는 곳은 많다.
하지만 실제로 산업 제품의 디자인 트렌드와 관련하여 통합된 정보를
얻을 수 있는 곳은 현재까지는 없다고 봐도 무방할 것이다.

— 삼성디자인넷
삼성디자인연구소에서 운영하는 패션 정보 사이트로 국내외
패션 및 디자인 분야의 각종 유익한 정보를 제공하고 있다.
www.samsungdesign.net

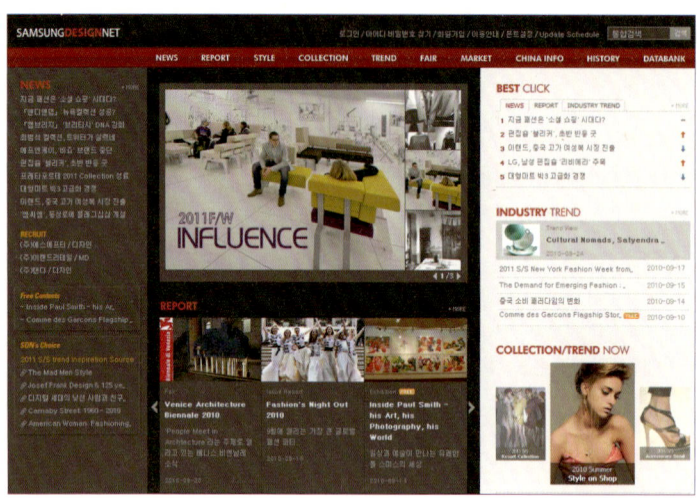

— 인터패션플래닝

1989년 국내 최초로 트렌드 정보 사업을 시작한 인터패션플래닝은
2001년 주식회사 아이에프네트워크와 인수 합병되었다.
소비자 라이프스타일 트렌드 변화와 이를 근거로 한 신상품 트렌드,
디자인 트렌드를 분석해 기업들의 히트 상품 기획을 위한 정보를
제공한다. 디자인 트렌드에서 건축, 유통, 마케팅 등 통합적인 트렌드
정보를 제안하고 있으며, 현재 패션·코스메틱·전자·건설·유통·
자동차 기업 등 전 산업 분야에 250개 회원사를 보유하고 있다.
www.ifp.co.kr

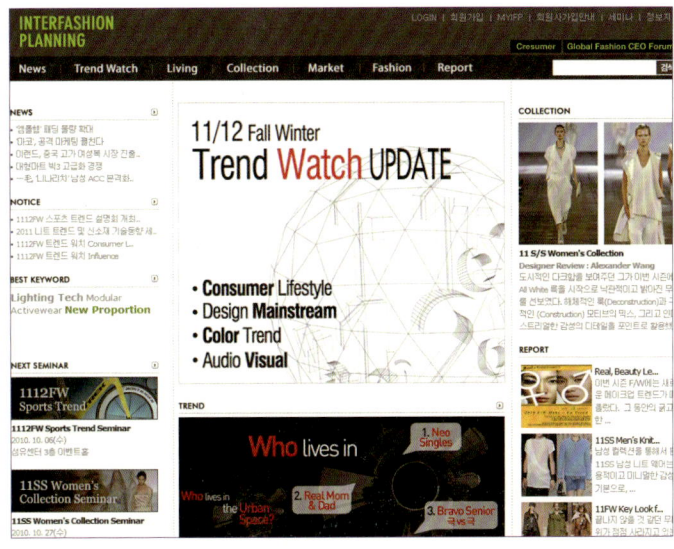

— 한국컬러앤드패션트렌드센터

CFT는 2003년 기존의 한국유행색협회에서 한국컬러앤드패션
트렌드센터로 개명했다. CFT는 국제유행색위원회(Intercolor)에 가입된
국내 대표 기관으로, 해외 유행색 관련단체들과의 교류를 통해
한국의 색채 감성을 세계와 공유하고 세계적인 색채 동향을 국내에
전파하는 역할을 담당했다. 현재 패션넷코리아를 통해 정보를
받아볼 수 있다.

www.cft.or.kr / www.fashionnetkorea.com

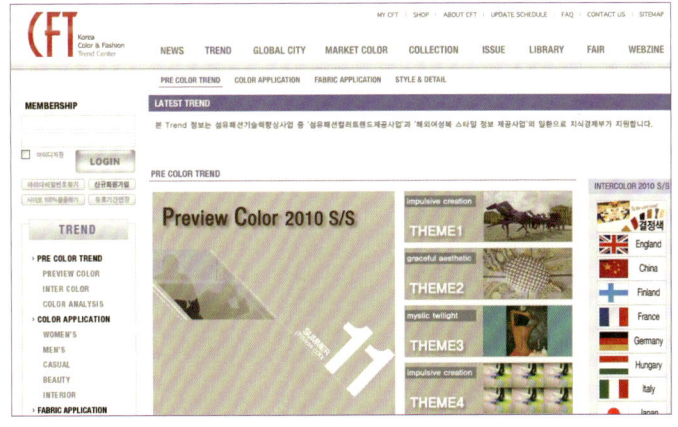

— 퍼스트뷰코리아

주식회사 PFIN이 운영하는 퍼스트뷰코리아는 미국 firstview.com의
한국 파트너로 트렌드와 소비자에 관한 다양한 정보를 제공하는
패션 정보 컨설팅 회사이다. 트렌드 정보는 온라인과 오프라인으로
동시에 제공되며 연간회원제로 운영되고 있다. 빠르게 변화하는 소비자
조사와 트렌드 정보, 차별화된 전략을 통해 성공하는 패션 비즈니스를
목표로 국내 시장 현황에 기반을 두고 세계적 정보를 제공하고 있다.
www.firstviewkorea.com

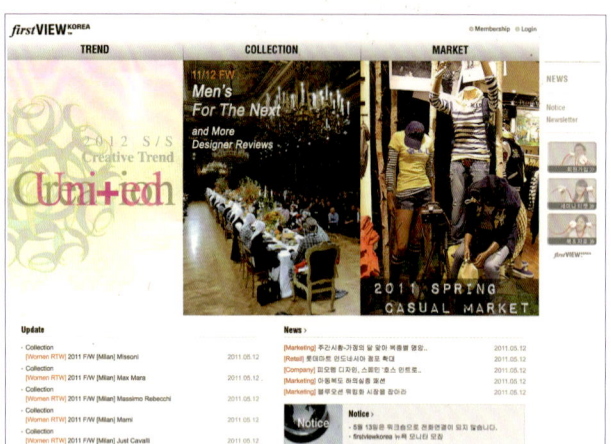

— 인터컬러

1963년 프랑스, 스위스, 일본의 주도로 발족되었다. 회원국 간의
까다롭고 엄격한 심사와 동의를 거쳐 2011년 현재, 중국, 핀란드,
프랑스, 독일, 영국, 헝가리, 이탈리아, 일본, 한국, 포르투갈, 스위스,
터키, 태국의 13개국을 회원국으로 두고 있다. 특히 이탈리아를
대표하는 모다이탈리아컬러그룹(Moda Italiana Colore)이나
프랑스컬러위원회(Comite Français de la Couleur)는 피티필라티(Pitti
Filatti)박람회의 디렉터나 엑스포필 원단박람회(Expofil), 프로미에르
비종(Premiere Vision)과 같은 섬유 관련 대형 전시회의 컬러 선정
위원으로 활동하고 있으며, 섬유 패션 및 산업제품 분야의 컬러 리서치
및 트렌드 제안 기관으로 유명한 일본유행색협회 JAFCA(Japan Fashion

Color Association) 역시 인터컬러의 회원으로 가입되어 있어
인터컬러가 세계적인 트렌드에 미치는 영향은 실로 상당하다고
볼 수 있다.

www.intercolor.nu

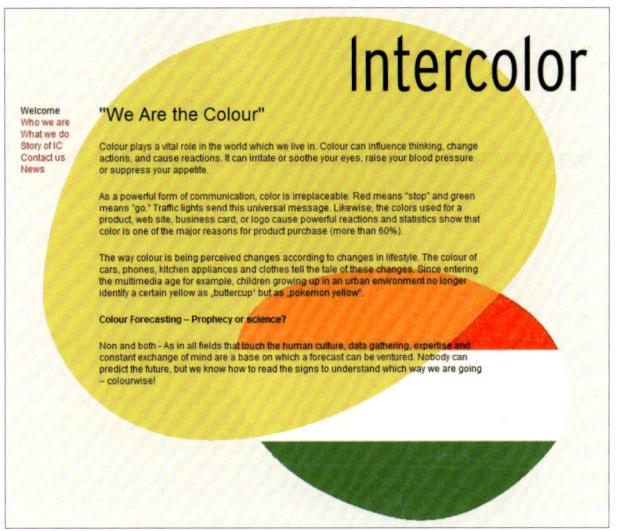

— 프로모스틸

1967년에 설립되어 현재까지 전 세계적으로 인정받고 있는 트렌드
정보 회사이다. 특히 대중의 라이프스타일, 기호, 소비자 구매 행위와
선호도 등에 대한 변화를 예측하며, 파리, 런던, 뉴욕, 도쿄에 사무실을
갖고 있다. 유럽과 브라질, 아시아에 독점 에이전트를 통한 네트워크를
구축하고 활동하고 있다.

www.promostyl.com

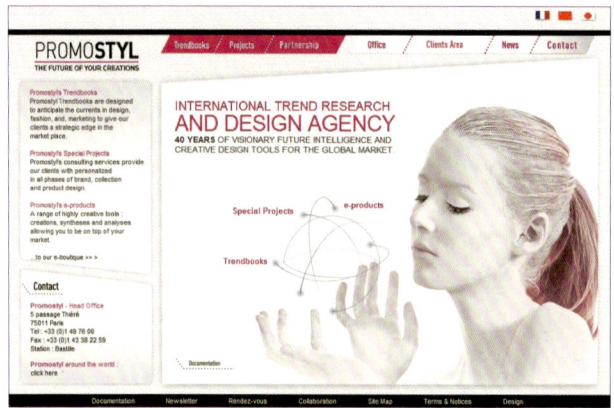

— 넬리로디

1985년에 설립된 프랑스 트렌드 정보 회사로 분야별 트렌드 정보지와
미래학 행동분석학, 사회학 데이터를 분석한 트렌드세터 가이드,
뉴스레터 발행과 함께 컨설팅을 하고 있다.

www.nellyrodi.com

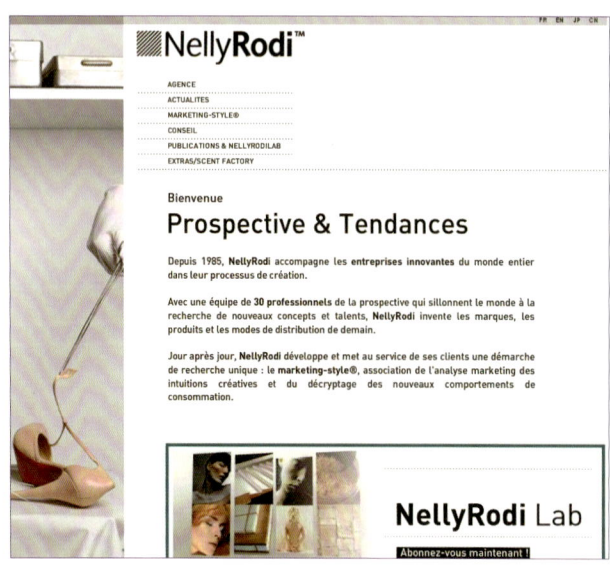

— WGSN(Worth Global Style Network)

1998년 워스(Worth) 형제가 영국 런던에 설립한 WGSN은 소재나 디테일한 디자인 트렌드를 온라인상으로 보여 주기에는 한계가 있다고 여겨지던 고정 관념을 깨고 온라인 기반의 트렌드 정보 회사로 자리 잡았다. 뉴욕, 파리 등 세계 20여 개국에서 100여 개의 팀이 생생한 정보를 공유하고 업데이트함으로써 방대한 데이터베이스를 구축했다. 2007년 영국의 미디어 그룹인 E-MAP에 인수되면서 글로벌 전략을 더욱 강화시켜 일본을 시작으로 번역 서비스를 확대했다.

www.wgsn.com

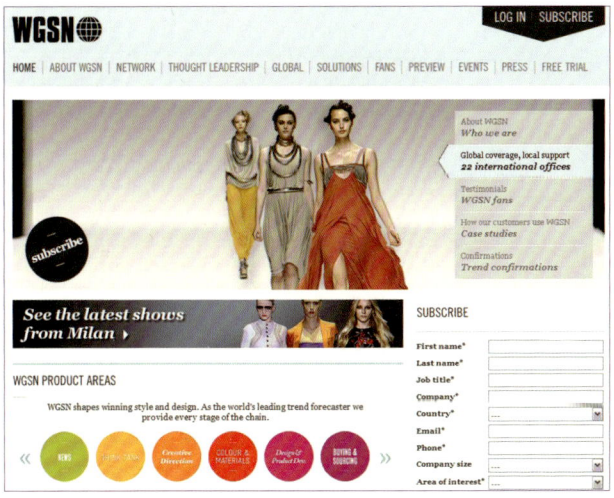

구분	기관명	유형	중심 분야	제공 형태
국내	인터패션플래닝 (주)아이에프네트워크	트렌드 정보 회사	패션	온라인/오프라인
	퍼스트뷰코리아 (주)PFIN	트렌드 정보 회사	패션	온라인/오프라인
	IDTC	트렌드 연구소	소재(Material)	온라인/오프라인
	한국컬러앤드패션 트렌드센터	트렌드 연구소	컬러/패션	온라인/오프라인
	제일모직 패션연구팀 (舊 삼성패션연구소)	사내 정보실	패션	오프라인
	LG 화학	사내 정보실	인테리어	오프라인
국제	intercolor	트렌드 연합 기관	컬러	오프라인
	CMG (Color Marketing Group)	트렌드 연합 기관	컬러	오프라인
국외	Future Concept Lab	트렌드 정보 회사	소비 트렌드	오프라인
	Lidewij Edelkoort (Trend Union)	트렌드 정보 회사	패션	오프라인
	Peclers	트렌드 정보 회사	패션	오프라인
	Nelly Rodi	트렌드 정보 회사	패션	온라인
	Promostyl	트렌드 정보 회사	패션	오프라인
	WGSN	트렌드 정보 회사	패션	온라인
	China Fashion & Color Association	트렌드 연구소	컬러/패션	오프라인
	Japan Fashion Color Authority	트렌드 연구소	컬러/패션	오프라인
	Carlin	트렌드 정보 회사	패션	오프라인
	Trendwatching.com	트렌드 정보 회사	소비 트렌드	온라인
	International CES	전시회	IT	오프라인
	Maison & Objet	전시회	생활/인테리어	오프라인
	CeBIT	전시회	IT	오프라인
	Salone del Mobile	전시회	가구/인테리어	오프라인
	100% Design	전시회	생활/인테리어	오프라인
	ambiente	전시회	소비재 디자인	오프라인
	imm	전시회	가구	오프라인

표 4. 트렌드 정보를 얻을 수 있는 소스

테마별 패션 소재 기획과 디자인 사례

국제 트렌드 정보업체에서 제공한 트렌드를 국내 실정에 맞게 분석하여
패션업체에 제공하게 되면 각 업체는 자회사의 특성을 고려해서
디자인을 기획하는 과정을 거친다. 이러한 기획을 통해 디자인, 소재,
색상, 스타일이 결정되고 샘플을 제작하여 신제품 품평회를 거쳐
좋은 평가를 받은 후에야 패션 제품이 일반 소비자들에게 제공되는 것이
일반적인 패션 제작의 과정이라 할 수 있다.

니트웨어 디자인

tech-nostalgia

— 콘셉트

techno beauty / sports wear inspired / ray, light & shadow /
hi-technology & performance / recycling

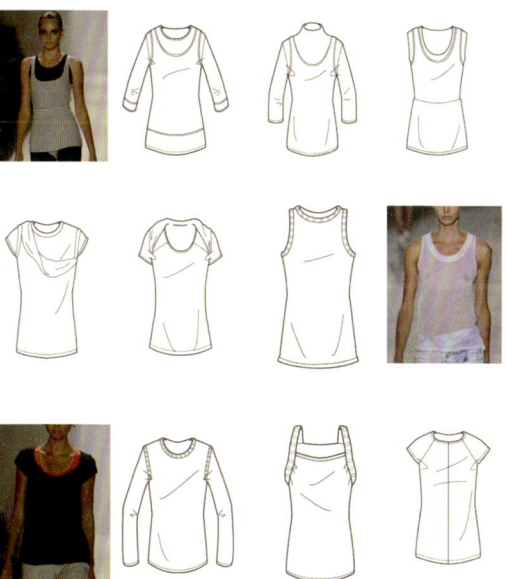

Tech-nostalgia:
Top ladies

Soft & light weight
see-through
synthetic fabric for
layering

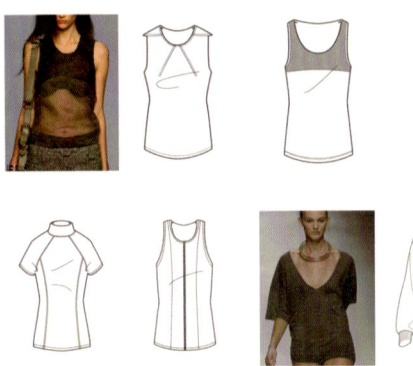

Tech-nostalgia:
Top ladies

Stud detail /
Soft power stretch
fabric /
Piping & zip detail
/
Sportswear
inspired body fit
style /
Mix & match with
mesh

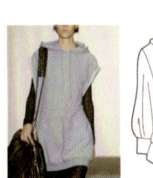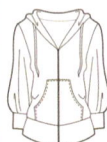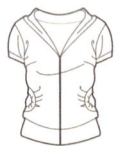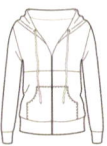

Tech-nostalgia:
Top ladies

Hooded zip-
up style of Soft
performance
fabric /
Soft high
functional fabric

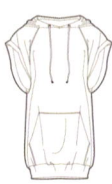

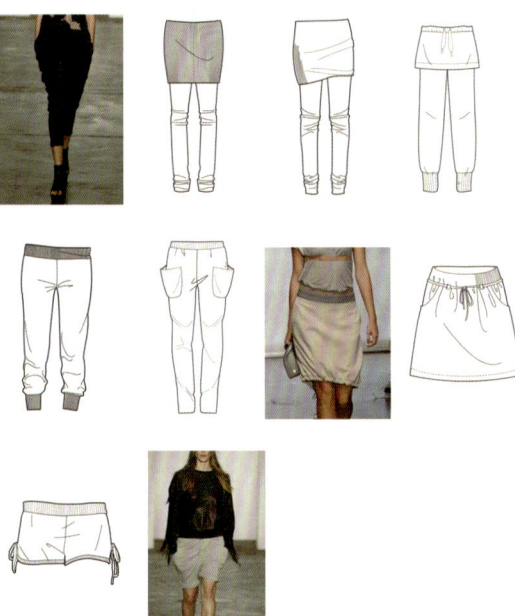

Tech-nostalgia:
Bottom ladies

Body fit stretch
pants & rib skirts /
Soft active tencel
mix up

— 실

microfiber & fine deniers / high twisted full dull polyester /
high functional synthetic / polyester / spandex / stainless yarn /
recycled synthetic / PLA(poly lactic acid) / heavy cotton

— 소재

single jersey, two-way / matte jersey / double knit/interlock,
ponte, bonding / french terry / sport mesh / compact jacquard of
mini structure

— 가공

ventilation treatment / fragrant treatment / stench prevention /
non bacteria treatment / cooling feeling / ceramics cotton treatment

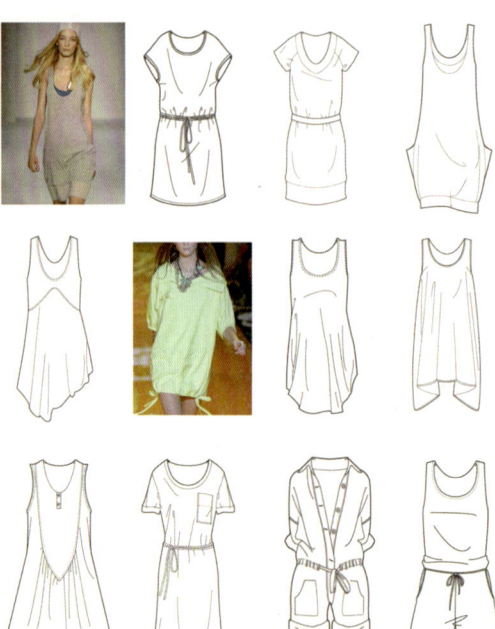

Tech-nostalgia:
One-piece ladies

Easy fit dress for
sportswear /
A line sleeveless
dress with
contrast stitch
detail

old-knowledge

— 콘셉트

new urban vintage / street artist / industrial classic / rustic but precious / unsophisticated materials

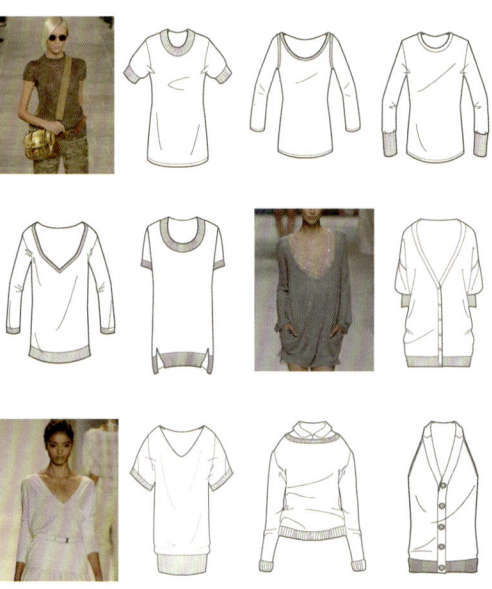

Old-knowledge:
Top ladies

Unsophisticated
sweater with rib
detail /
Soft linen & linen
mixed fabric /
Heavy gauged knit
long cardigan &
top

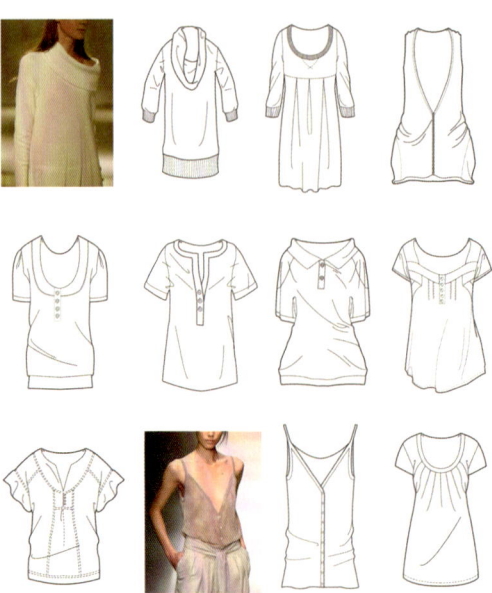

Old-knowledge:
Top ladies

Vintage washed
classic top with
natural touch /
Loose fit top /
Classic with unique
button & stitch

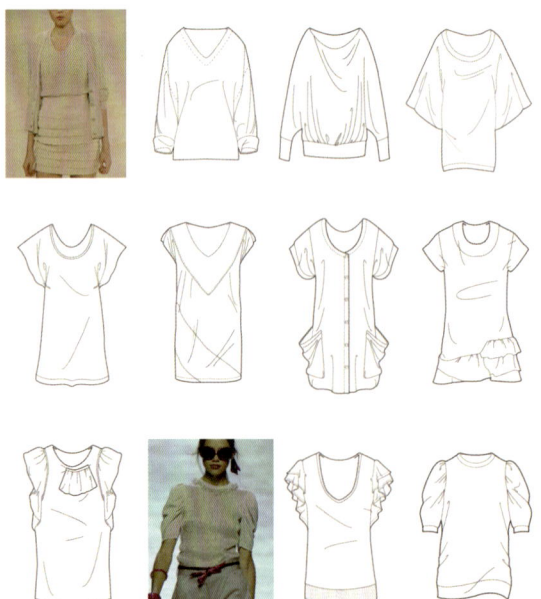

Old-knowledge:
Top ladies

Natural fit tunic
dress top /
Girlish classic knit
top with ruffle /
Gather & pleats

breeze

— 콘셉트

eco friendly & eco lovely / techno-romantic / soft & light / lingerie mood

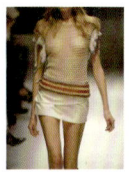
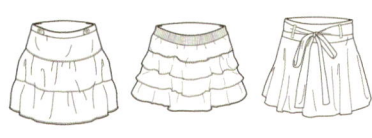

Old-knowledge:
Bottom ladies

Ruffle & gather
micro mini skirts

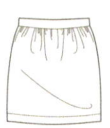
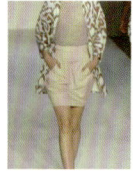
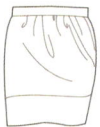
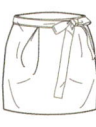

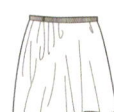

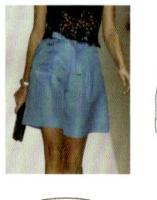
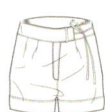
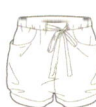
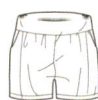

Old-knowledge:
Bottom ladies

Grey heather
double button
blaze of rayon
ponte

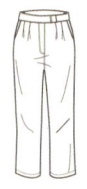
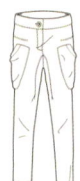

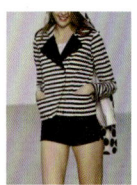
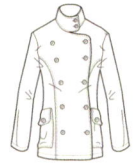
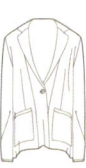

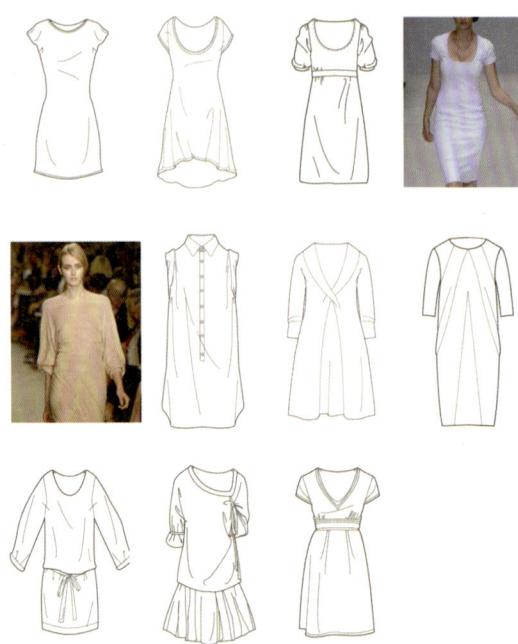

Old-knowledge:
one-piece ladies

Traditional body fit
dress /
Low waist easy
silhouette dress
with straw detail

— 실

organic cotton, organic wool / carded cotton & linen mixed / paper
yarn / boucle / cotton viscose / colored heather / slub

— 소재

heavy gauged knit / single jersey, double knit / soft peach stretch
jersey / big pique, honey comb, ottoman / velour & terry

— 가공

low energy treatment / deep pigment / color cotton dye /
faded, washed

revealing

— 콘셉트

festival / exotic & tribal / craftsmanship / modern & multi ethnic / wild nature

— 실

natural cotton / new generation of eco fiber (milk protein, seaweed, coconut, cornstarch) / tencel & tencel blended / promodal / mono filament synthetic / rayon filament & acetate / silk blend

— 소재

single jersey / lace, guipure & rachel / embroidery / eyelet / tulle / single jacquard

— 가공

bio finish / mercerizing / wave finishing / burn out

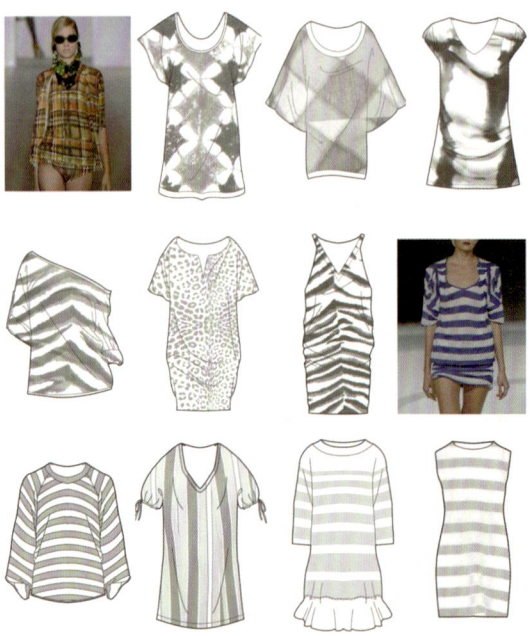

Revealing:
Top ladies

Animal skin printed
fabric /
Blurred effect /
Tie dyeing & ombre
effect

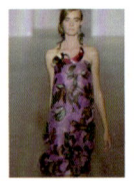 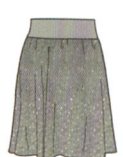 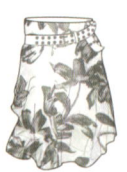

Revealing:
Bottom & one-
piece ladies

Exotic big flower
print /
Blurred effect

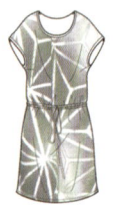 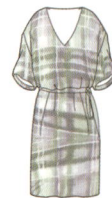 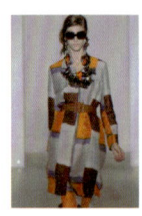 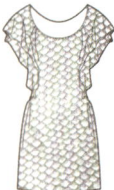

revealing

— 실

space dyed yarn / metallic / bright synthetic / morphotex yarn / heavy slub

— 소재

single jersey / satin jersey / single jacquard / lace & raschel

— 가공

tie dyeing / ombre print / burn out / oxision washing

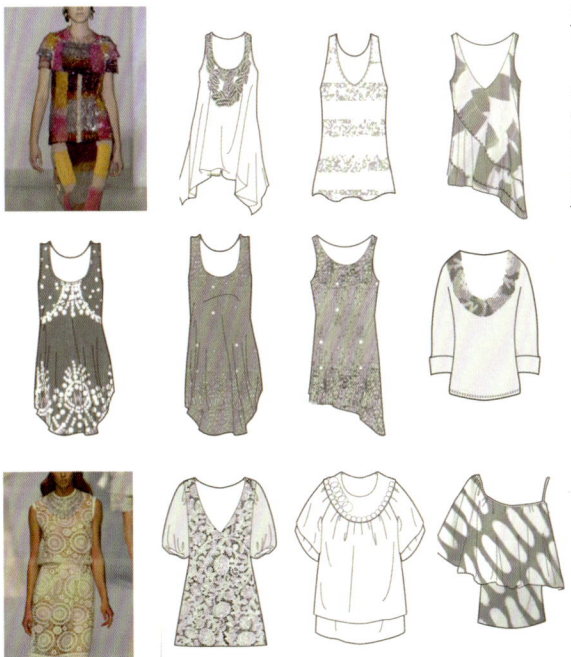

Revealing:
Top ladies

Beads & jewelry
detail /
Romantic lace /
Exaggerated foil
printed lace &
jacquard fabric

실험

창의적인 기초조형은 창의적 재료의 실험과 조형적 형태의 구현을
통해 발휘된다. 이러한 과정은 실제 현장에서 이루어지는 구체적인
작품으로 완성되며, 창의적이라고 하는 작품들은 그 분야의 전문성과
더불어 학제적인 관점의 접근을 모두 수용하고 있다. 전문성은
각 조형 분야의 전문적인 노하우를 익히는 것에서부터 시작되며,
가구 분야에서는 목재의 적층, 짜임, 벤딩 등 재료와 제작 기술의
연계를 통해 조형 작업의 실제를 이해하는 것이 중요하다. 반면 학제적
측면은 재료의 재해석과 통합, 가공 방법의 변화, 다른 분야와의
접목이 중요하며, 낡은 재료와 평범한 기법들이 재발견될 수 있도록
새로운 기회를 탐색하는 것이 중요하다. 가구 분야에서는 조명과
패브릭, 고무밴드 등을 활용한 창의적 조형이 이루어지고 있으며,
패션과 제품의 영역에서는 이미 많은 작품들이 융합되는 트렌드를
보여 주고 있다.

　　이 장에서는 이러한 전문성과 학제적 융합을 보여 주는 다양한
관점의 조형 사례와 연습들을 제시하고 있다. 중요한 것은 조형예술의
현장에서 이루어지는 실험들을 통해 더 멀리 볼 수 있는 조형 제작의
가치를 발견하는 것이다. 이를 위해 패션과 가구, 제품, 시각전달
분야에서의 실험적 조형과 디지털과의 결합에서 나타나는 새로운
조형 원리를 탐색하고 'Producing' 단계에서 습득할 전문 지식과
학제적 가능성을 살펴보도록 한다.

가구 디자인

여기에서는 다양한 기법을 응용한 가구 디자인 사례를 다루도록 한다.
목재와 기타 부재를 이용해 디자인을 할 때는 재료의 특성, 적합성,
재료 사용의 당위성 등 여러 가지 사항을 복합적으로 구상하는 과정이
필요하다. 사용 재료 및 제작 방식에 따라 전혀 다른 효과를 연출할 수
있기 때문에 이는 매우 중요한 과정이라고 할 수 있다. 또한 이를

위해서 다양한 재료의 경험 및 정보, 실험정신, 창의성 등이 동반되어야 한다는 사실은 말할 것도 없다.

디자인 발상과 표현 방식의 발견

자신의 디자인 효율성을 극대화할 수 있는 방법을 모색한다. 형태의 변형, 재료의 특수성 활용, 기능성의 확대 등 다양한 방식의 시도가 필요하다. 때로는 고정관념에서 탈피해 과거의 내용을 답습하기보다는 합리적이고 타당한 이론에 근거한 새로운 도전 정신도 필요하다.

재료에 대한 이해와 경험

어떤 재료를 사용하기 전에는 반드시 그 재료에 대한 경험과 실험을 통해 자신의 것으로 만들도록 한다. 재료의 특성과 재료를 사용할 때 발생할 수 있는 모든 경우의 수를 인지해야만 효과적인 표현 기법을 완성할 수 있다. 이것들은 경험 체득 과정에서 나타나는 의외의 현상 또한 자신의 디자인으로 녹아들 수 있는 중요한 매개체가 된다.

디자인의 공감대 형성

자신만의 디자인이 아닌 모든 이들을 위한 디자인으로 어떤 것이 있을까? 디자인의 당위성, 타당성, 합리성을 갖춘 작품으로 상대방과의 공감대를 형성할 수 있는 근거를 제시하자.

지속적인 수정 보완

부족한 부분을 수정하고 보완하여 최선의 결과물을 도출해야 한다. 한 번에 완성되는 디자인은 없다. 다양한 변화와 진화를 거친 완벽한 디자인을 추구해 보도록 하자.

1 —
가구 디자인 방법
판재(가공합판)의 절단
및 가공 방법에는 톱이나
전동공구를 이용하는 방법
이외에도 컴퓨터 작업을
이용할 수 있다. CAD 작업
데이터를 이용해 CNC
가공하게 되면 보다 손쉽게
완성도 있는 디자인 결과물을
만들 수 있다.

합판을 이용할 때는 접합면을
고정시키기 위해 접착제를
사용하는 방법 외에도
촉이나 가구 전용 하드웨어를
이용하면 보다 효율적인
작업을 진행할 수 있다.

가구 디자인 방법[1]
절단, 조립, 적층, 접목을 이용한 방법

다른 재료도 마찬가지이겠지만 절단 및 가공한 목재를 접착제나 하드웨어를 이용해 새로운 형태의 디자인 결과물을 만드는 작업은

보기보다 많은 정성과 섬세함을 요구한다. 특히 절단면 혹은 접합면의
마감 처리가 매끈하게 정리되지 않으면 완성도에 문제가
생길 수 있다는 사실을 유념해야 할 것이다.

　　나무는 칼, 톱, 전동공구 등을 이용해 절단하고, 절단한 면은
사포, 대패 등으로 깔끔하게 마감한 다음 접합이나 조립을 한다.
이때 나뭇결의 방향을 고려하지 않으면 안 된다. 마구리 면은 접착제를
부칠 때 힘을 받지 못하는 부위이기 때문에 별도 하드웨어 등으로
보강해서 구조적 결함을 해결하도록 한다. 또한 원목의 경우 수축 및
팽창의 가능성이 있으므로 기술적인 고려가 필요하다.

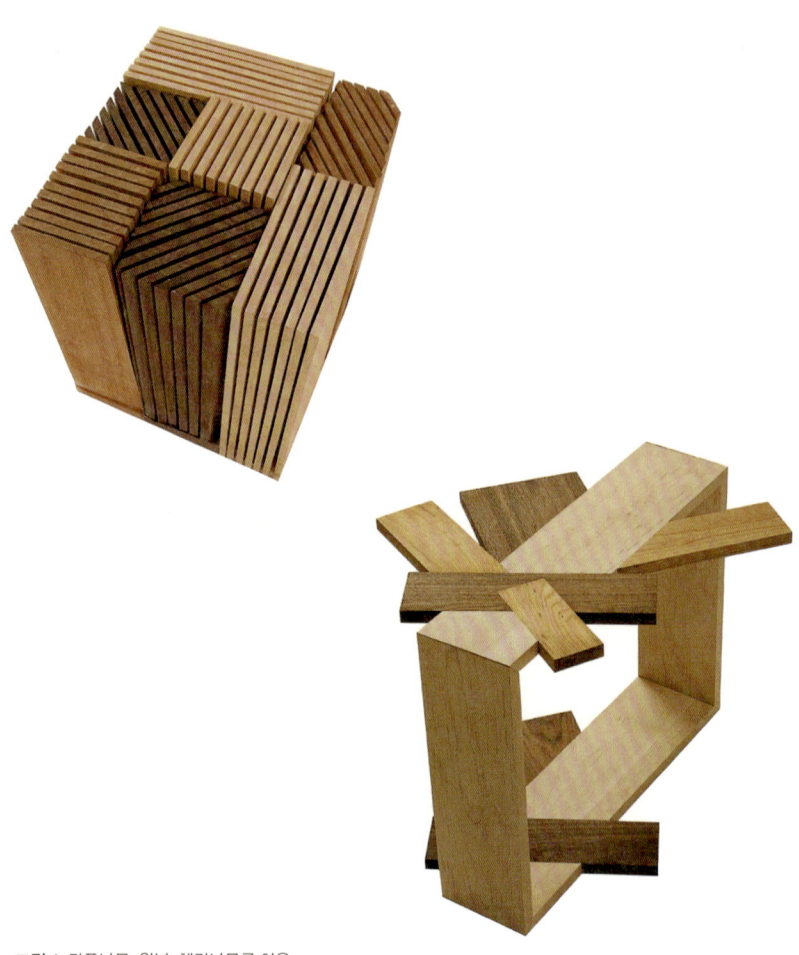

그림 1. 단풍나무, 월넛, 체리나무를 이용

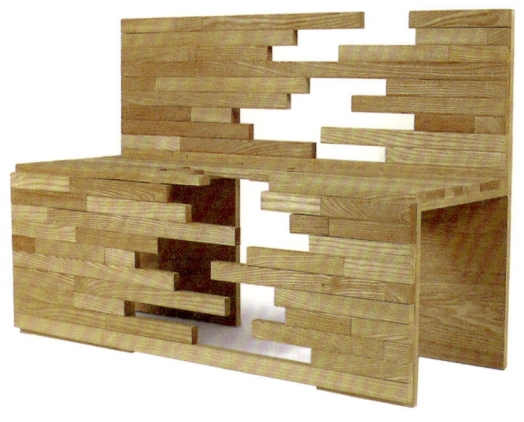

그림 2. 물푸레, 합판을 이용

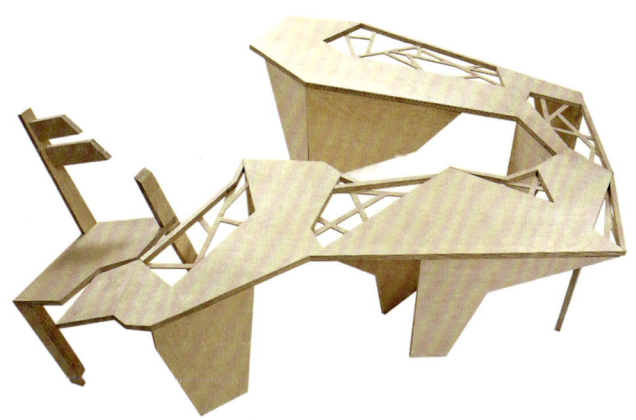

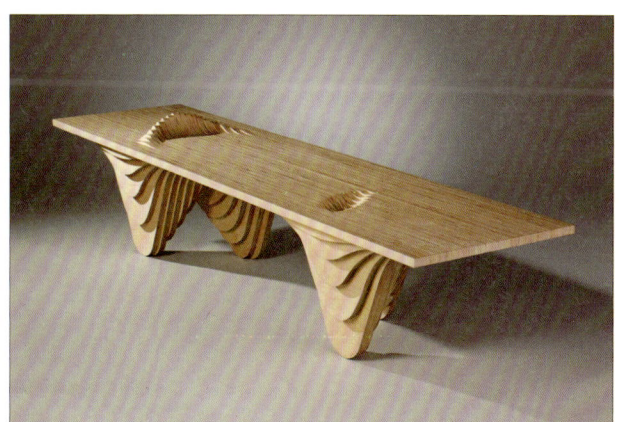

그림 3. 자작나무 합판을 이용

짜임 기법을 이용한 가구 디자인

목재를 이용해 작업을 할 때 목재의 면과 면을 연결하는 대표적인
방법이 바로 짜임 기법이다. 짜임은 그 접합 방식과 형태에 따라 다양한
종류가 존재하는데, 해당 부위의 구조적 특성, 외형, 제작 방법 등을
고려해 적절한 방식을 채택하고 적용해야 한다. 짜임을 할 때 특히
주의해야 할 점은 마구리 면은 접착제만으로 접합이 불가능하기
때문에 별도의 조치를 취해야 한다는 것이다.

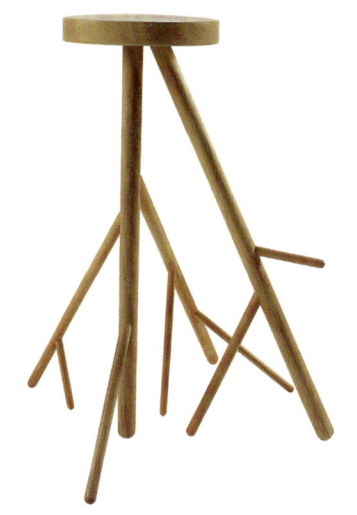

그림 4. 단풍나무를 이용

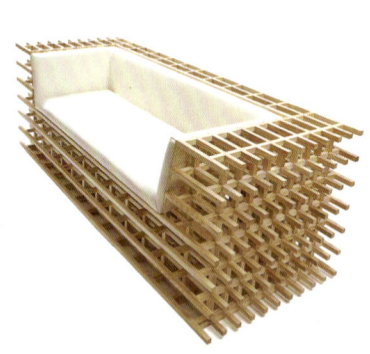

그림 5. 물푸레, 인조가죽을 이용

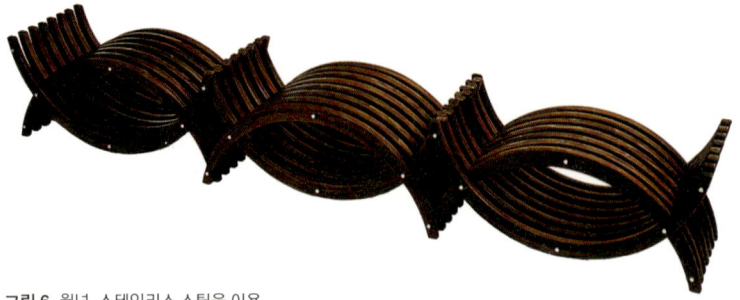

그림 6. 월넛, 스테인리스 스틸을 이용

벤딩 기법을 이용한 방법

벤딩이란 목재를 곡선 혹은 곡면으로 처리해야 할 경우 사용되는 목재 가공 기술을 말한다. 벤딩은 재료와 방법에 따라 원목 벤딩, 합판 벤딩, 스팀 벤딩, 배큐엄 벤딩, 고주파 벤딩 등 다양하게 구분된다. 벤딩은 고도의 숙련된 기술과 목재 특성에 대한 이해를 필요로 하는 작업이며, 예기치 못한 결과에 대한 대처 능력이 우선되어야 만족할 만할 결과를 도출할 수 있다.

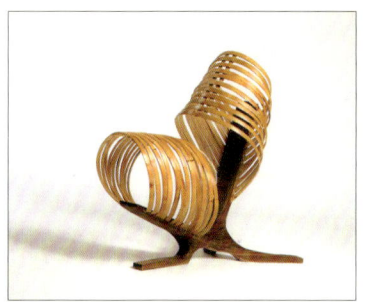

그림 7. 대나무, 호두나무를 이용

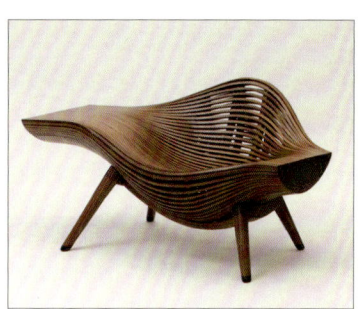

그림 8. 월넛 스팀 벤딩을 이용

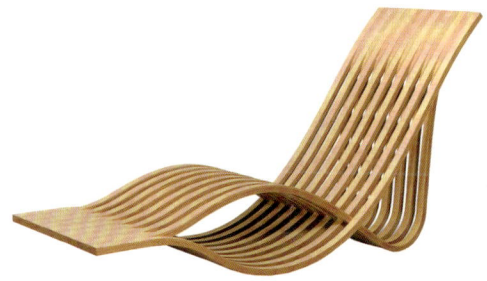

그림 9. 자작나무 합판 벤딩을 이용

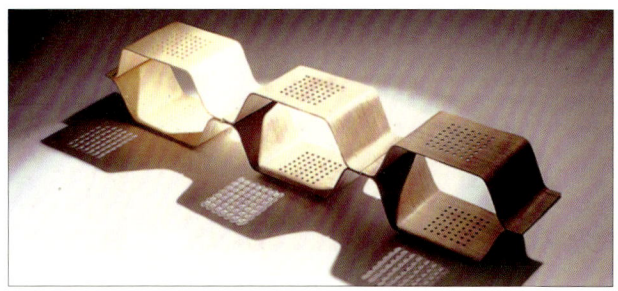

그림 10. 합판 벤딩, 무늬목, 스틸을 이용

목선반 및 조각을 이용한 방법

목선반 작업은 기술적 숙련도를 요구하는 작업이기 때문에 기본적인
목공 작업 경험이 필요하다. 목선반 작업으로는 기본적인 목봉이나
원형그릇 등을 만들 수 있는데 각자의 능력에 따라 재미있고 다양한
형태를 만들어 낼 수 있다. 목선반 기계에 물린 나무가 돌아갈 때
전용 날을 이용해 외곽 면부터 안쪽으로 면을 깎아 나가는 방식으로
작업이 이루어진다. 따라서 목석반 및 조각 작업을 이용한 방법은
원형의 곡면을 가공하는 데 유리하며, 곡면의 반지름 크기와 회전축의
위치를 조정해 변형 곡면을 가진 입체를 가공할 수 있다는 장점이 있다.

　　나무는 조각도와 끌, 그라인더 등을 이용해 제작자의 의도대로
다양한 형태의 조각 작업이 가능한 재료 중 하나이다. 발사목이나
마티카 등 연한 목재의 경우는 칼로 간단한 조각 연습을 할 수 있다.
최근에는 수작업을 이용한 조각뿐 아니라 컴퓨터 데이터를 이용한
CNC 가공 등을 통해 더욱 정밀하고 난이도가 높은 목재 조각 작업을
시행하고 있다.

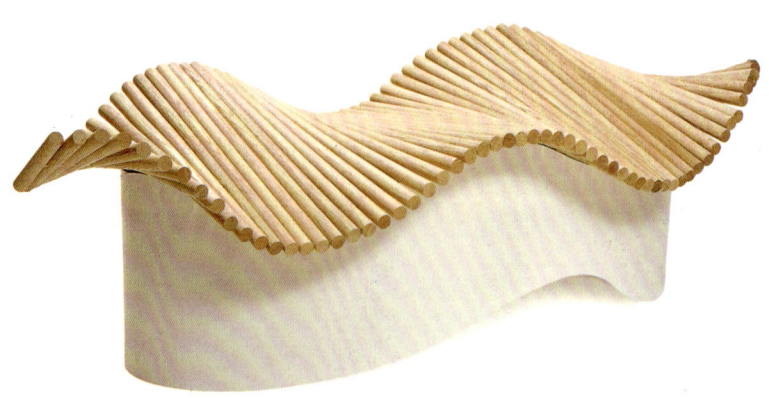

그림 11. 오크나무, 스틸을 이용

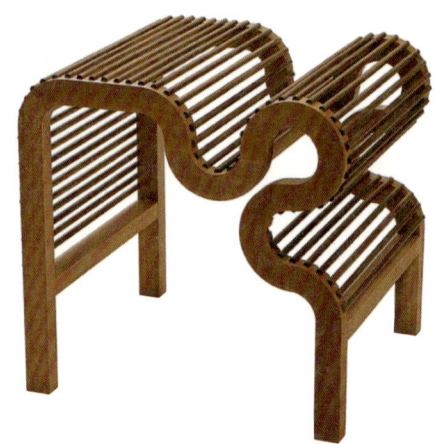

그림 12. 체리나무, 호두나무를 이용

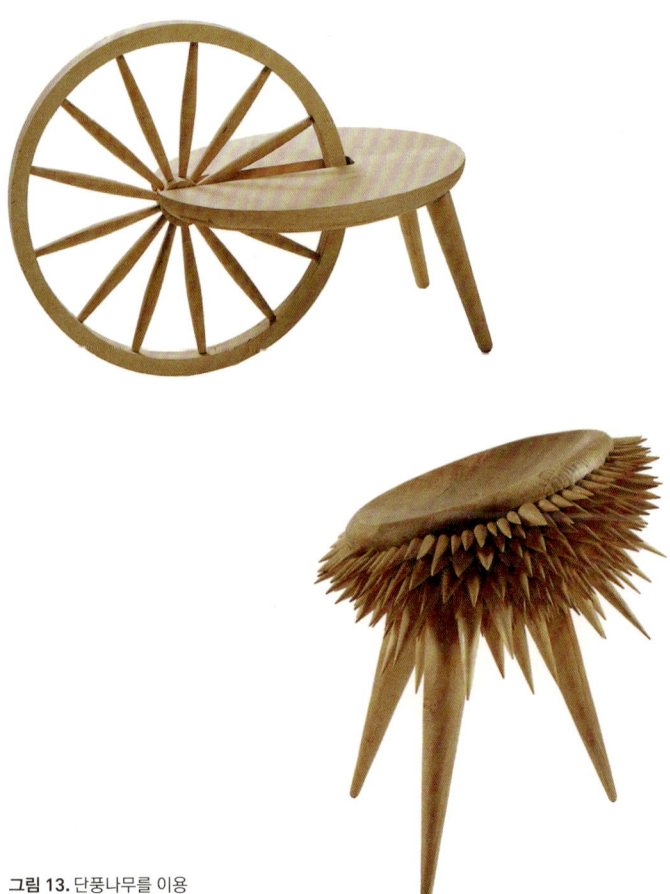

그림 13. 단풍나무를 이용

무늬목을 이용한 방법

나무의 넓은 면 부분을 얇게 켜서 벽지처럼 원하는 표면에 붙일 수
있도록 가공한 것을 무늬목이라 한다. 무늬목은 보통 MDF나
합판 등의 표면에 붙여서 원목의 느낌을 내고자 할 때 사용된다.
무늬목을 이용한 작업은 가격적인 부분에서 많은 비용 절감이
가능하고 제작 형태에 따라 원목을 이용해 제작하는 것보다
훨씬 손쉽고 효율적으로 형태의 구현이 가능하기 때문에 가장 많이
사용하는 기술 가운데 하나이다.

　　무늬목 작업은 보통 프레스를 눌러서 무늬목을 압착시키는 방식과
접착한 뒤에 다림질로 고정시키는 방식으로 나뉜다. 소량의 작업을
진행할 경우 후자를 주로 사용한다. 무늬목을 원목에 접착시킬 때는
원목과 무늬목의 나뭇결 방향을 같은 방향으로 유도해 작업해야
나중에 터짐 등의 문제를 예방할 수 있다.

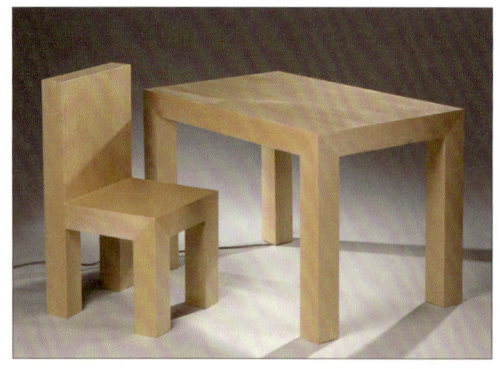

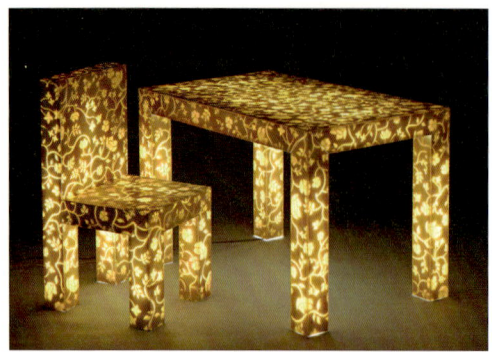

그림 14. 아크릴, 단풍무늬목, 패턴종이, 조명을 이용

기타 재료를 이용한 방법

가구를 디자인할 때 원목이나 합판 등의 목재뿐 아니라 금속, 도자기,
FRP 등 다양한 재료를 통해 원하는 디자인을 구현할 수 있다.
가구 디자인의 재료를 선정할 때는 재료적 특성과 장점을 정확하게
이해하고 그 특성과 장점을 충분히 발휘할 수 있느냐 없느냐를
중점적으로 고민해야 한다. 또한 두 가지 이상의 복합 재료를
사용할 경우 두 재료 간의 시각적 조화, 접합이나 조립 방식 등에 관한
선행 연구가 이루어져야 한다.

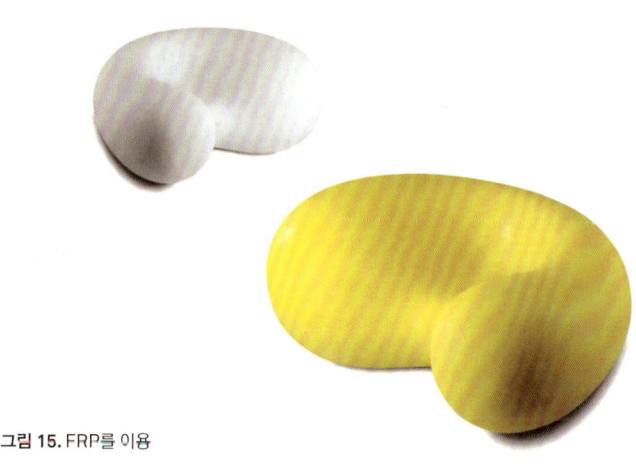

그림 15. FRP를 이용

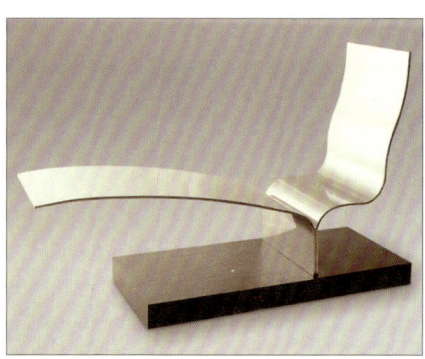

그림 16. MDF, 무늬목, 스틸을 이용

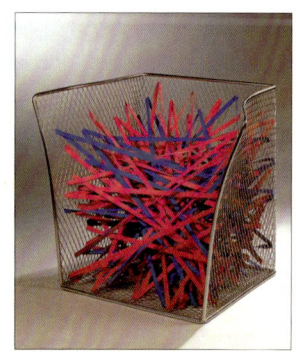

그림 17. 스틸, 고무밴드를 이용

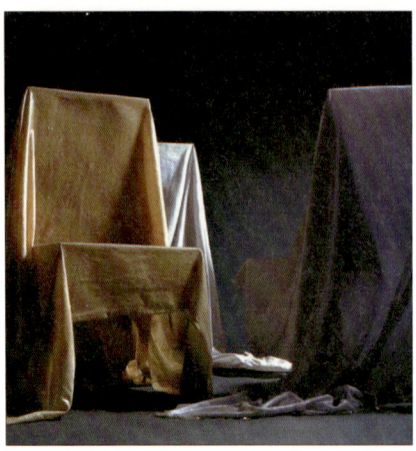

그림 18. polt coat, 패브릭을 이용

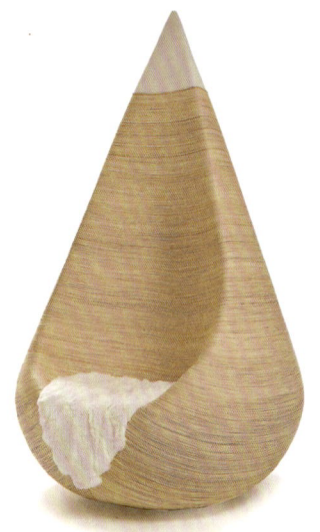

그림 19. 참등덩쿨, 스티로폼, 고광택 페인트,
패브릭을 이용

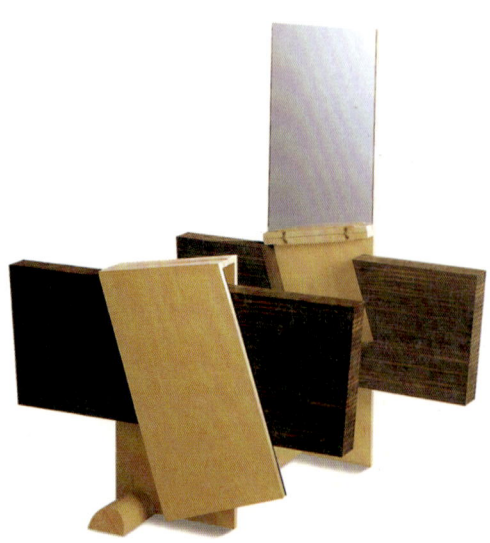

그림 20. MDF, 단풍, 흑단무늬목, 거울을 이용

물질적 형태와 프로덕트 해킹

프로덕트 해킹

인터랙션 디자인에서 기초조형의 전통적인 접근은 쉽지 않으며, 오히려 제품을 디자인하기 위한 부품을 독특한 방법으로 재가공함으로써 조형적인 접근이 가능하다. 즉 인터랙션 디자이너는 사전에 제품을 분석하고 그 조형적 의미를 재가공할 필요가 있다. 사용자는 예기치 않은 방법과 목적으로 제품을 사용하기 때문이다. 이러한 과정을 프로덕트 해킹이라고 한다. 프로덕트 해킹은 결코 예정된 실행이 아닌 수행을 위해 제품의 용도가 변경된 것을 말한다.

해킹은 단순히 드라이버로 병뚜껑을 여는 것과 같다. 다시 말해 뒤얽힌 전화 시스템 장비를 무료 전화로 공급한다고 생각하면 된다. 해킹이라는 용어는 다양한 의미를 갖는다. 가장 널리 쓰이는 의미로 컴퓨터 전문가들에 의해 자행되는 불법 행위가 있지만 그 의미가 점점 확대되어 일상용품을 변화시키거나 자기 마음대로 바꾸는 행위를 일컫는 의미로도 사용되고 있다. 이 새로운 형태의 해킹은 해당 제품의 기능성을 높이거나 용도를 바꾸는 목적으로 이루어지고 있다. 하지만 단순히 재미를 위해 행해지기도 한다.

프로덕트 해킹은 새로운 현상이 아니라 기본적으로 인간의 창의력을 표현하는 행위이다. 고장 난 전화기를 고치겠다고 만지작거렸거나 낡은 의자를 다른 물건으로 변신시켜 본 경험이 있는 사람이라면 누구나 프로덕트 해커라 할 수 있다. 오랜 세월 동안 존재해 온 이러한 행동을 더욱 확장시키는 기제로 작용한 것이 바로 인터넷이다. 웹사이트나 블로그, 인터넷 카페 등을 통해 프로덕트 해킹이 확산되어 가고 있다. 즉 사진과 함께 제품의 해킹 방법과 설명문 등이 온라인에 올라오면, 원하는 사람은 누구나 그 비상한 아이디어들을 공유할 수 있다.

프로덕트 해킹 행위가 지닌 또 하나의 측면은 누구나 디자이너가 될 수 있다는 점이다. 가까이 있는 평범한 물건을 자신의 손으로 변신시킴으로써 직접 디자인을 하게 된다. 이러한 작업은 해당 제품을 생산하는 기업에게도 예상치 않았던 이익을 가져다준다. 다수의 사람들이 어떤 제품에 대해 동일한 취지의 수정을 해 나간다면, 기업 입장에서는 이를 소비자의 요구로 받아들일 수 있다. 현명한 기업이라면 이러한 해커들의 작업을 주시하고 영감을 얻음으로써 그 아이디어를 흡수해 자사의 제품에 반영할 것이다. 심지어 소비자들의 해킹을 유도하는 제품을 제작해 이를 자사 제품의 매력을 높이는 데 활용하는 기업들도 등장하기 시작했다.

이렇게 제품에 대한 해킹 사례는 끝도 없이 이어지고 있으며, 이 중에는 그냥 지나칠 수 없는 기발한 아이디어들도 존재한다. 다음에 소개하는 다양한 프로덕트 해킹 사례는 소비자들의 독창성과 유머, 창의력을 유감없이 보여 준다. 가구나 건축, 장난감과 전자제품 등 해킹 작업이 이루어지는 제품의 종류 역시 매우 방대하다. 이 사례들을 통해 프로덕트 해킹이 거의 모든 대상에 적용될 수 있으며, 누구라도 감행할 수 있는 작업임을 알 수 있다. 이제 그 어느 제품도 해킹을 피해갈 수는 없다.

사용자가 하게 만들다

- 반드시 사용자의 활동으로 실행해야 진정한 가치가 있다.
- 사용자의 움직임과 더불어 변하는 적응 또는 장치를 느껴야 한다.

방향 짓다(방향을 바로 정하다)

- 사용자가 조작할 수 있도록 지침을 제공하고 조작 결과에 대한 예견이 가능하도록 한다.
- 지도를 공급하고 그들이 원하는 성취를 눈앞에 보이게 하고 갈 곳이 어디인지 계획하게 한다.

추진하다

- 사용자가 배우도록 도와야 한다. 그들의 잠재하는 것을 드러내도록 도와주지만 획득하게는 하지 말아야 한다.
- 이해와 실행을 결합시킨다. 그들에게 사용하는 지식을 준다.

감각과 반응

· 각각의 사용자를 위한 개인화된 적용 또는 장치

· 사용자가 인공물에 민감하다는 것을 느껴야 한다.
작동은 투과성(투명)이 있어야 한다.

접속하다

· 사용자가 다른 사람들과 함께 소재 또는 목적을 가로질러
접속할 수 있도록 도와야 한다.

몰두시키다

· 사용자를 체험 속으로 몰입시키되 사용자는 자신과 장치
사이에서 말할 수 없다. 그들의 많은 부분을 차지할 것이다.

— 실험 1

스피커를 활용한 프로덕트 해킹

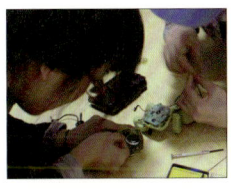 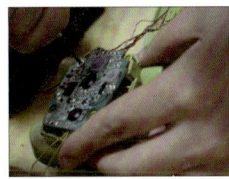 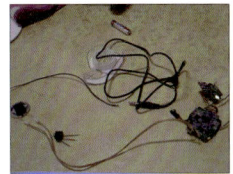

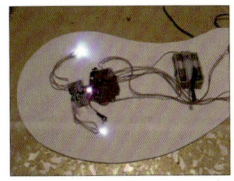 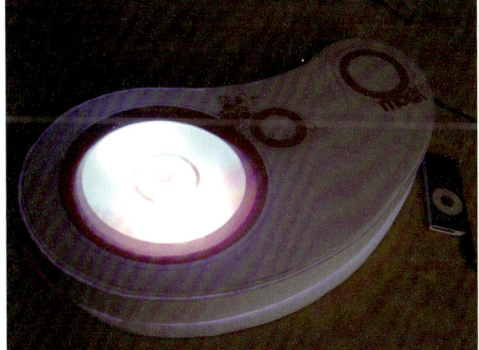

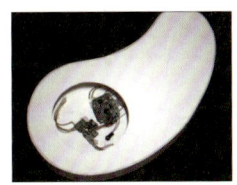

프로토타이핑 리포트

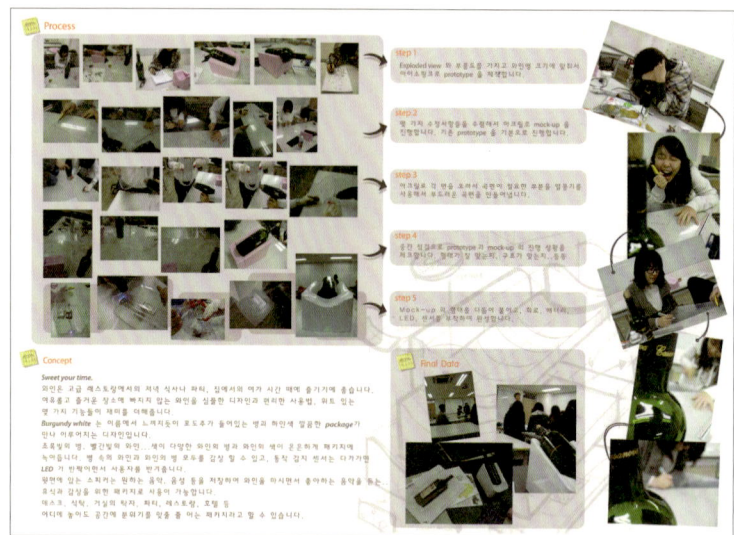

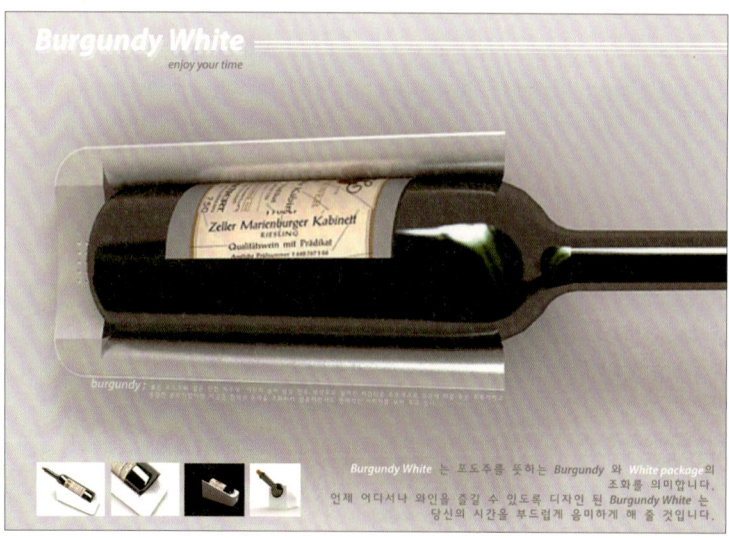

— 실험 3

인터렉티브 포토 앨범

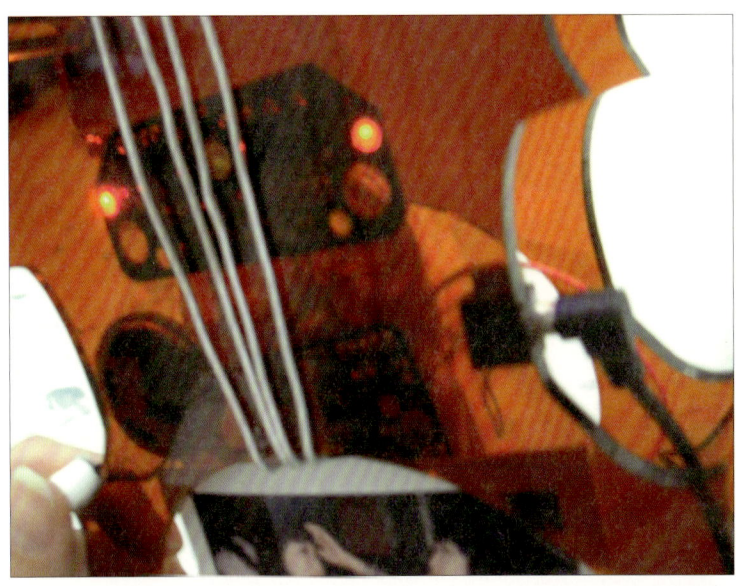

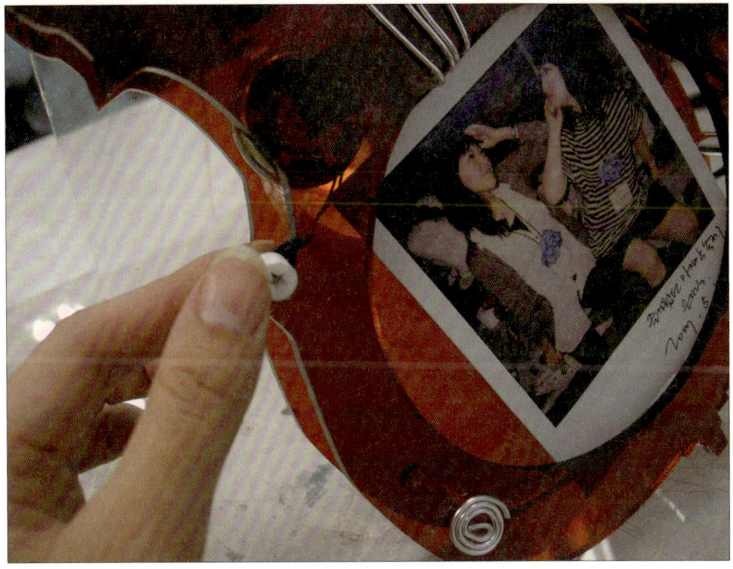

인터랙티브 사운드

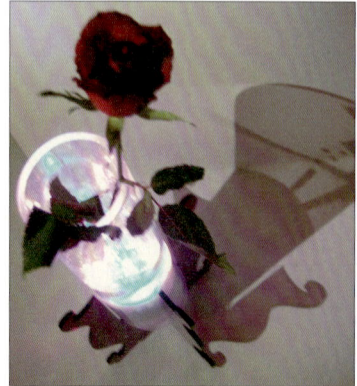
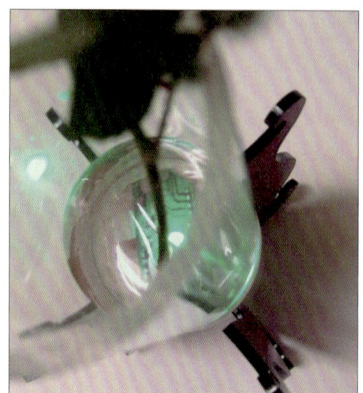

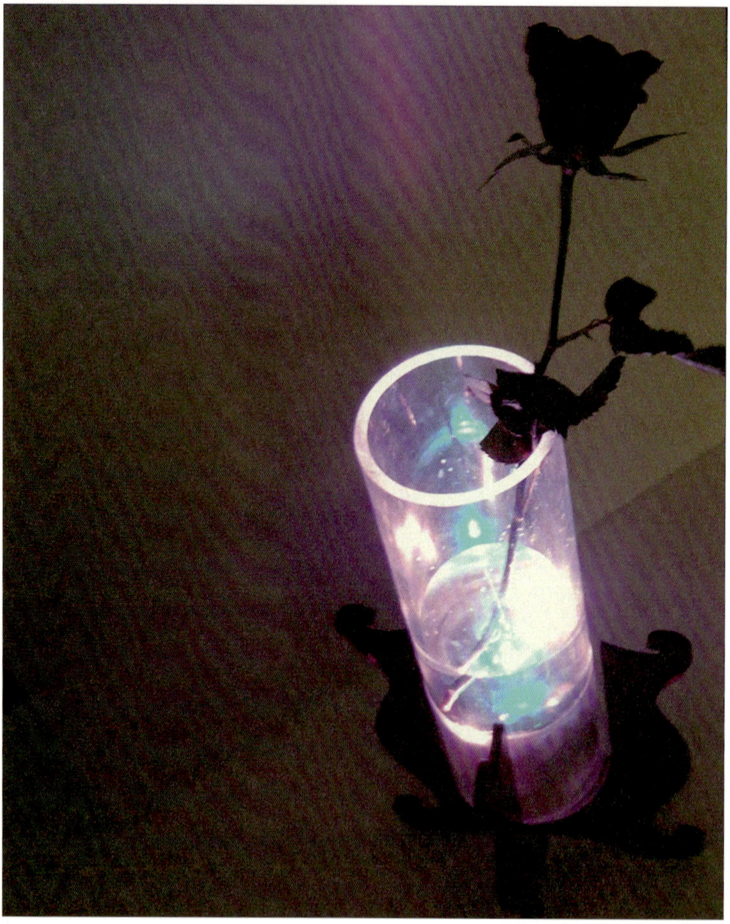

미디어

디지털 기술의 발전은 과거에는 불가능했던 장면의 연출을 가능하게
한다. 스턴트맨이 필요한 위험한 장면에서도 이제는 디지털 캐릭터를
촬영할 수 있고 현실에 존재하지 않는 상상 속 시공간을 자유롭게
만들어 낼 수 있다. 영사기를 이용한 프로젝션 합성, 카메라 렌즈의 조작,
외부 장치를 이용한 작업이 대부분이었던 과거의 시각특수 효과는
이렇게 기술의 발달로 진화하고 있다. 예를 들어 물감과 파스텔을
이용해 그렸던 매트페인팅[2]은 포토숍과 같은 이미지 리터칭 프로그램을
통해 만들어져 촬영된 이미지나 3D 캐릭터와 합성된다. 디지털 시대의
영상은 이런 여러 가지 제작 방법으로 만들어진 이미지의 합성을 통해
최종 이미지가 완성된다. 디지털 기반 영상 작업을 이해하기 위해서는
관련 이론과 함께 2D, 3D 그래픽스, 촬영, 편집, 특수효과, 합성 등의
제작 방법과 다양한 기법들을 학습해야 한다.

2—
매트페인팅(matte
painting)은 영화 제작에서
풍경, 세트, 원거리의
장면제작을 위해 실제와 같이
그린 정교한 그림을 말한다.

디지털 영상의 제작 과정

디지털 영상 제작을 위한 과정을 살펴보면 먼저 영상의 스토리와
시각적 표현 방법 및 작업의 스케줄 등 작업 전반에 관해 기획하는
프리프로덕션(pre-production), 현장에서 촬영, 조명, 녹음으로
이루어지는 제작과 2D, 3D 그래픽의 제작, 제작된 2D, 3D 이미지를
활용해 움직임을 주는 프로덕션(production), 영상을 편집, 합성하는
포스트프로덕션(post-production)의 세 과정으로 구분할 수 있다.
디지털 영상 제작 방법은 처음부터 디지털로 이미지를 생성하는
경우 2D 컴퓨터그래픽, 3D 컴퓨터그래픽, 정사진과 동영상을 포함한
디지털로 촬영된 이미지로 나눌 수 있으며, 디지털 기반의 영상 제작을
위해서는 필름 촬영, 드로잉, 콜라주 등 아날로그로 생성된 모든
이미지는 스캔 또는 디지털 촬영과 같은 디지털화의 과정을 거쳐야
한다. 이미지의 합성을 위해서는 사전에 치밀한 계획을 세워야 하며
작업의 과정 속에서 합성의 테스트를 진행해야 한다. 디지털 영상 제작
과정에서 프리프로덕션, 프로덕션, 포스트프로덕션 과정의 경계가

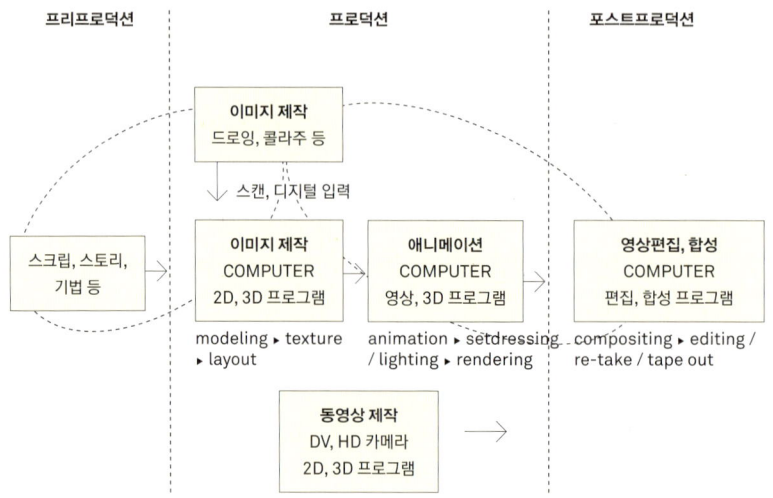

프리프로덕션　　　　　　프로덕션　　　　　　포스트프로덕션

이미지 제작
드로잉, 콜라주 등

↓ 스캔, 디지털 입력

스크립, 스토리,
기법 등

이미지 제작
COMPUTER
2D, 3D 프로그램

애니메이션
COMPUTER
영상, 3D 프로그램

영상편집, 합성
COMPUTER
편집, 합성 프로그램

modeling ▸ texture
▸ layout

animation ▸ setdressing
/ lighting ▸ rendering

compositing ▸ editing /
re-take / tape out

동영상 제작
DV, HD 카메라
2D, 3D 프로그램

표 1. 디지털 영상의 제작 과정

모호해질 수 있으나 이런 제작 과정의 변화도 디지털 영상의 하나의
특징이다.

레이어를 이용한 합성

레이어는 이미지나 시퀀스를 겹치게 표현할 수 있게 한다. 이러한
겹침의 표현은 촬영과 텍스처만으로 표현할 수 없는 발상을 가능하게
한다. 디자인 관련 소프트웨어들은 레이어를 이용한 표현들을
가능하게 하고 있으며, 영상 디자인에서는 다양한 합성 기법을 통해
새로운 이미지들을 디자인하고 있다. 인쇄, 필름의 편집 등에도
레이어를 활용한 다양한 표현이 존재하지만 이런 표현들은 컴퓨터를
활용해 보다 쉽게 접근할 수 있게 되었다.
　　디지털 합성 기법에는 크게 알파채널(alpha channel)을 이용한
레이어 합성, 매트(matte)를 이용한 합성, 마스크(mask)를 이용한 합성,
블루스크린(blue screen)을 이용한 합성 등이 있다. 합성을
하기 위해서는 하나 이상의 레이어가 있어야 하며, 표현하고자 하는
효과 및 이미지에 따라 적절한 합성 방법을 선택해야 한다. 합성의
기법과 관련된 자세한 내용은 이어지는 내용에서 살펴볼 수 있다.

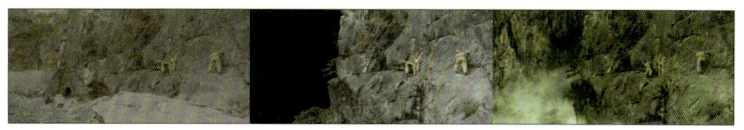

매트페인팅과 키잉을 이용해 합성한 사례, 실미도, 2003

이미지와 이미지를 합성하기 위해서는 특정 영역을 분리하는 작업을 진행해야 한다. 영역을 분리하기 위한 방법은 제작된 소스의 형식에 따라 다양하게 적용된다. 다음은 알파, 매트, 크로마키, 마스크 합성에서 합성을 하기 위해 영역을 추출하는 방법을 설명한다.

알파채널을 이용한 합성

— 알파채널의 개념

영상의 이미지는 R, G, B와 같이 색상의 정보를 가지고 있는 3개의 채널과 그레이스케일로 표현되는 알파채널로 구성되어 있다. 제4의 채널인 알파채널은 가시적으로는 보이지 않지만 프로그램상의 채널을 통해 시각적으로 확인이 가능하다. 합성은 이미지의 투명도에 따라

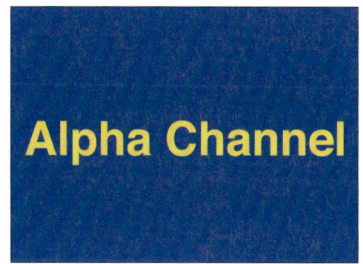

이미지 1

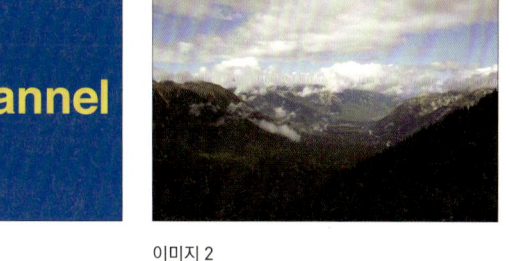

이미지 2

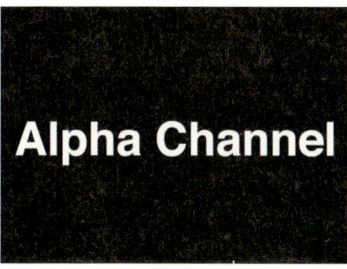

알파채널

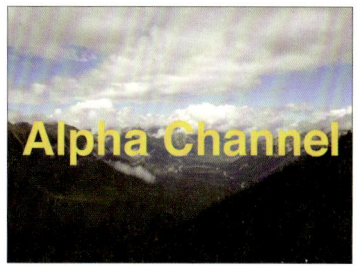

알파채널을 이용한 이미지 1과 2의 합성 이미지

아래에 있는 다른 레이어의 이미지와 합성이 가능하다. 알파채널은
이미지의 투명도에 대한 정보를 제공한다. 그레이스케일값이 0이면
채널에서는 검정 이미지로 보이며, 100%의 투명도를 가지고 있다.
투명값이 255의 경우에는 하양으로 보이며, 0%의 투명도를
가지고 있어 배경에 있는 다른 이미지가 아닌 그 이미지를 그대로
보여 주게 된다.

— 3D 알파채널을 이용한 합성

3D 컴퓨터그래픽 프로그램을 이용하면 쉽게 알파채널을 가지고
있는 이미지를 만들 수 있다. 이를 위해서는 렌더링 시 알파값을 가진
형식으로 렌더링해야 하는데, 대표적인 이미지 파일 포맷으로는 Targa,
Tiff 등이 있다. 이처럼 알파채널을 가지고 있는 3D 컴퓨터그래픽
이미지와 컴퓨터그래픽 이미지 혹은 촬영된 실사 이미지와 결합시켜
레이어 합성을 완성시키게 된다.

영화나 광고에서 3D 알파채널을 이용한 합성 사례를 종종
발견할 수 있다. 다음에서 보여 주는 이미지는 영화 〈웰컴투동막골〉의
한 장면의 실사 영상과 3D로 제작된 물체의 합성 장면이다.
촬영 소스가 없거나 부족한 경우나 촬영이 불가능한 장면의 경우에
이용할 수 있다. 3D와 실사를 합성할 경우 제작과 촬영을 할 때 철저한
사전 계획을 세워야만 환영의 공간에서 자연스러운 연출 효과를
낼 수 있다. 또한 조명, 공간들을 고려해 3D를 제작하고 촬영할 때는
합성을 고려하고, 자연스러운 합성을 위해서는 합성할 이미지의
색상보정이 함께 진행되어야 한다.

매치무브(match move)
실제 촬영 공간을 3D 공간으로
똑같이 옮겨 놓는 것이다. 실제
배우와 컴퓨터그래픽으로 만든
가상의 캐릭터와 함께 등장하는
경우 이들의 3D 안에서의
움직임의 범위와 한계점 등의
공간 값을 정하는 작업이다.

모션트래킹(motion tracking)
이미지의 특정 부분을 선택하고
해당 부분의 반복 움직임을
결정하는 과정으로, 촬영된
영상과 3D 영상의 합성 시
모션의 매치도 자연스러운
공간의 연출을 위해 필요하다.

색상보정(color correction)
이미지의 지각색상균형을 변경하는
과정으로, 이 과정을 통해 촬영된
영상과 3D 영상의 합성 시 색상의
균형을 찾아야 한다.

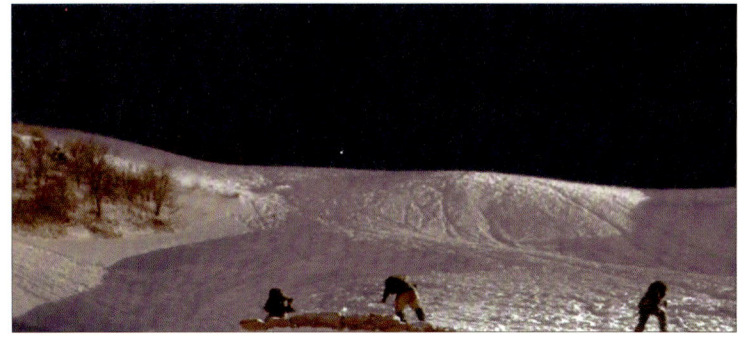

촬영 이미지, 웰컴투동막골, 2005

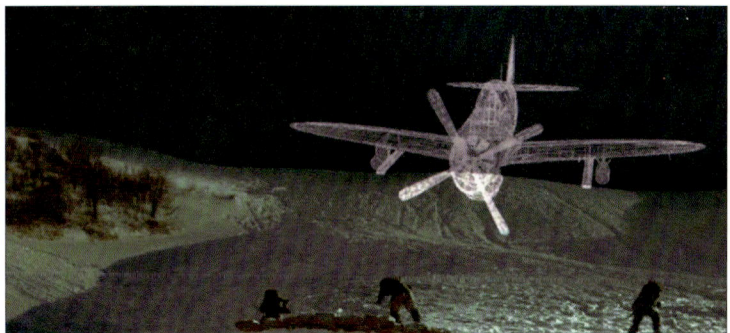

3D 작업 이미지, 웰컴투동막골, 2005

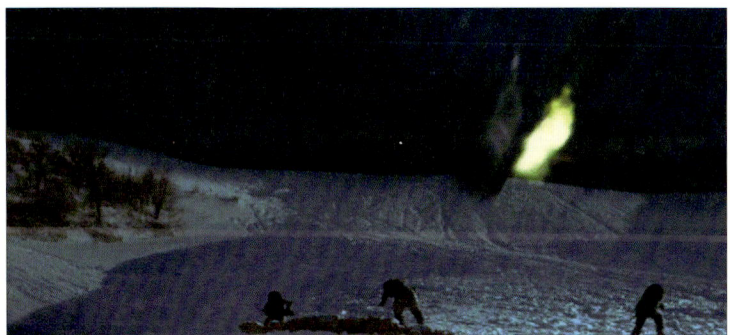

실사와 3D의 합성 이미지, 웰컴투동막골, 2005

실험　　213

— 2D 알파채널을 이용한 합성

포토샵에서의 투명한 영역을 가지고 있는 레이어와

일러스트레이터에서 디자인된 벡터 이미지는 알파값을 가지고 있으며,

알파값을 가지고 있는 모든 이미지는 합성이 가능하다.

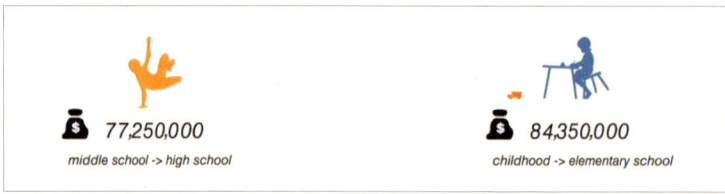

그림 21. 벡터 이미지의 합성

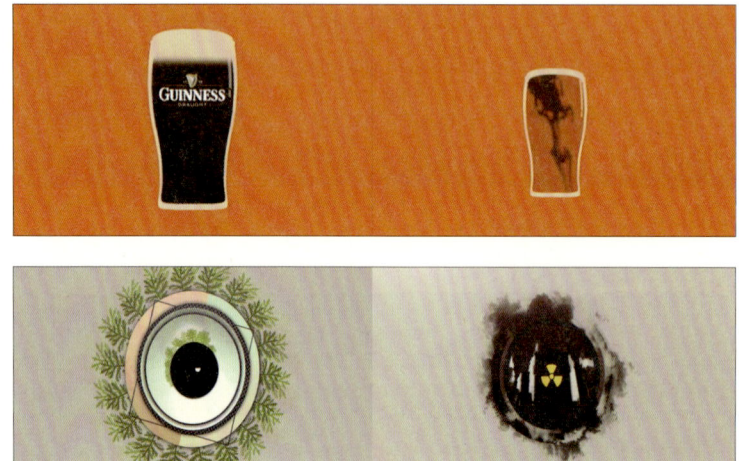

그림 22. 벡터 이미지와 실사 이미지의 합성

기초조형 Producing 과제

알파채널을 이용한 합성

알파 합성 실습을 위해 3D 혹은 2D에서 작업된
이미지를 실사 촬영 소스와 합성을 한다. 그리고
3D 컴퓨터그래픽으로 생성된 이미지 간의
합성을 진행한다.

제작 시 고려 사항

– 피사체와 배경과의 상대적 크기
– 합성하는 영상 및 이미지 간의 컬러매치
– 촬영 영상과의 빛의 방향, 그림자 방향에 대한 고려
– 심도, 앵글, 높이와 같은 카메라 렌즈의 일치

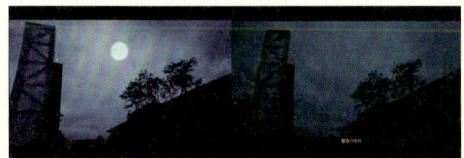

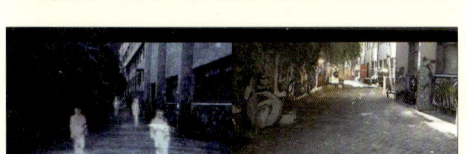

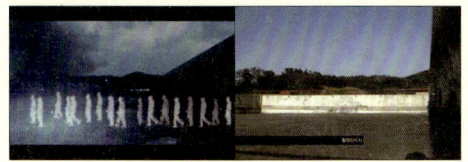

그림 23. 완성된 합성 이미지와 촬영 소스

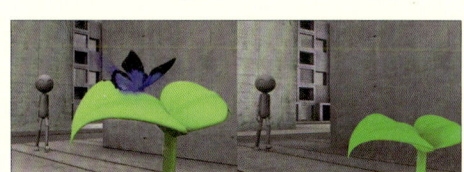

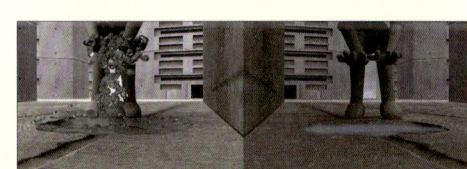

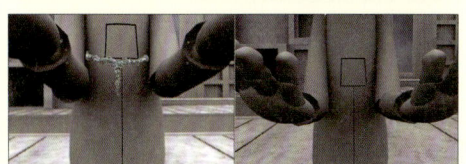

그림 24. 3D로 제작된 소스 간의 알파 합성

알파채널을 이용한 컷아웃 애니메이션

— 컷아웃 애니메이션 기법

전통적인 애니메이션 기법의 하나인 컷아웃(cut out)은 과거
독립 애니메이터들이 캐릭터와 스토리를 효율적으로 다루기 위해
발명해 낸 방법이다. 캐릭터의 움직임을 표현하기 위해 종이를
오려 만든 캐릭터를 배경 이미지 위에 놓고 손이나 발의 관절 부분을
움직일 수 있도록 핀 등으로 고정시켜 한 프레임씩 움직여서 촬영하는
기법이다. 부드러운 움직임이나 섬세한 표정의 표현에는 한계를 가지고
있지만 콜라주와 같이 중첩, 조합, 병치, 스케일의 변형적 표현이
가능하다. 과거 종이를 움직여 한 장 한 장 콤마 촬영으로 영상을
제작했다면 디지털 컷아웃은 컴퓨터프로그램을 이용한 사진 또는
이미지들을 합성하고 움직임을 부여할 수 있어 전통적 컷아웃 기법에
비해 제작 방법이 손쉬워지고 있다.

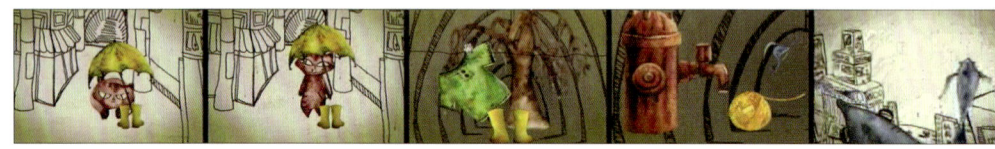

그림 25. 2D 이미지 컷아웃 애니메이션

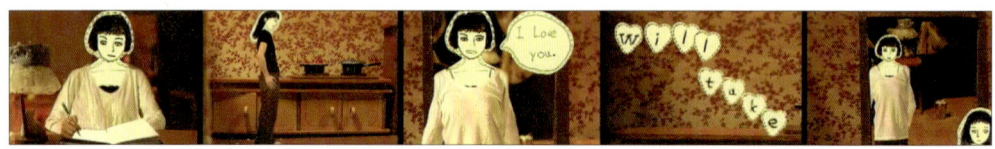

그림 26. 실사 촬영 컷아웃 애니메이션

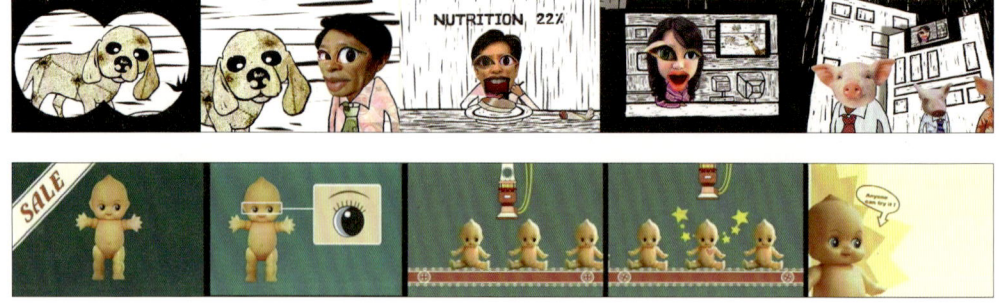

그림 27. 실사 촬영과 2D 이미지 컷아웃 애니메이션

— 디지털 컷아웃 애니메이션의 작업 방법

디지털카메라로 촬영한 이미지, 컴퓨터에서 생성된 2D, 3D 이미지, 스캔을 받아 디지털화된 이미지는 포토숍과 같은 프로그램을 이용하면 배경, 팔, 다리, 몸, 머리 등 움직임을 주고자 하는 부분을 분리시킬 수 있다. 이미지는 동영상 합성 프로그램으로 불러들인 다음 레이어를 달리하는 각 부위의 키프레임에 위치, 크기 등의 변이를 주어 움직임을 만들어 낸다. 이러한 일련의 과정을 통해서 움직임뿐 아니라 독특하고 개성 있는 다양한 시각적 연출을 가능하게 한다.

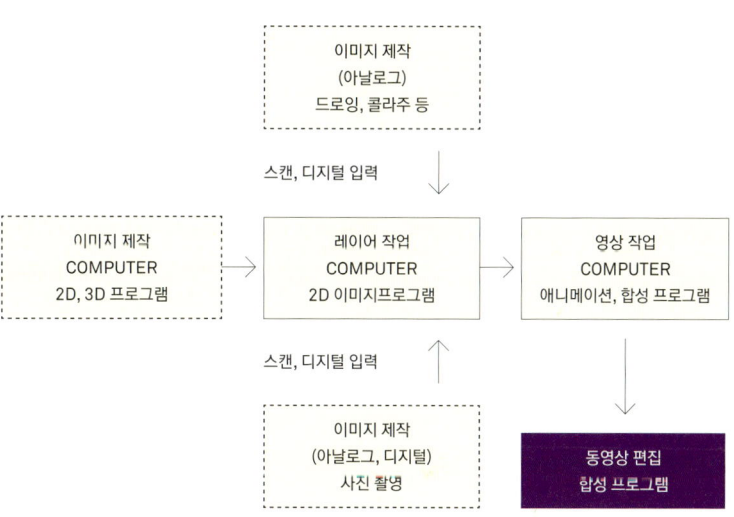

표 2. 디지털 컷아웃 애니메이션의 작업 방법

기초조형 Producing 과제

알파채널을 이용한 컷아웃 애니메이션

레이어의 개념과 컷아웃 애니메이션의 이해를 바탕으로
사람처럼 관절이 있는 피사체를 촬영하거나 벡터
이미지로 캐릭터를 디자인해서 컷아웃 애니메이션
작품을 제작해 본다. 이때 배경 레이어는 실사 촬영 또는
그래픽 이미지 등으로 제작하는데, 배경과 오브제의
소스는
각기 다른 방법으로 제작한다. 이미지 레이아웃 시 중첩,
병치, 스케일의 변형, 조합하여 디자인하도록 한다.

그림 30은 2D로 배경 이미지를 작업한 다음 전경의
오브제를 3D로 모델링한 컷아웃 애니메이션 기법의
사례이다. 각기 다른 방법으로 제작된 이미지 소스의
합성 시 색상 보정 과정을 거쳐 자연스러운 합성이
되도록 한다. 배경 이미지는 사진을 이용해서 포토샵에서
매트페인팅한 것이다.

제작 시 고려 사항
- 키프레임 애니메이션 작업 시 이징 인,
  이징 아웃에 대해 고려
- 캐릭터 움직임의 동세

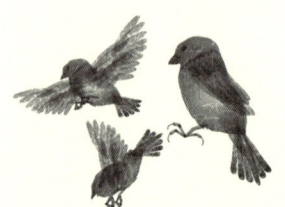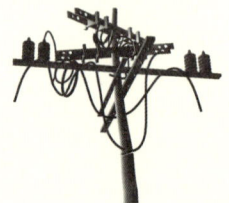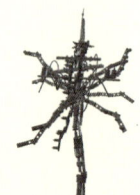

그림 28. 컷아웃을 위한 오브제 디자인

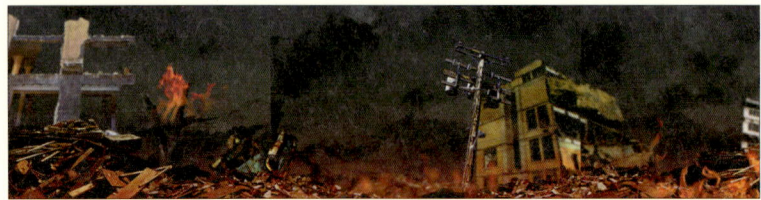

그림 29. 배경 이미지 디자인

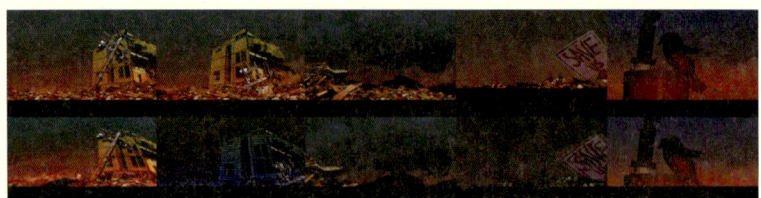

그림 30. 합성 이미지

매트를 이용한 합성

— 매트의 정의

매트는 이미지의 색 정보를 나타내는 것이 아니라 이미지의 투명도에
대한 정보를 나타내는 그래픽 이미지이다. 합성을 위해서는 이미지의
투명도가 필요한데 매트는 투명도를 만들기 위한 제2의 이미지이다.
보통 포토숍 등의 그래픽 프로그램으로 만들어진 이미지를 매트로
활용하기도 하고 촬영된 소스를 활용하기도 한다. 매트의 종류에는
명도값을 이용하는 루마매트와 알파채널이 있는 이미지의 알파값을
이용해 합성하는 알파매트가 있다. 즉 알파채널이 단독의 이미지로
합성에 적용되는 경우 알파매트라고 한다. 매트를 이용해 합성하는
경우 다른 이펙트툴을 함께 사용해 이미지의 다양한 변화를
만들어 낼 수 있다.

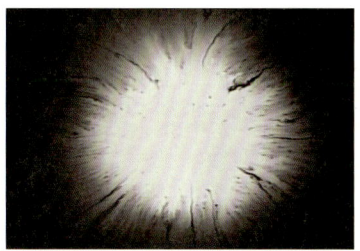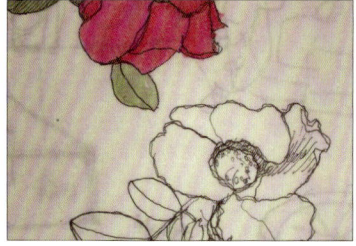

그림 31. 매트 소스와 이미지 소스

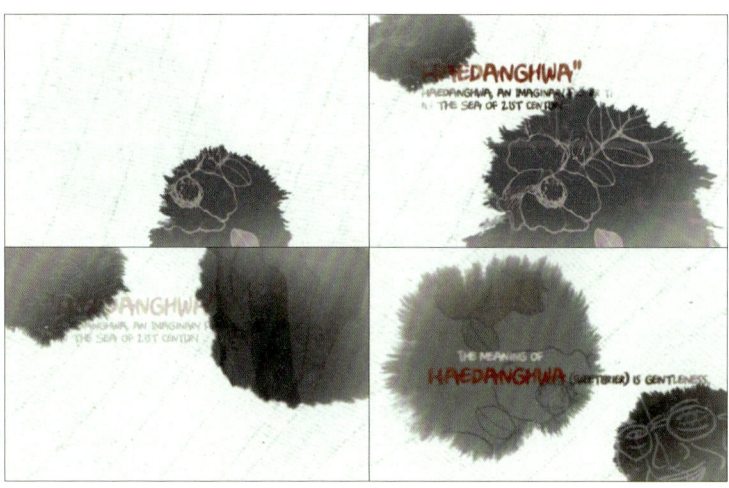

그림 32. 매트를 이용한 합성 영상

모든 촬영 소스나 그래픽 이미지는 매트로 사용할 수 있다. 다음에서
보여지는 매트 이미지는 촬영 기반의 루마매트이다. 그레이스케일값이
0이면 채널에서는 검정 이미지로 보인다. 100%의 투명도를 가지고 있어
다른 이미지와 대치가 된다. 투명값이 255의 경우 하양으로 보이며,
0%의 투명도를 가지고 있어 그 이미지를 그대로 보여 주게 된다.

전경 이미지

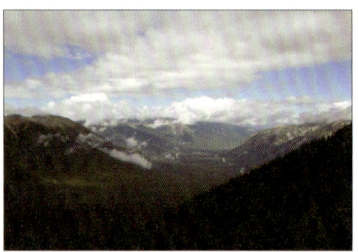

배경 이미지

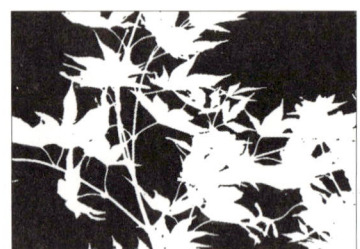

매트 이미지

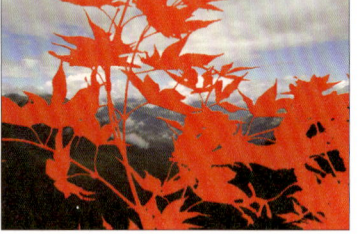

합성 이미지

매트 소스는 아래 이미지와 같이 2D, 3D 그래픽, 촬영 등으로 제작할
수 있으며 사진과 동영상 모두 매트 소스가 될 수 있다.

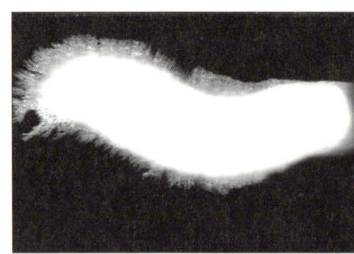

촬영 소스 루마매트

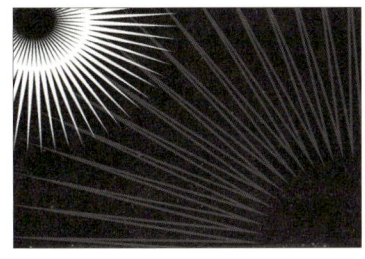
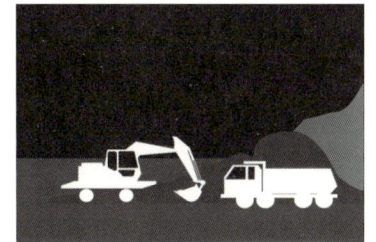

그래픽 이미지 루마매트

— 촬영 소스로 매트를 만드는 경우

색상값을 가진 동영상을 매트로 사용할 경우 가장 대비되는 하나의
색상 채널만을 선택해 매트로 활용하거나 이미지 조정툴의 값을
조정해 이미지의 대비를 극대화할 경우 선명한 효과를 줄 수 있다.

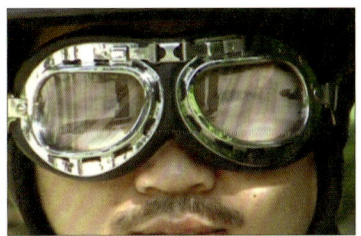

전경 이미지

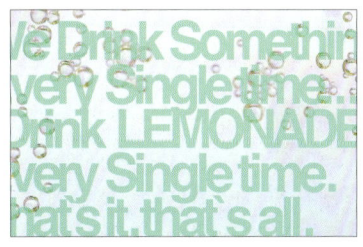

배경 이미지

루마매트

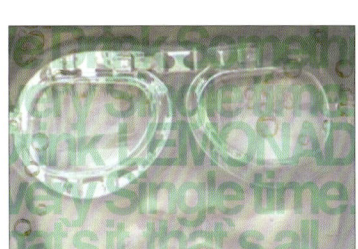

합성 이미지

루마매트

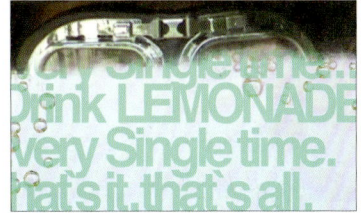

합성 이미지

— 알파매트

알파매트를 이해하기 위해서는 알파채널에 의해 합성된 이미지와
알파매트에 의해 합성된 이미지를 비교해 봐야 한다. 다음에서
보여 주는 그림은 알파채널을 이용해 합성한 이미지와 3D 소스가
가지고 있는 알파채널을 매트로 활용해 합성한 이미지이다.

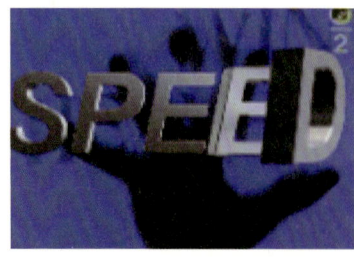

알파채널을 이용한 합성

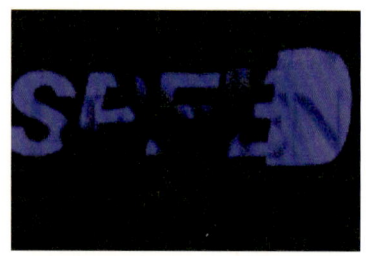

알파매트를 이용한 합성

기초조형 Producing 과제

매트를 이용한 합성

촬영, 그래픽 툴 등을 이용한 여러 가지 방법을 통해
매트 소스를 제작하고 제작된 매트 소스를 활용해
합성을 실습한다.

제작 시 고려 사항

– 그래픽 소스를 이용한 매트 제작 시 화면의 레이아웃
– 움직임의 리듬감, 균형에 대한 고려
– 우연의 효과를 배제하고 사전 아이디어를
  바탕으로 제작

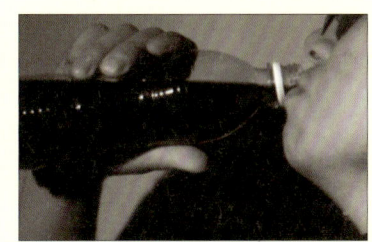
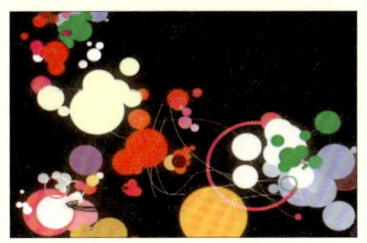
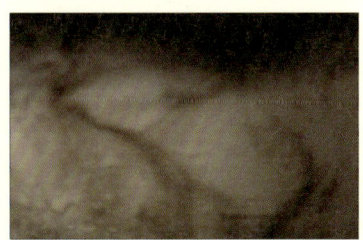

그림 33. 합성을 위해 제작된 이미지

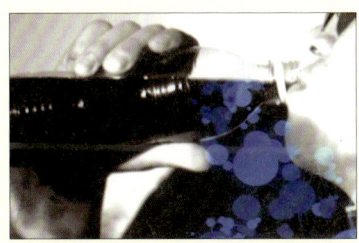
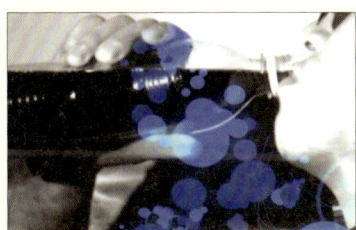
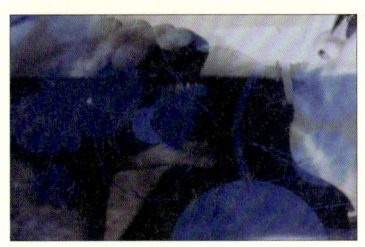
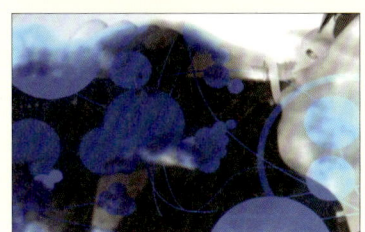

그림 34. 루마매트로 합성된 이미지

키잉을 이용한 합성

— 키잉의 정의

키잉은 블루스크린, 그린스크린에서 촬영된 소스에서 배경과 오브제를
분리하는 작업을 의미한다. 예를 들면 블루스크린에서 촬영된 인물을
바닷가의 풍경이 있는 소스와 합성을 한다면 블루스크린에서 촬영된
소스의 블루를 투명하게 만들어야 한다. 이런 경우 키잉을 이용해
불필요한 이미지를 투명하게 바꾸어 준다. 색상값을 이용하는 경우를
크로마키, 명도값을 이용하는 경우를 루마키라고 한다.

영화 〈예의없는 것들〉의 블루스크린 합성 컷을 보면 합성될
이미지를 사전에 계획해서 배경 이미지에 맞춰 촬영을 진행한 것을
확인할 수 있다. 루마키 촬영 시 블루 또는 그린스크린을 활용하는
이유는 사람의 살색과 보색을 이루기 때문이다.

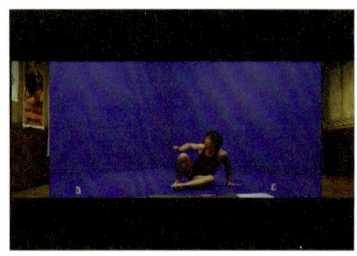 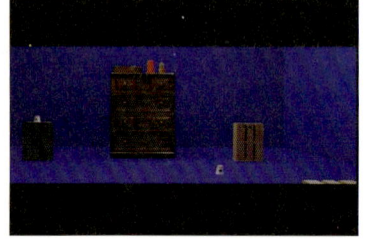

블루 소스 촬영, 예의없는 것들, 2006

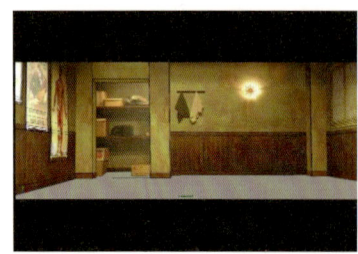 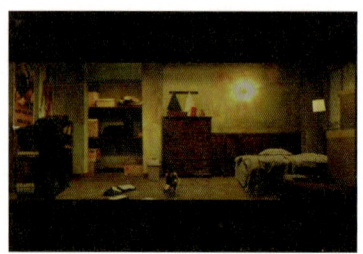

배경 매트페인팅(왼쪽)과 합성된 이미지(오른쪽), 예의없는 것들, 2006

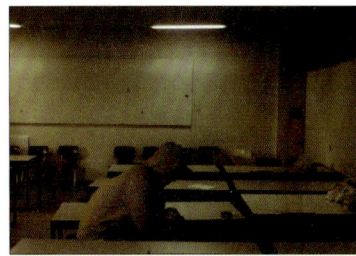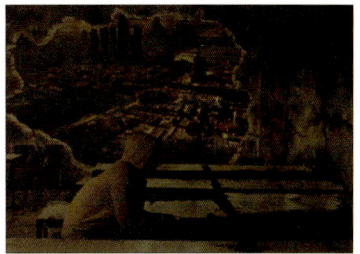

그림 35. 매트페인팅된 배경과 합성

— 키잉 작업 시 주의 점

매트 부분의 명도, 색상값의 편차가 크지 않도록 조명을 일정하게
비추어 인물과 보색 또는 명도차가 큰 단색의 백그라운드에서 촬영을
한다. 촬영 시 배경과 인물의 명도차를 크게 두어 키잉 과정에서
인물, 오브제와 배경의 분리를 손쉽게 하는 것도 요령이다. 조명을
설치할 때는 인물과 매트에 해당하는 배경에 대한 조명을 따로
설치해야 하며, 블루나 그린스크린 배경에서 사람이나 물건 등을
가능한 멀리 떨어지게 해야 스필(spill)[3] 현상을 줄일 수 있다. 촬영 시
크기가 큰 포맷일수록 화질 열화가 줄어들어 좋다. 또한 촬영된 영화를
캡처할 때는 압축을 최소화해서 화질이 떨어지지 않도록 주의한다.

3 —
스필(spill)이란 장면에서
의도하지 않은 대상에
비추어지는 빛을 말한다.

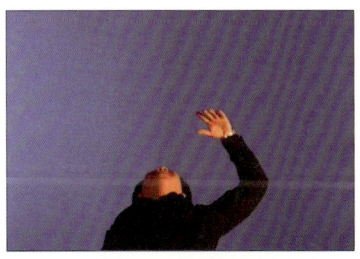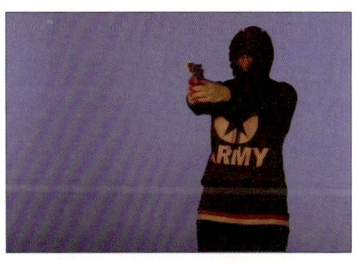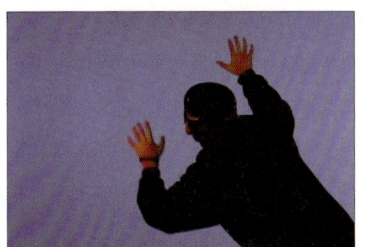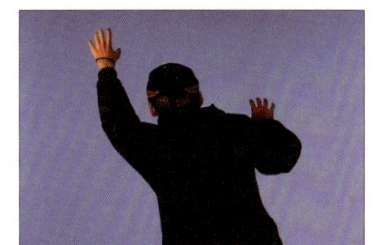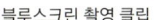

블루스크린 촬영 클립

기초조형 Producing 과제

키잉을 이용한 합성

블루스크린 촬영을 경험하고 촬영된 소스의 크로마키 작업을 진행한다. 키잉 소스는 매트페인팅된 2D, 3D 이미지와 합성한다. 매트페인팅 시 카메라의 팬이나 틸트, 줌인·줌아웃의 효과를 계획하고 있다면 소스 작업 시 이미지의 크기를 고려한다.

제작 시 고려 사항

– 합성 시 빛의 방향, 색상, 투시도, 스케일 등을 고려
– 키잉 시 인물의 섬세한 외곽 처리
– 가비지 매트(garbage matte, 이미지의 기본 요소로부터 원치 않는 요소를 고립시키는 거칠고 단순한 매트) 활용
– 사진과 디지털페인팅 툴을 이용하여 매트페인팅

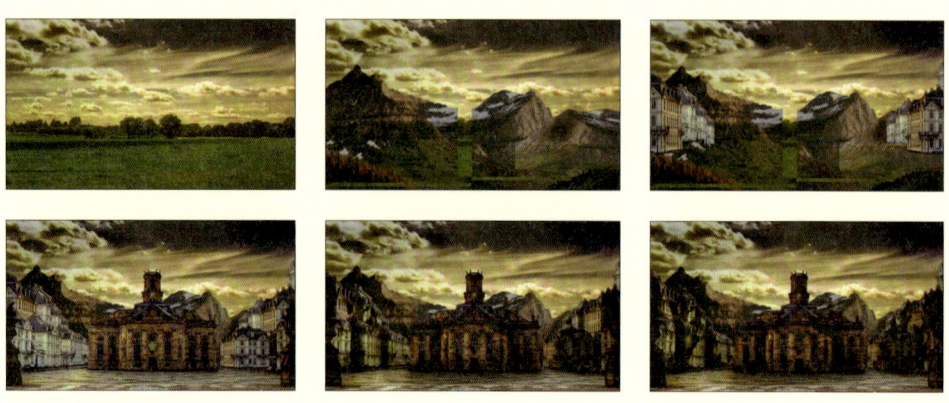

그림 36. 매트페인팅의 과정

After Effects에서 제공하는 key 종류

- Color key: 가장 단순한 효과의 키잉이 가능
- Luma key: 검정과 하양의 배경에 사용하는 것이 효과적임
- Linear color key: smoke 등의 검정 배경이나 원하는 색깔을 빼기에 좋음
- Color difference key: 사용이 복잡하지만 가장 강력한 키. Keylight가 없을 때 가장 섬세하게 키값을 조정할 수 있음
- Color range key: bounding box라고도 하고 한 가지 색을 뺄 때 보다 어느 일정한 색상 범위를 빼기에 적당
- Extract: alpha channel이나 특정한 single channel 제거 시 유리
- Inner outer key: 일단 마스크로 처리된 부분을 마스크의 안쪽이나 바깥쪽을 조절해 키값을 얻음

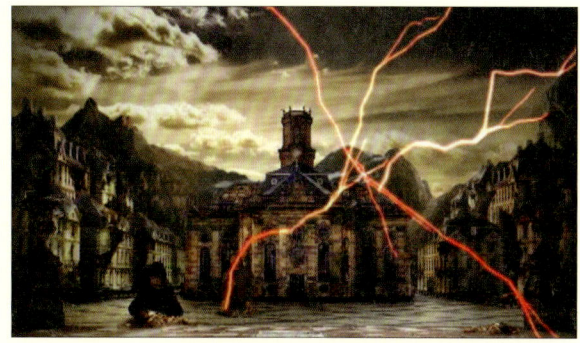

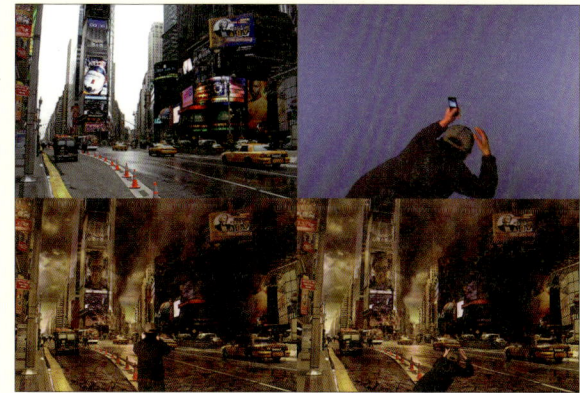

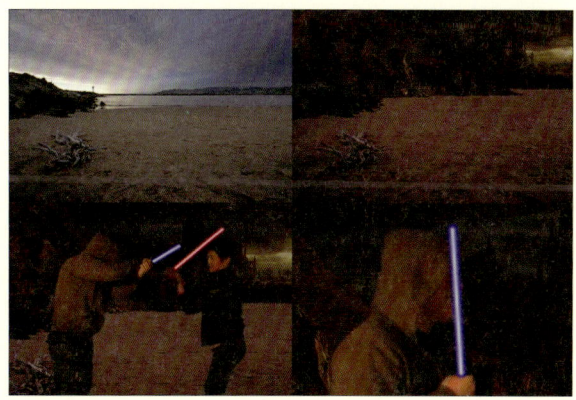

그림 37. 블루스크린 촬영 인물을 매트페인팅된 배경에 합성 사례

마스크를 이용한 합성

— 디지털 마스크

디지털 프로그램의 마스크를 이용한 합성에 대한 원리를 이해하기
위해서는 판화 또는 염색의 기법에서 사용되었던 스텐실에 대한
이해가 필요하다. 스텐실은 도려 낸 종이나 금속판을 종이 또는
섬유 위에 놓고 염료를 칠해 무늬나 이미지를 만들어 내는 기법이다.
합성에서의 마스크도 비슷한 기능을 하는데 마스크는 일정 이미지를
선택적으로 제한하거나 수정하기 위해 사용되는 이미지를 지칭한다.
마스크가 적용된 공간의 안과 밖에 각기 다른 이미지를 합성할 수 있다.

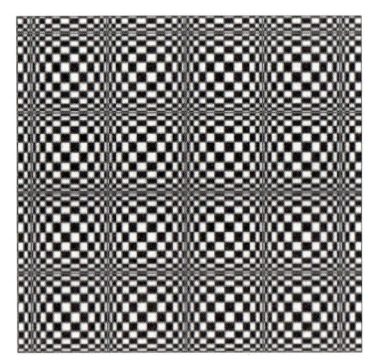

물감

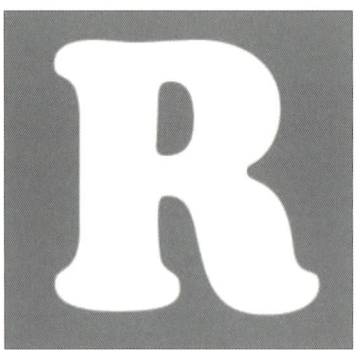

도려 낸 이미지

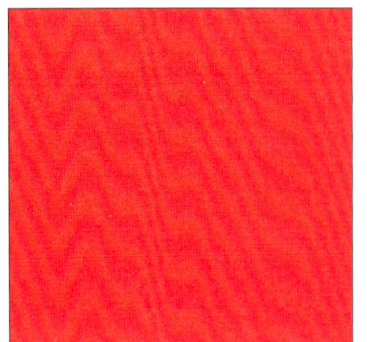

바탕 이미지

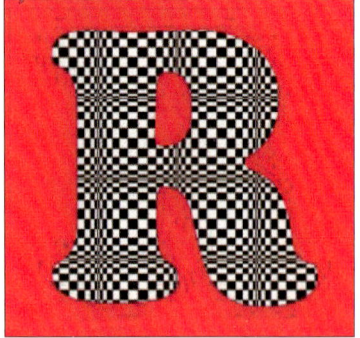

스텐실된 이미지

디지털 마스크를 이용한 사례를 보면 다음과 같다. 주로 디자인 기반의 영상에 많이 사용되고 있다. 마스크의 형태는 프로그램을 이용해 트위닝할 수 있어 재미있는 합성의 표현이 될 수 있다.

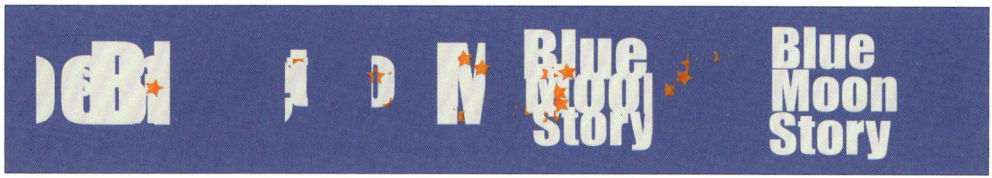

그림 38. 타이포그래픽 애니메이션에 활용된 마스크 합성

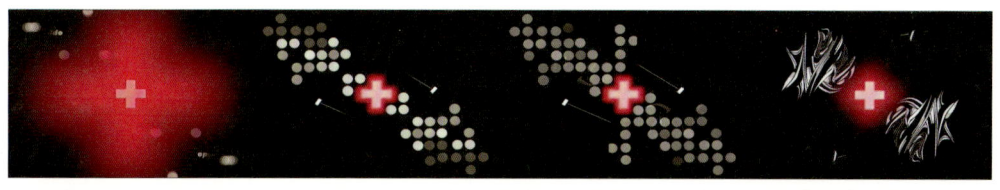

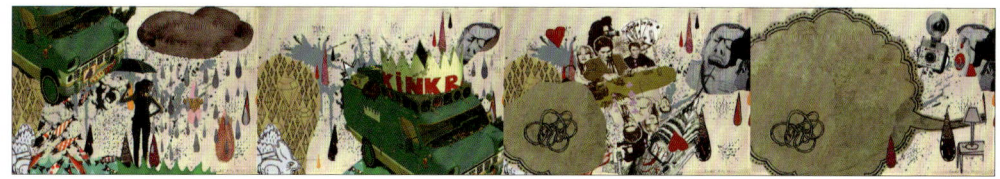

그림 39. 모션그래픽에 활용된 마스크 합성

마스크를 이용한 합성

실사 영상과 디자인된 마스크를 이용해 합성을 하며
형태의 트위닝을 이용하여 움직임을 부여한다.
그림 40은 실사 이미지의 배경과 단색 이미지, 그래픽,
비디오로 구성된 영상이다. 전경은 그래픽 요소인
별 모양, 선, 면, 타이포그래피로 이루어졌다. 마스킹과
트위닝 기법으로 처리되어 그 마스크 테두리 안쪽에
다른 레이어를 사용하여 그래픽 이미지나 비디오 영상이
합성되었다.

제작 시 고려 사항

– 움직임을 가지는 동적 마스크를 실습
– 마스크 형태 자체의 변이를 시도
– 사운드와 함께 리듬감 있는 영상을 제작

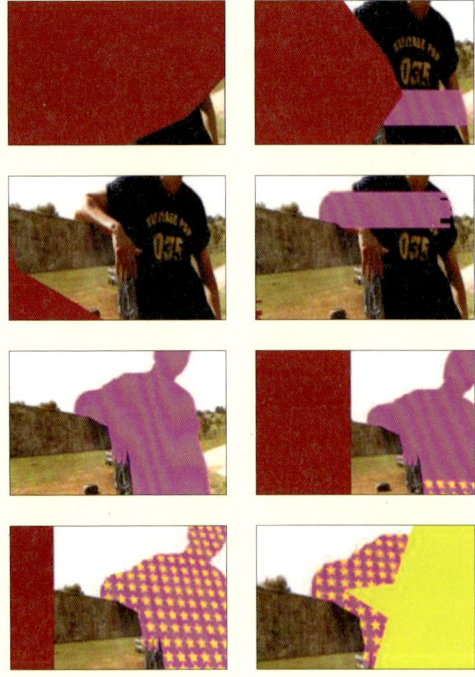

그림 40. 마스크 합성 애니메이션

패션의 형성적 접근

패션 조형은 인체를 활용한 조형물로서 착용하기에 적합하다는
가능 여부와 상관없이 작품으로의 가치를 인정받고 있는 분야이다.
개인의 창조적 조형성과 독창성을 발휘해 새로운 디자인 발상과
새로운 소재의 실험 그리고 조형적 형태의 구현을 통해 구체적인
작품을 실현해 나가는 과정이다. 이러한 과정을 통해 조형적 창의력과
예술적 실험 정신을 기르며, 조형 능력의 체득과 훈련, 다양한 재료의
이용과 기법의 구사 능력을 배양할 수 있다. 재료의 개방과 상상력의
해방, 전혀 다른 이미지들과의 만남을 통해 새롭고 독특한 복합적
이미지와 구조를 만들어 낸다. 이러한 복합의 개념이 물리적인 것뿐
아니라 의미의 복합으로 이들 사이의 유기적인 상승 효과를 나타내며,
새로움을 유발시키는 중요한 요소이다. 소재의 예술적 표현의
범위 확장을 통한 실험적인 소재를 활용하거나 미적 가공을 연구하며
디자인의 기본 원리와 패션 감각을 바탕으로 소재의 창의적 이미지와
질감 및 색상 등을 다양하게 연구 개발해 패션 분야의 창작 활동에
응용할 수 있도록 한다.

　　여기에서는 1장에서 다룬 패션 재료를 활용해 작품을 제작했다.
이 작품들을 통해 패션조형의 실험적 접근을 살펴보고자 한다.
조형 작품 제작 과정을 종이와 기타 재료를 활용한 방법, 모슬린을
활용한 방법, 천연염색 소재를 활용한 방법으로 구분해서
살펴보기로 한다.

종이와 기타 재료를 활용한 패션 조형

작품 1

— 끈을 활용해 제작한 작품(꼬기, 엮기, 묶기)

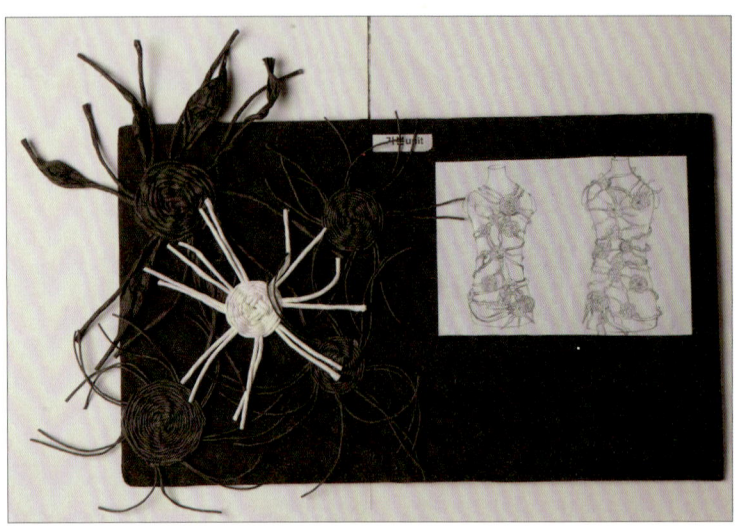

스케치 보드

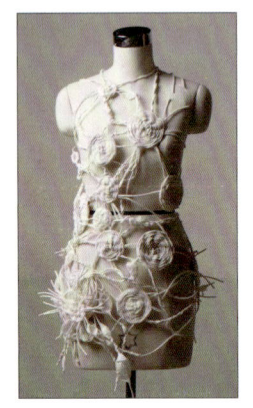

정면

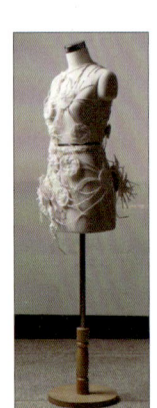

측면

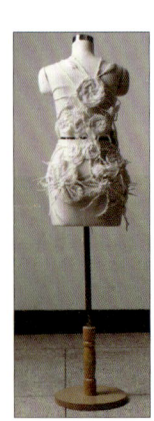

뒷면

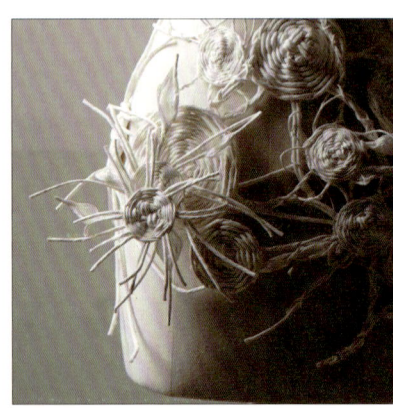

부분 확대

작품 2

— 두루마리 휴지를 활용해 제작한 작품(꼬기, 엮기, 묶기, 뜨기)

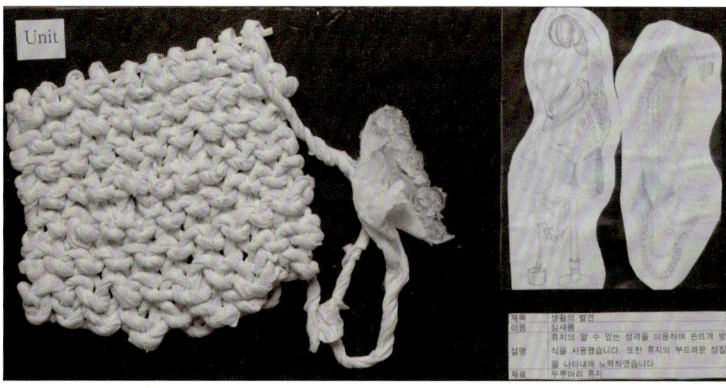

스케치 보드

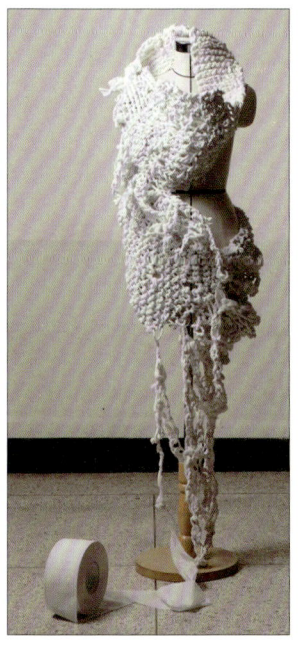

정면

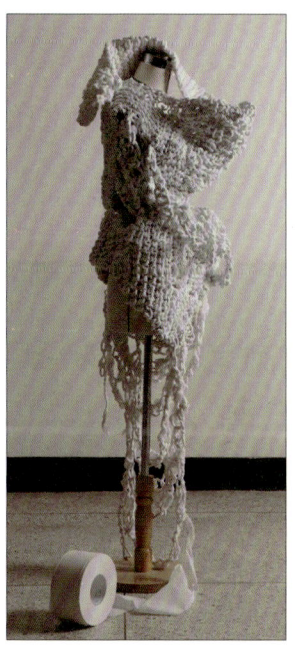

우측면

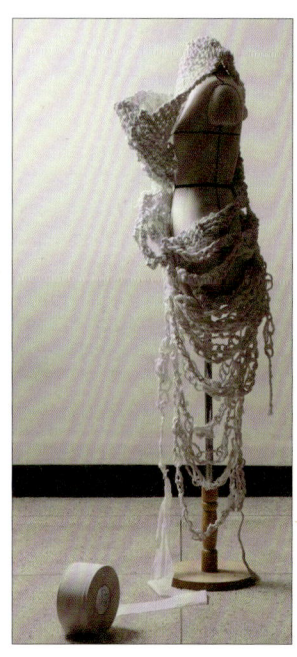

좌측면

작품 3

— 골판지를 활용해 제작한 작품(자르기, 붙이기)

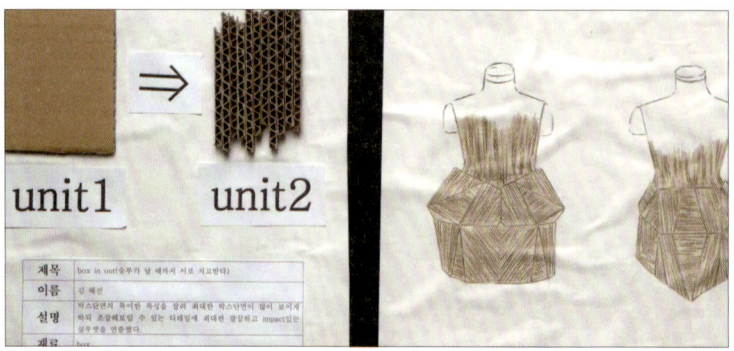

스케치 보드

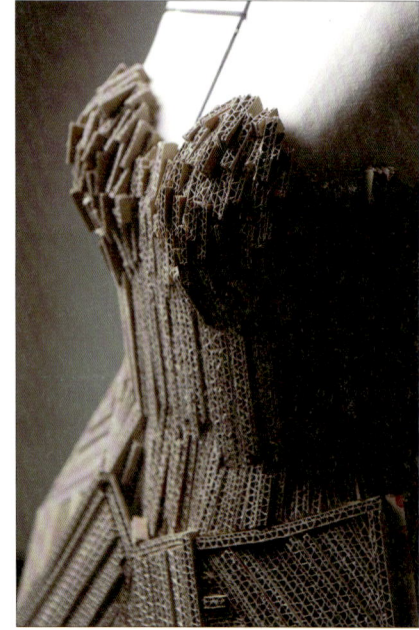

부분도

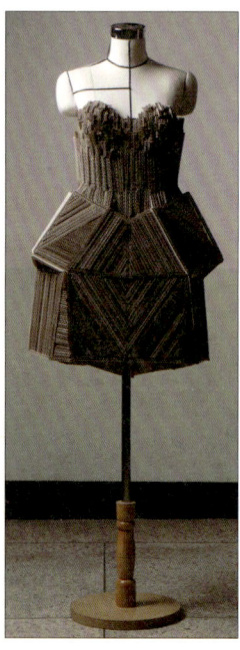

정면

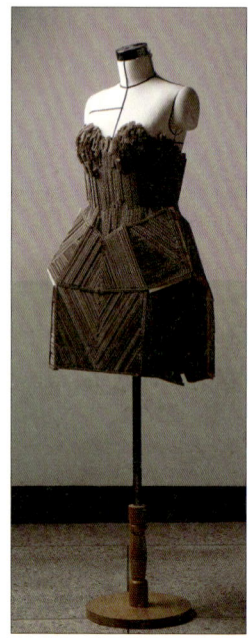

측면

작품 4

― 골판지를 활용해 제작한 작품(말기, 붙이기)

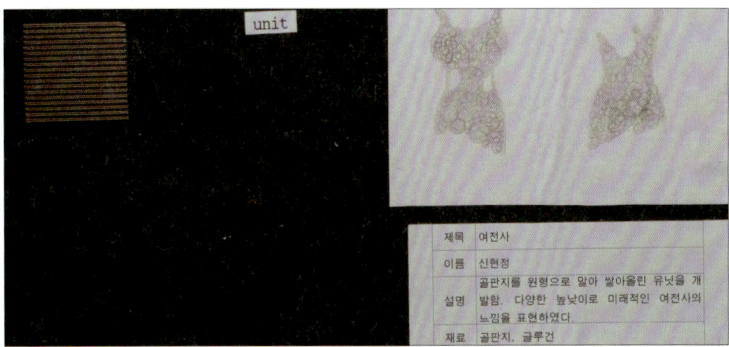

제목	여전사
이름	신현정
설명	골판지를 원형으로 말아 쌓아올린 유닛을 개발함. 다양한 높낮이로 미래적인 여전사의 느낌을 표현하였다.
재료	골판지, 글루건

스케치 보드

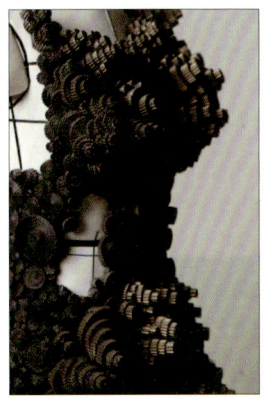

부분도

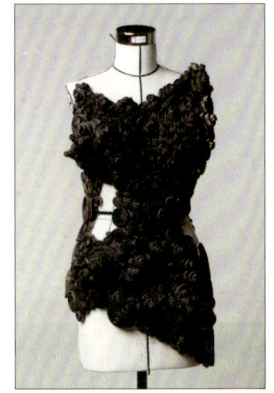

정면

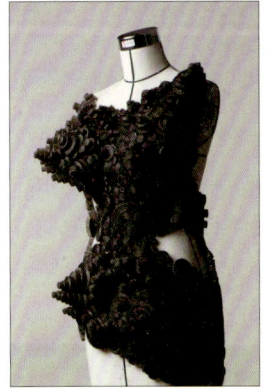

측면

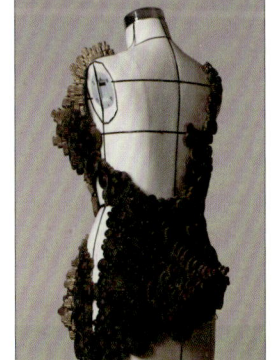

뒷면

작품 5

── 포장지를 활용해 제작한 작품(접기, 붙이기)

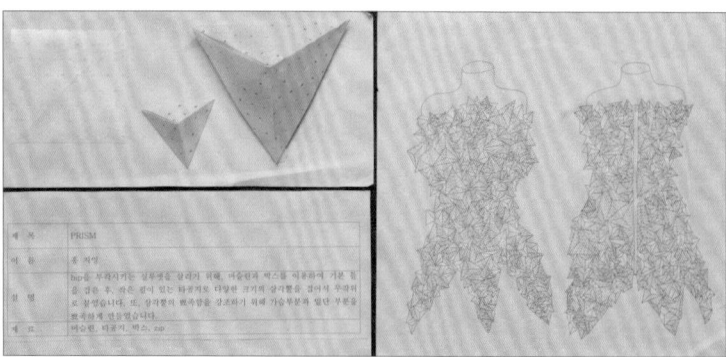

스케치 보드

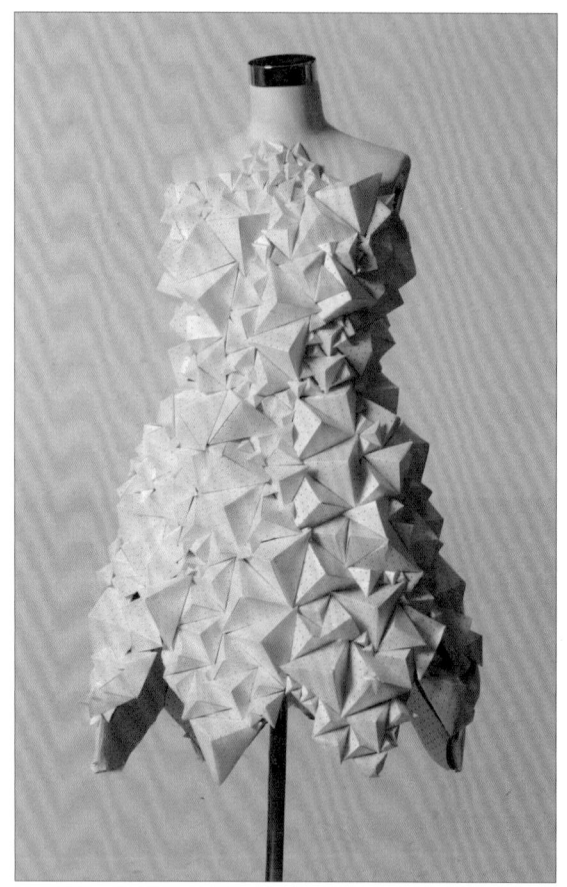

정면

작품 6

— 포장지를 활용해 제작한 작품(묶기, 말기)

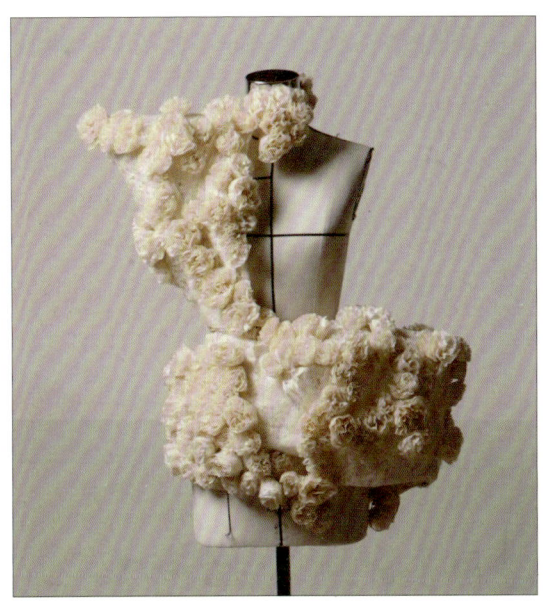

정면

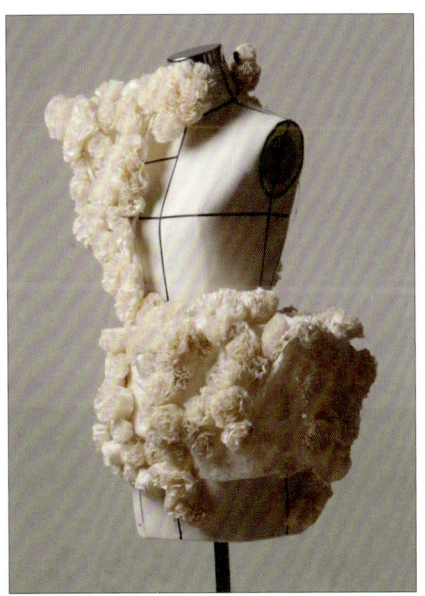

측면

작품 7

― 포장지와 철사를 활용해 제작한 작품(묶기, 말기)

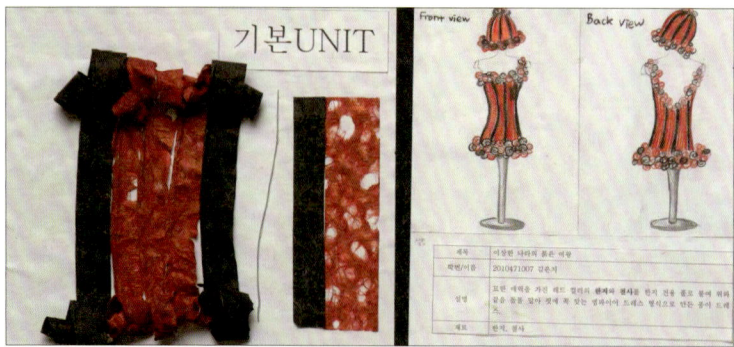

스케치 보드

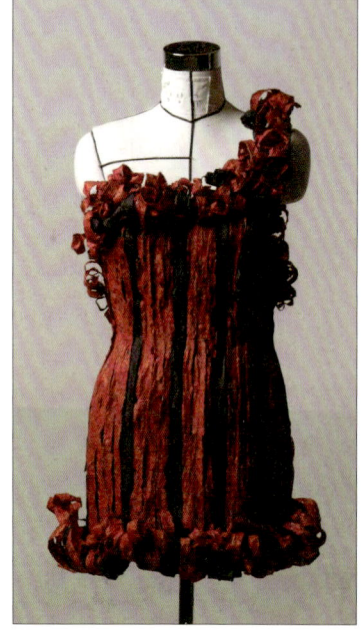

정면

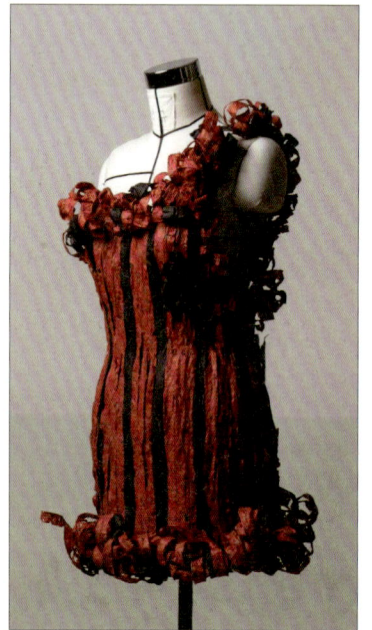

측면

작품 8

— 종이접기를 활용해 제작한 작품(접기, 붙이기)

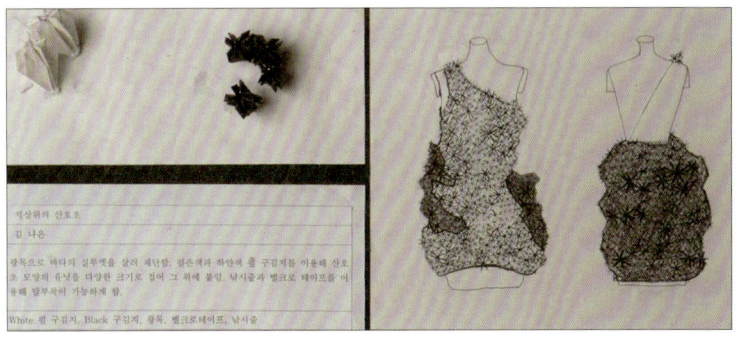

스케치 보드

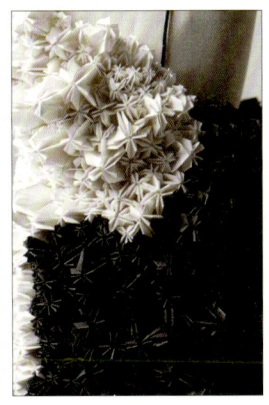
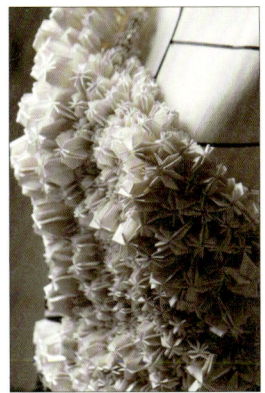

부분도

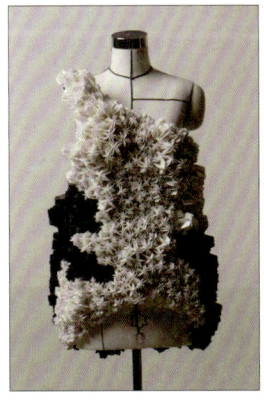
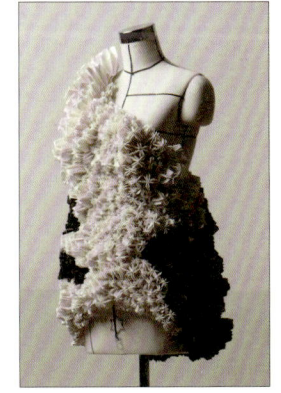

측면   정면

모슬린 아트워크를 활용한 패션 조형

작품 1

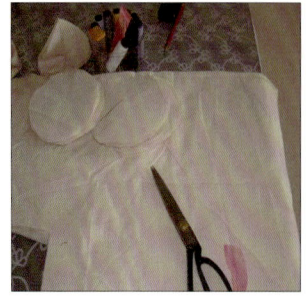

모슬린 컷팅 작업

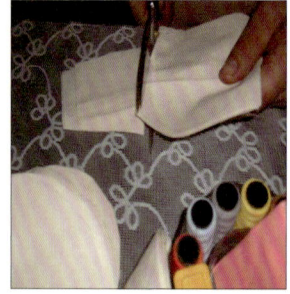

유닛 만들기

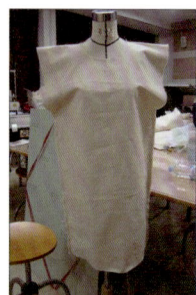

재단

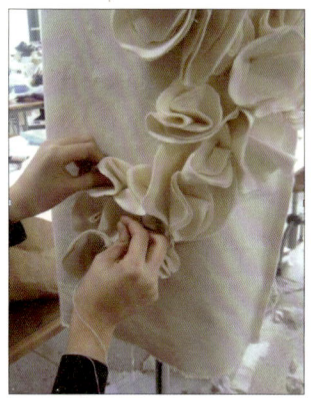

상세 부분도

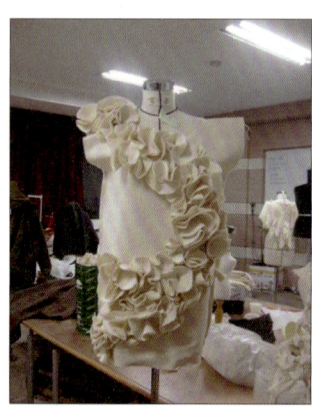

완성 과정

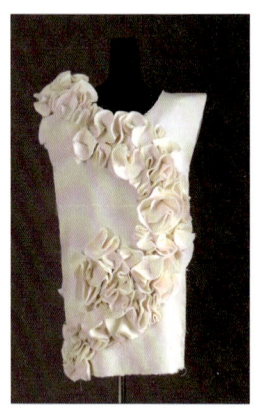

정면

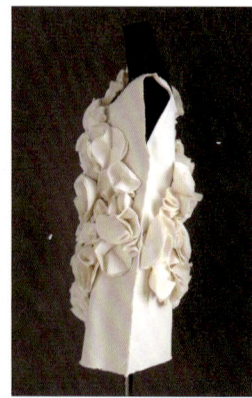

측면

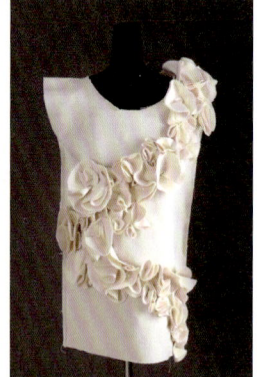

뒷면

작품 2

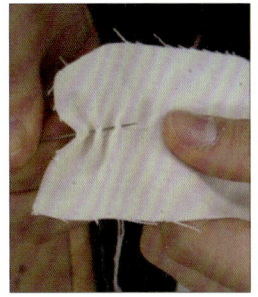

모슬린 컷팅 작업

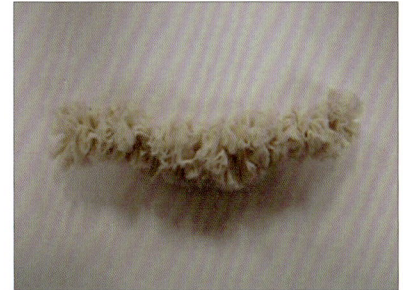

유닛 만들기

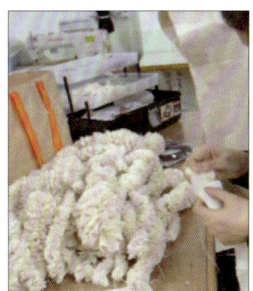

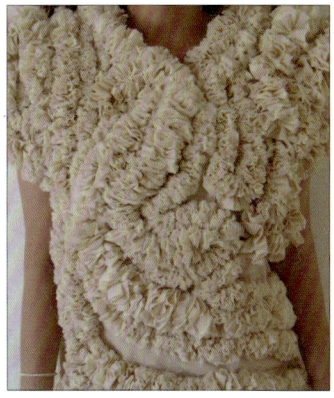

상세 부분도

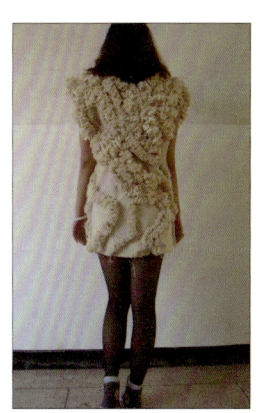

완성 과정

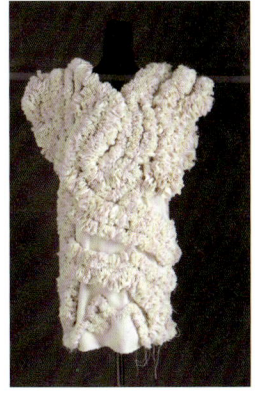

정면

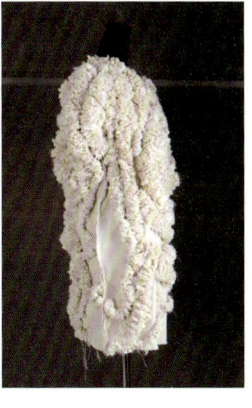

측면

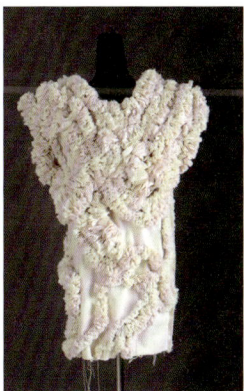

뒷면

작품 3

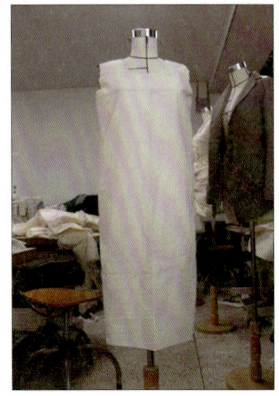
모슬린 컷팅 작업

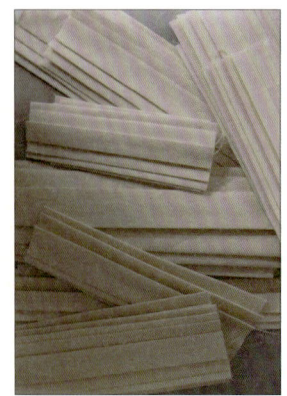
유닛 만들기

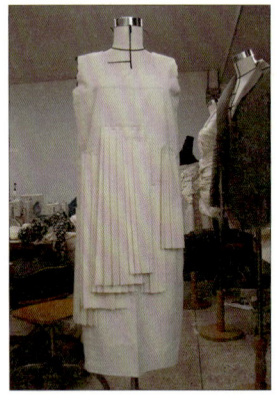
부분도

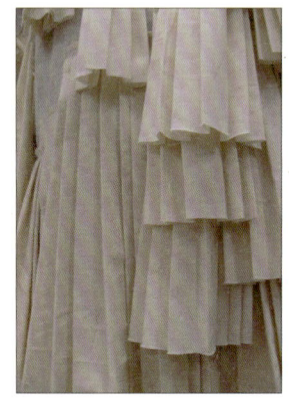
상세 부분도

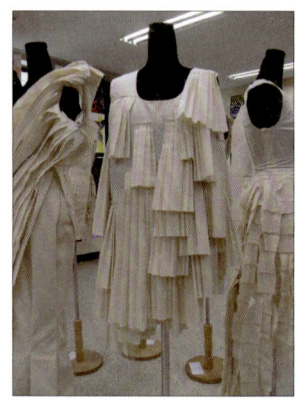
완성 과정

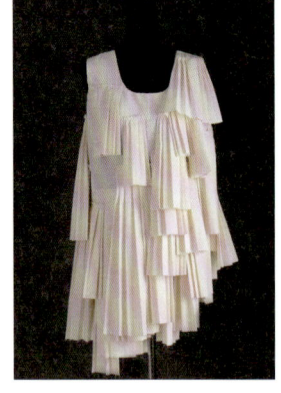
정면

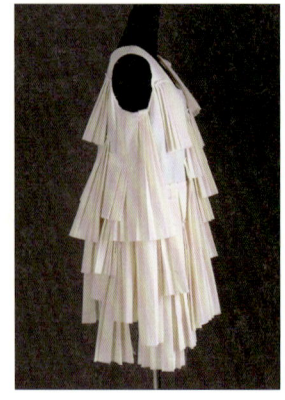
측면

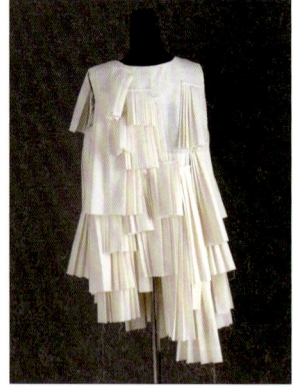
뒷면

작품 4

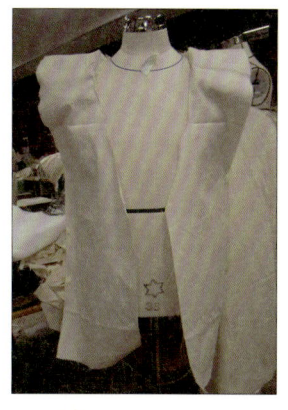

모슬린 컷팅 작업

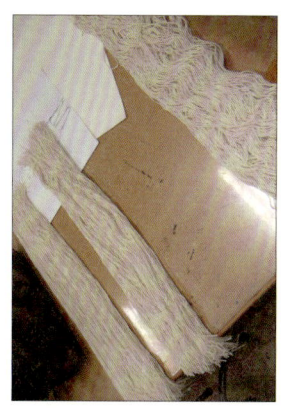

유닛 만들기

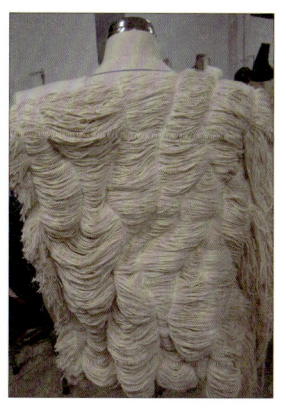

부분도

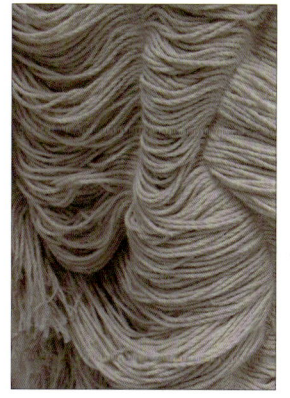

상세 부분도

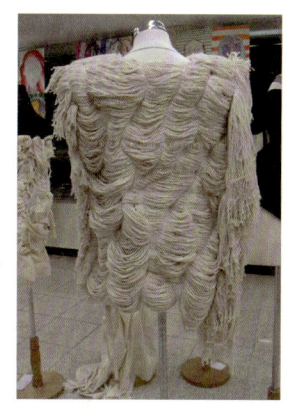

완성 과정

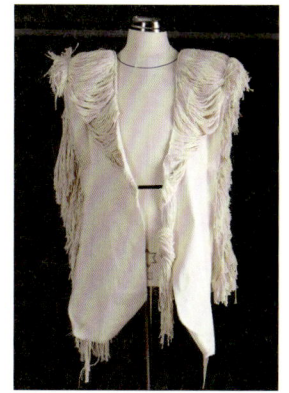

정면

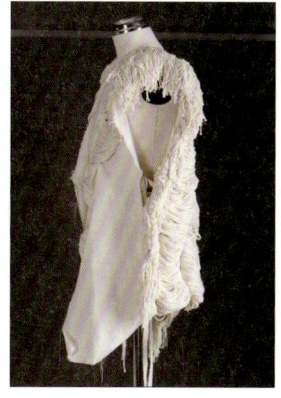

측면

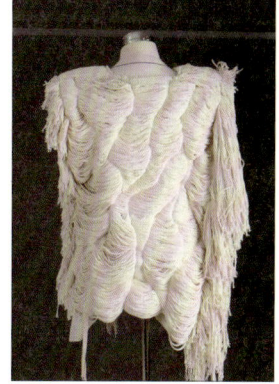

뒷면

작품 5

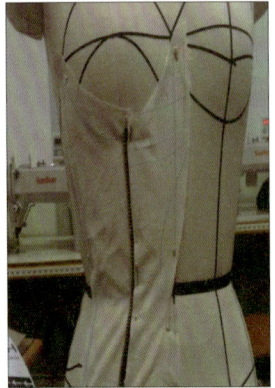
모슬린 컷팅 작업

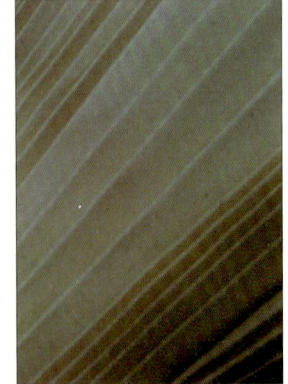
유닛 만들기

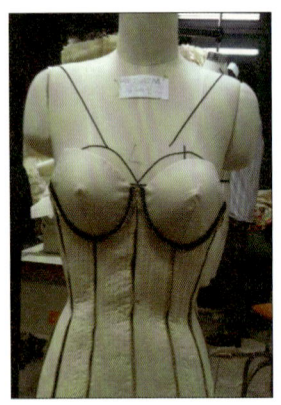
부분도

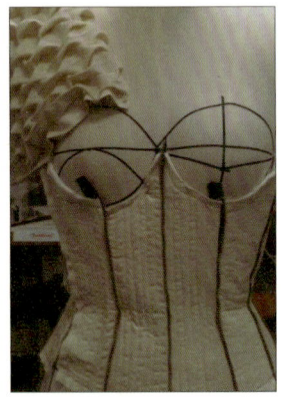
상세 부분도

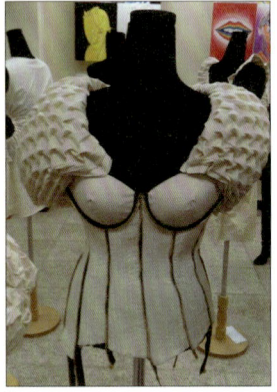
완성 과정

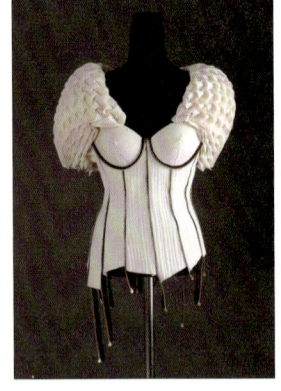
정면

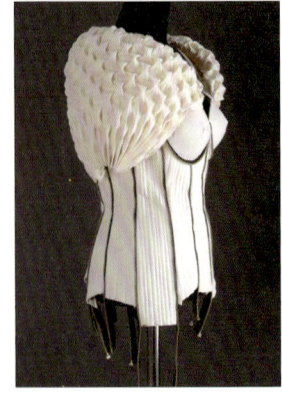
측면

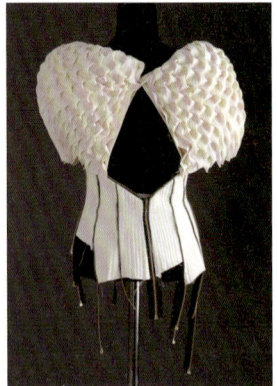
뒷면

천연염색 소재를 활용한 패션 조형 제작 과정

명주, 옥사, 모시, 삼베, 면 등의 천연소재에 쪽염, 메리골드염,
홍화염, 양파염, 호두껍질염 등 우리 전통의 천연염색 기법을 사용해
만든 조형 작품의 제작 과정을 살펴본다.

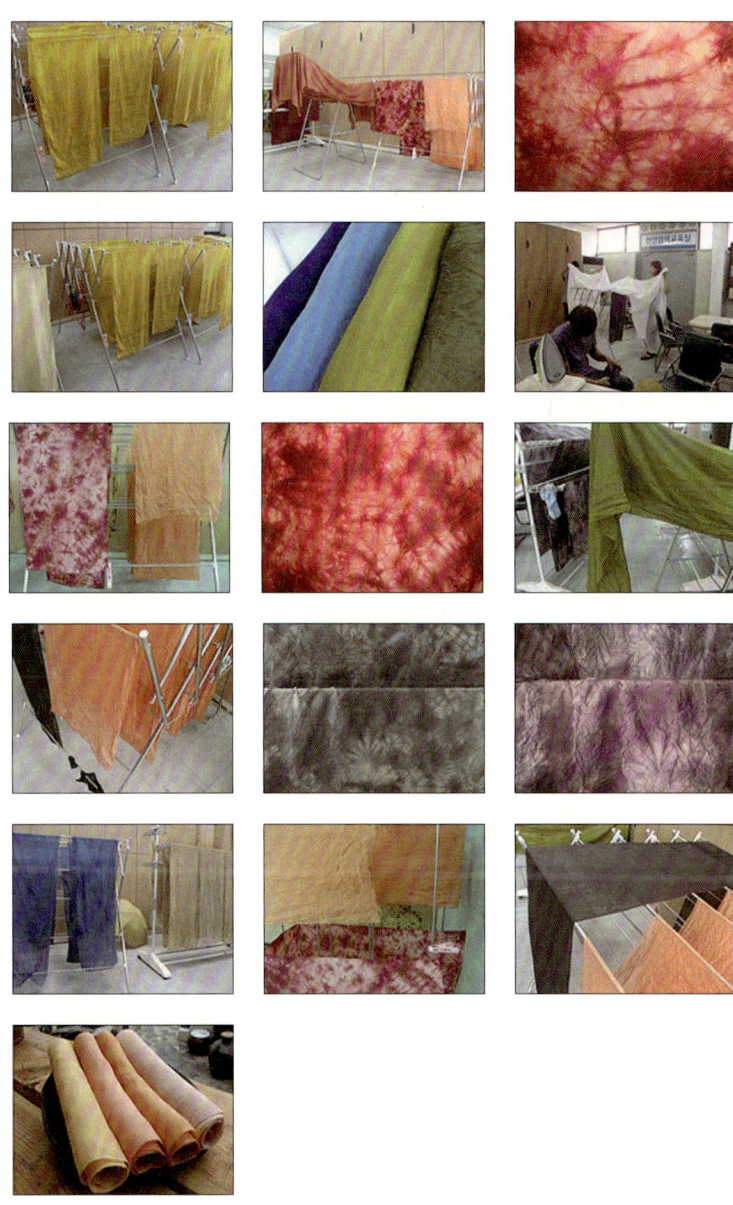

작품 1

― 천연염색 실크, 모시, 삼베와 솜을 활용하여 만든 작품(묶기, 꼬기)

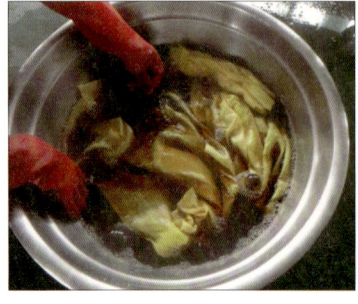

재료

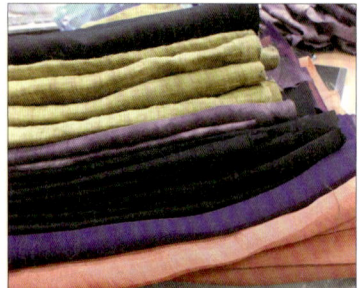

원단 만들기

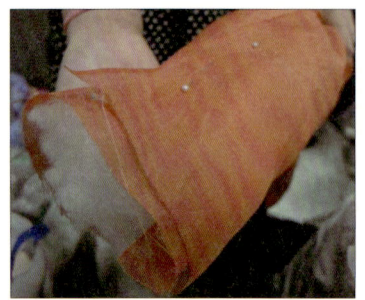

유닛 만들기

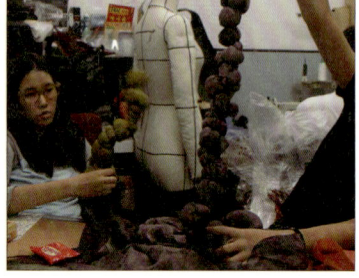

작업 과정

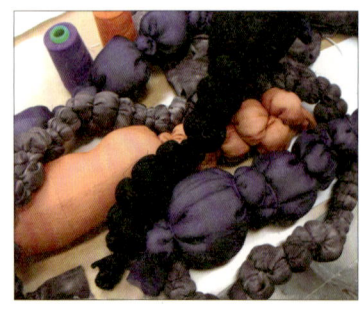

부분도

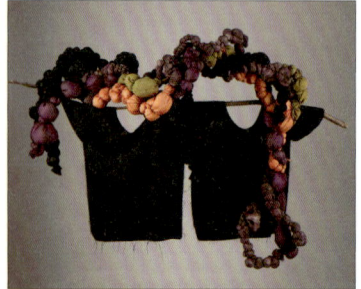

완성작

작품 2

— 나뭇가지와 패브릭을 활용한 만든 작품(접기, 말기, 붙이기)

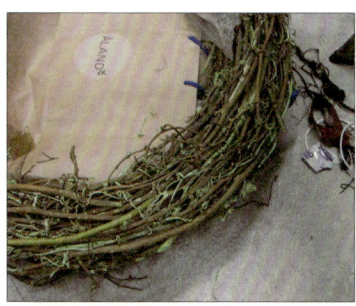

재료

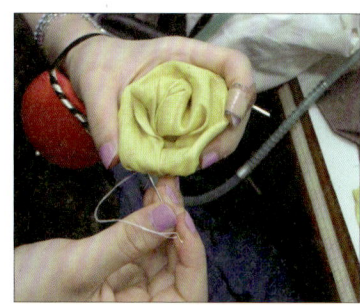

원단 만들기

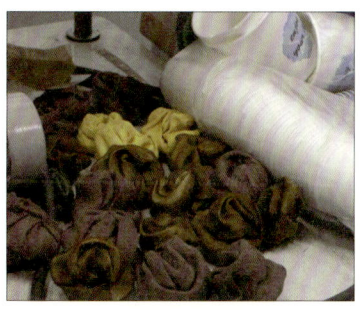

유닛 만들기

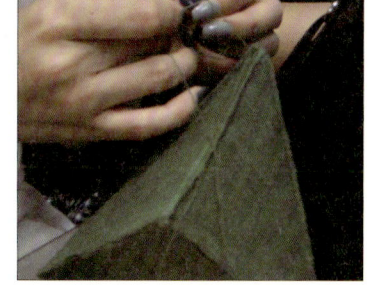

완성 과정

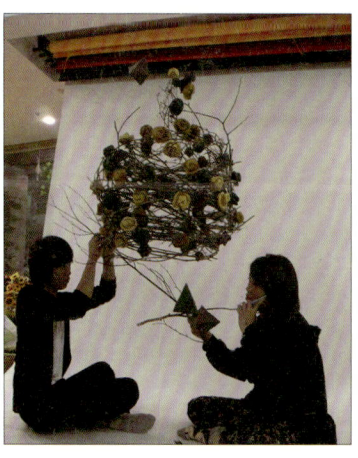

부분도

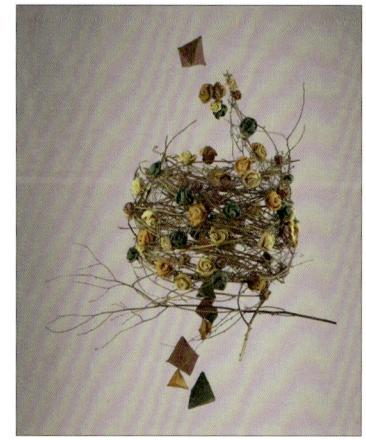

완성작

작품 3

— 옥사에 기계주름을 활용한 작품

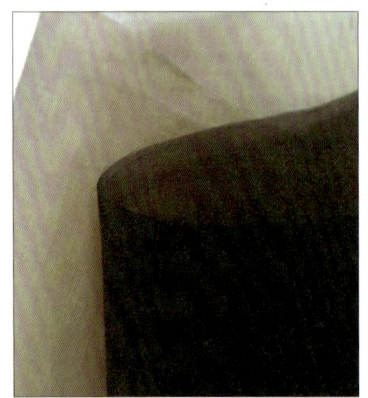

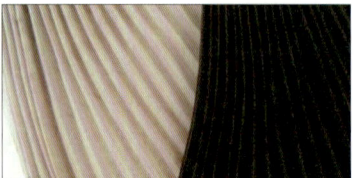

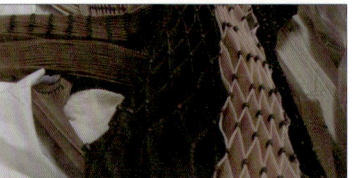

재료

원단 만들기

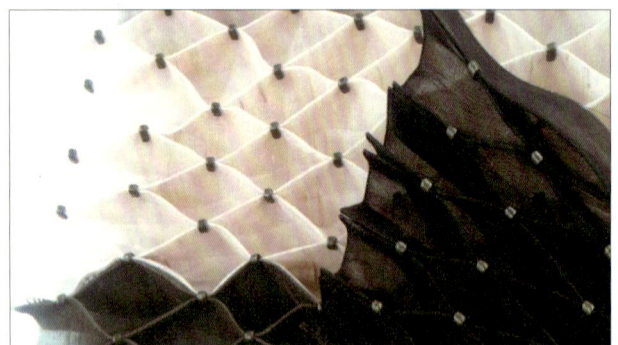

유닛 만들기

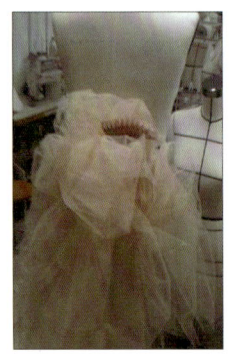

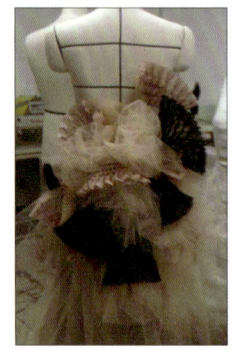

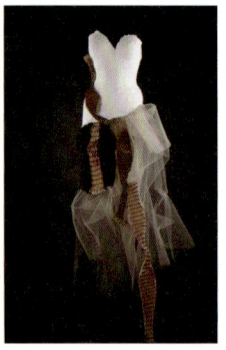

완성 과정

부분도

완성작

작품 4

── 컨투어 드로잉을 핸드메이드 스티치 기법으로 제작한 작품

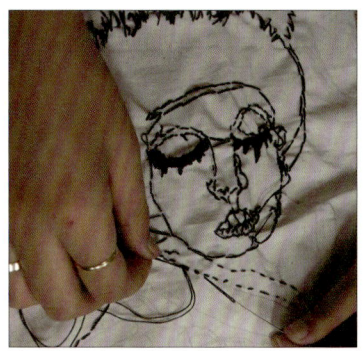

핸드 스티치

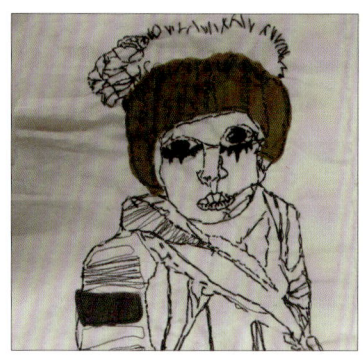

여러 재료 혼합 장식

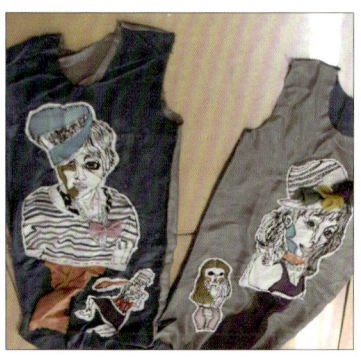

의상 제작

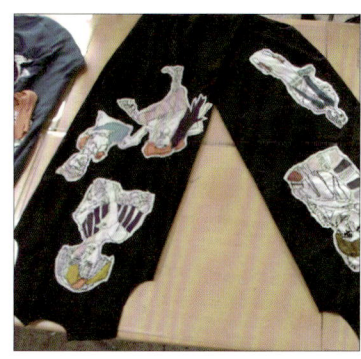

완성 과정

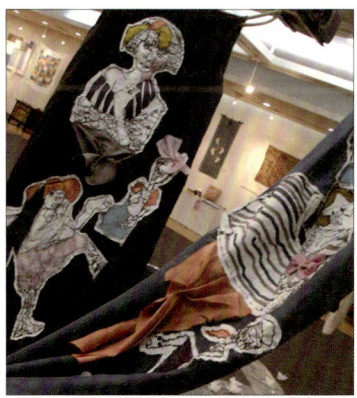

부분도

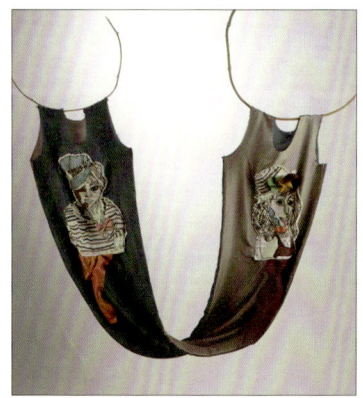

완성작

작품 5

— 모시, 삼베, 나뭇가지를 활용한 작품

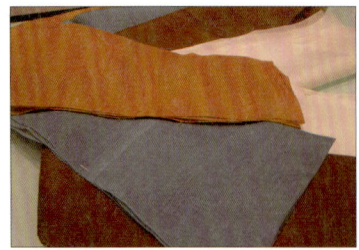

원단 재료

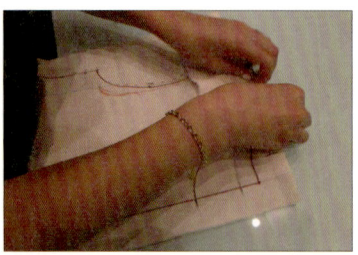

패턴 만들기

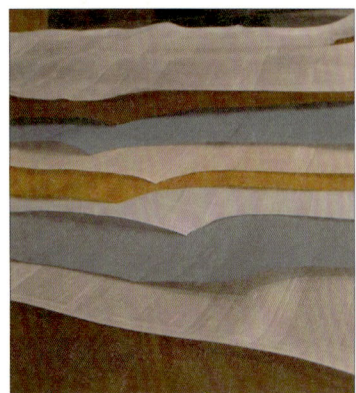

의상 제작

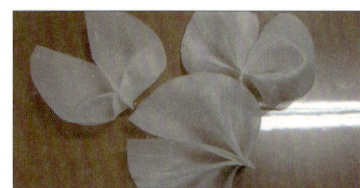
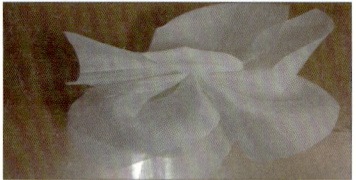

장식 디테일

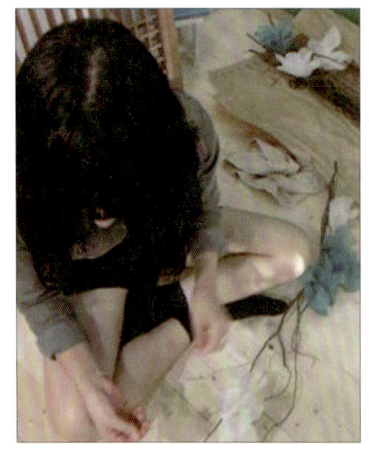

부분도

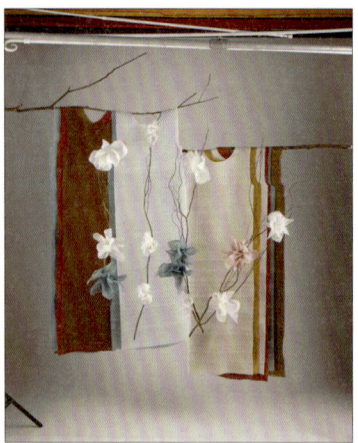

완성작

소잉을 활용한 컨투어 드로잉

작품

── 패치워크와 핸드 소잉 기법을 활용하여 제작한 컨투어 드로잉 작품들

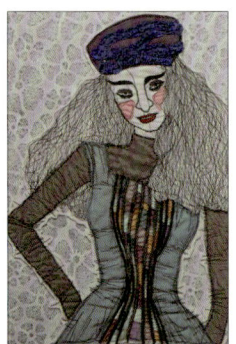
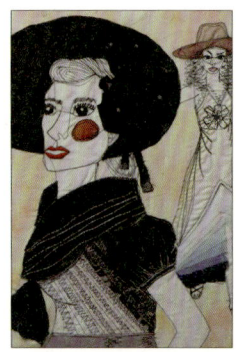
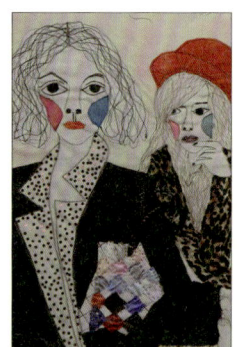

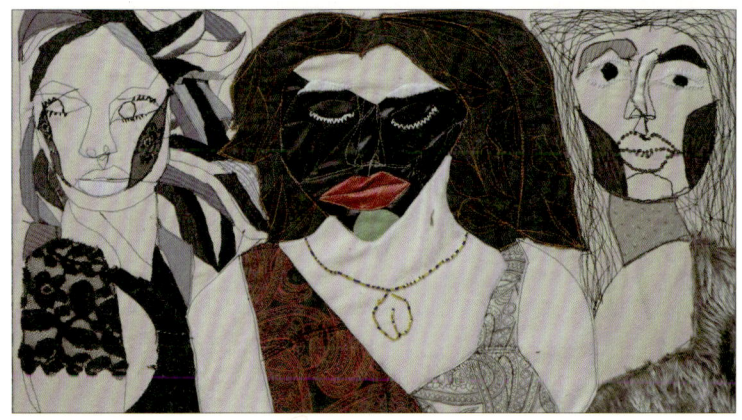

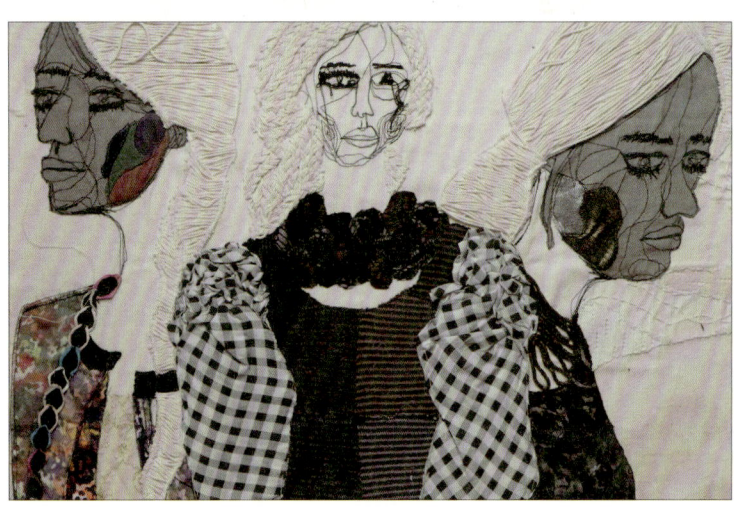

미래

끊임없이 제시되고 있는 신소재의 개발과 제작 기술의 발전,
기초조형의 주제의 다양성을 생각하면 기초조형의 미래를 단언하는
것은 불가능할 것이다. 하지만 조형 재료의 탐구와 조형 제작의
각 측면에서 공통적으로 제시되고 있는 키워드를 보는 것은 새로운
조형 연구의 방향성을 탐색하는 관점에서 의미를 가질 수 있다.
친환경, 테크놀로지, 인터랙션, 감성과 유희 등으로 대변되는 키워드는
그중에서도 가장 중요한 위치를 차지한다. 이러한 키워드들은 재료나
소재 관점에서도 중요하지만, 조형의 주제와 조형의 근본 원리로서도
그 의미가 증대되고 있다. 또한 각각의 키워드들은 복합적으로
결합되거나 조형 분야에서 통합적으로 연결된다는 점에서 그 의미가
더욱 중요하다. 친환경은 테크놀로지와 연결되며, 이는 미디어와
제품의 결합, 패션과 제품의 결합으로 나타난다. 감성은 시각과
입체 조형물의 통합, 나아가 물질적 조형과 비물질적 조형의 통합에
대한 가능성도 제시해 준다.

　　이 장에서는 다양한 조형예술의 분야에서 나타나고 있는
주요 키워드와 조형 작품의 사례를 중심으로 이러한 미래적 트렌드의
방향을 설명하며 그 가능성을 탐색해 보도록 한다.

유희적 접근

현대 사회에서는 개개인의 취향과 기호에 맞는 디자인을 다양하게
선호하는 현상이 두드러지고 있다. 따라서 사용자의 요구에
부합할 수 있는 다양한 기능의 디자인 제품 개발이 요구되고 있다.
이에 대처하기 위해서는 디자인을 진행하면서 감각적 요소를 대입한
새로운 접근법과 독창성 있고 차별화된 메시지가 접목되어야 한다.

　　유희적 감성을 불러일으키는 은유적인 방법인 메타포는 디자인에
특별한 의미를 부여해 다양한 표현을 가능하게 한다. 그러한 이유

때문에 현대 디자인 사회에서 대중적인 상상력을 자극해 흥미와
관심을 불러일으키는 소재로 인식되고 있다. 유희적 디자인의
표현 유형은 일반적으로 해학, 풍자(패러디), 아이러니 등을 들 수 있다.
유희적 감성의 표현은 고정관념에서 탈피해 이전에는 미처 생각하지
못했던 새로운 메시지를 전달하고자 하는 디자이너의 상상력에서
기인한다. 또한 이야기의 마지막 부분에서 아무도 상상하지 못했던
제3의 대상을 통해 반전을 일으키면서 폭소를 유도하게 하는
구조적 특징을 지닌다.

여기에서는 디자인의 새로운 가치로서 유희적 감성을 부여한
가구 제품에 대해 살펴보고자 한다. 가구 디자인에서 유희적 감성의
표현은 오늘날 새로운 디자인 방법론의 하나로 크게 각광받고 있으며
소비 시장에서 강력한 경쟁 요소로 부각되고 있다. 따라서 디자인을
개발하는 데 중요하게 고려되어야 하는 디자인 요소일 것이다.

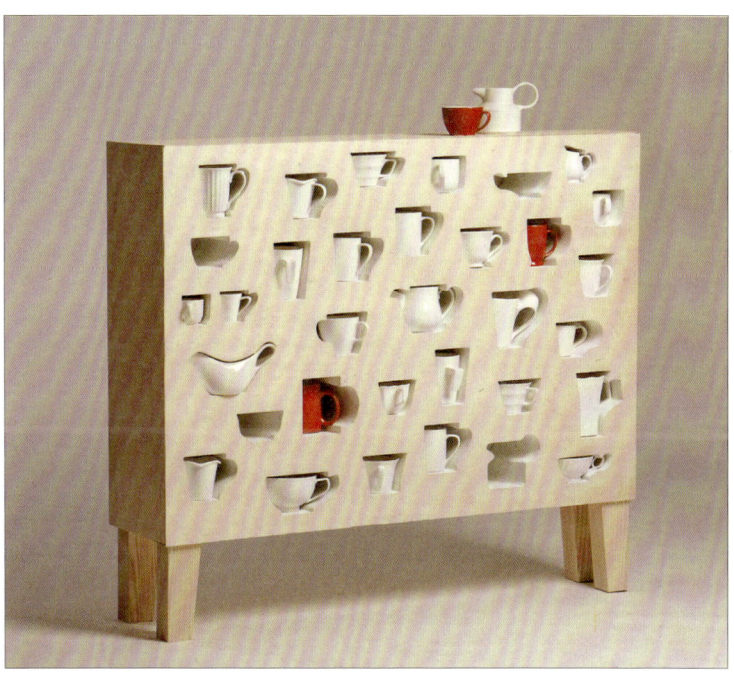

그림 1. 컵수납장(자작나무 합판을 이용)

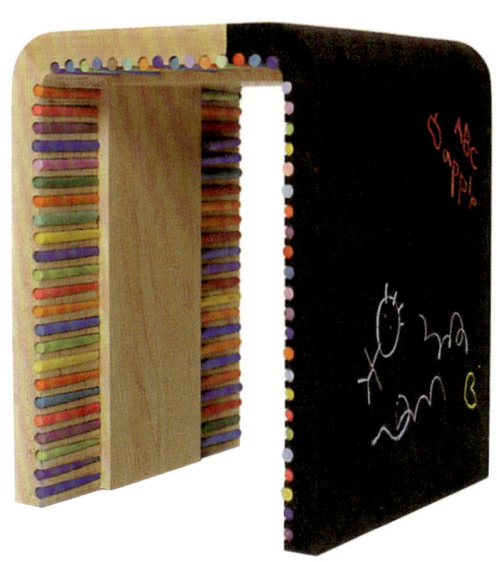

그림 2. 블랙보드 의자(분필, 단풍, 블랙보드 도료를 이용)

상징성과 은유성을 지닌 유희적 가구 디자인은 사용자의 만족도를
높이고 대중의 무의식에 존재하는 욕구를 해소하는 데 매우
효율적이다. 하지만 올바른 유희적 디자인 전개를 위해서는 단순히
디자이너 자신의 막연한 상상력만을 가지고 디자인을 하는 것이
아니라 다양한 계층의 사용자에 대한 요구 조건 분석과 냉정하고
합리적인 디자인 조사 및 전개 그리고 창의적인 능력이 요구된다.

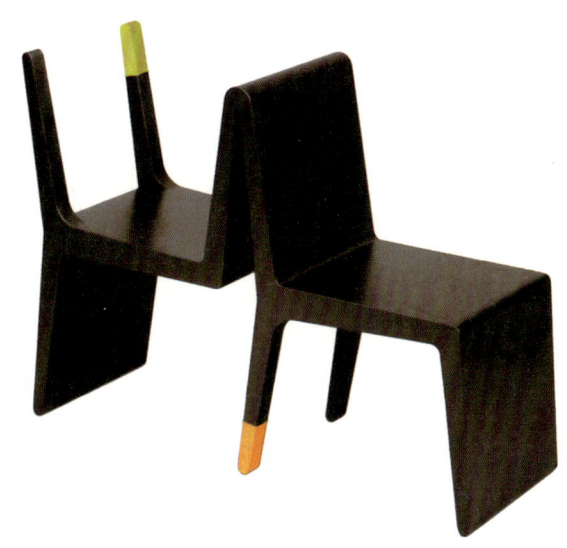

그림 3. 2인용 의자(합판, 실리콘, 래커를 이용)

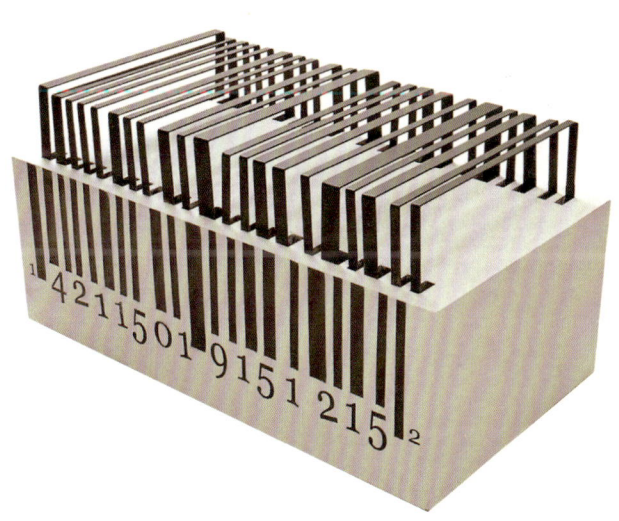

그림 4. 바코드 의자(합판, 스틸을 이용)

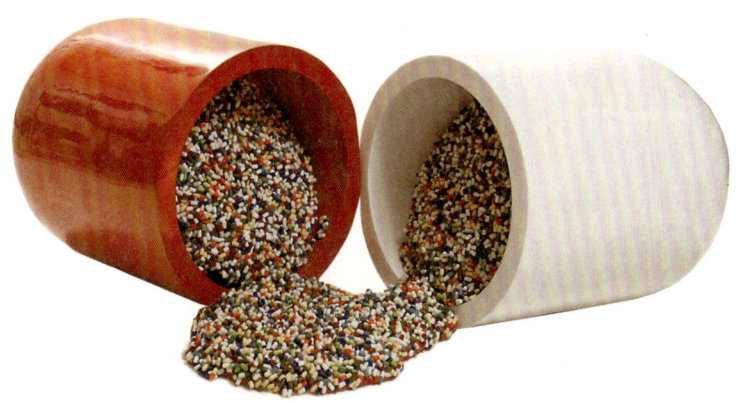

그림 5. 알약 의자(MDF, 알약, 고광택 페인트를 이용)

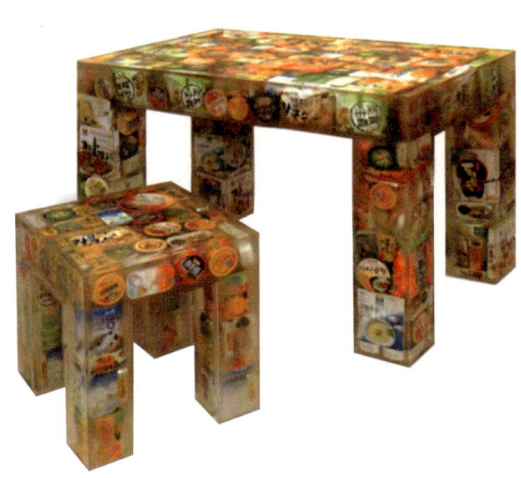

그림 6. 테이블과 의자(인스턴트 음식, 레진을 이용)

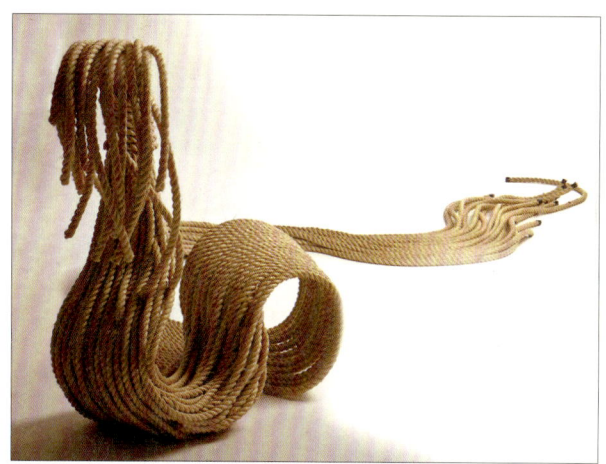

그림 7. 밧줄 의자(밧줄, 에폭시를 이용)

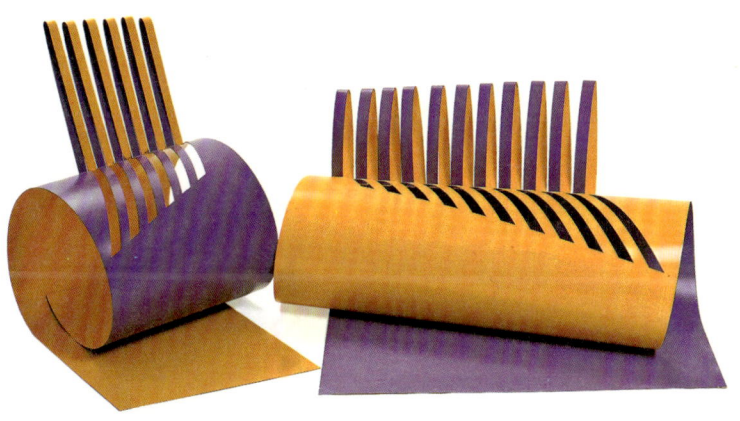

그림 8. 스틸 의자(스틸 벤딩을 이용)

인터랙티브 프로토타이핑

디자인 개발의 가장 큰 특징은 사용자 중심의 디자인 사고와
상호 작용을 중심으로 하는 디자인 프로세스의 변화이다. 이러한
디자인 프로세스의 변화는 성공적인 디자인 형태나 스타일과 더불어
선호도, 인터페이스, 사용성, 기술 등과의 상관 관계를 가지고 있으며,
디자인 초기 단계에 사용자와 작업 중심의 디자인 콘셉트 개발과
조형과 기능에 대한 디자인 사고의 중요성을 보여 주고 있다.
또한 초기 디자인과 구체화 디자인의 프로세스 전개에 따라
디자인 프로토타이핑을 이용한 순환적 디자인의 중요성을 보여 준다.
디자인, 특히 제품의 인터랙션 디자인과 콘텐츠의 상호 작용
디자인에서 사용자를 중심으로 하는 디자인 실험과 탐구는 현재
디자인 프로세스의 핵심이 되어 있다. 이것은 기능을 중심으로 한
사용성에서 감성적 만족의 영역, 시각적인 디자인 탐색에서 비시각적인
영역, 물질적 대상에서 공간과 상호 작용 중심의 영역, 화면에서의
인터랙션에서 실체적인 사물과의 인터랙션 영역으로 확장되고 있다.
이러한 변화에 따라 프로토타이핑의 역할은 디자인 도구로서 더욱
중요시되고 있으며, 궁극적인 디자인 목적으로서 디자인 대상물의
시뮬레이션 도구로 활용되고 있다. 디자인 프로토타이핑 또한 이전의
시각적인 예측과 탐색에서 기능과 상호 작용의 구현, 사용의 상황 및
환경에 대한 관찰의 역할을 수행하고 이를 위한 학제적인 연구가
이루어지고 있다.
　　현재 제품의 인터랙션 디자인에 활용되는 프로토타이핑 도구들은
형태의 탐구와 인터랙션의 탐구의 2개 분야로 나뉜다. 하지만
이 도구들은 실질적으로 높은 제작 비용과 긴 제작 시간, 특성화된
전문 기술을 요구하고 있어 실제 디자인에 활용하는 데 큰 어려움이
있다. 정보와 상호 작용이 강조되는 신제품 분야일수록 더욱 그러하다.
따라서 도구 등을 개발해 이를 개선할 필요성이 있다. 디자인 중심의
프로토타이핑 방법의 개발과 디자인 프로세스에 따른 통합적 고려는
디자이너들이 그 역량을 훨씬 폭넓게 발휘할 수 있도록 할 것이다.

인터랙션 디자인과 프로토타이핑

제품의 물리적 인터페이스 및 인터랙티브 디자인 개발 기술에
대한 연구가 활발히 이루어지고 있다. MIT미디어랩의 '생각하는
사물(Things That Think) 프로젝트'는 지능화된 사물의 컴퓨팅 기술을
이용해 사용자의 언어, 행동, 생활습관 등을 스스로 이해하고 적합한
서비스를 제공한다. 즉 각 사람들의 커피 기호를 파악하는 커피메이커,
식물의 특성에 따라 수분을 자동 조절하는 화분 등이 그 예가
될 수 있다. 특히 디자인은 혁신과 콘셉트의 개념으로 재해석되며
새로운 디자인 개발 기술과 프로세스를 제공하고 있다.
마이크로소프트사의 '이지리빙(Easy Living) 프로젝트'는 분산
프로그래밍을 프레임으로 하여 지능형 제품 환경을 구성하는 콘텐츠
중심의 다양한 제품과 소프트웨어를 디자인하고 환경과 시스템적인
관점에서 접근하고 있다. 특히 이동성과 제어에 관련된 제품의
인터랙션 디자인의 새로운 방법을 제시한다.

    스위스연방기술연구소와 독일의 TecO(Telecooperation Office)와
핀란드의 국립기술연구소가 공동으로 진행 중인 '스마트 잇(Smart
Its) 프로젝트'는 일상사물에 소형의 내장형 디바이스인 '스마트 잇'을
삽입하여 감지, 인식, 컴퓨팅함으로써 지능화된 정보화 제품을 통해
제품 간의 상호 커뮤니케이션과 협력적 상황 인식의 새로운 환경을
구현할 수 있다. 예를 들어 '미디어컵'은 일반 머그컵에 '스마트 잇'을
탑재함으로써 컵에 대한 정보와 함께 사용자의 정보까지도 인식,
처리, 전달할 수 있게 했다. '미디어컵'을 이용하면 회의실을 누가
사용하고 있는지를 확인할 수 있으며, 휴대기기나 커피메이커 등과
같은 다른 장치와의 커뮤니케이션을 통해 컵의 내용물에 대한 정보를
교환하고 커피가 부족할 경우 커피메이커를 자동으로 작동시켜
보충받을 수도 있다.

    필립스사(Phillips)가 주관하는 연구 내용은 인터랙티브 제품과
디자인 환경에 대한 전반적인 개발의 방향을 제시하고 있다. 가정
및 오피스 환경을 기반으로 상황 인지 시스템 구현에 관한 구체적인
연구가 이루어지고 있다. 또한 휴렛팩커드(Hewlett-Packard)의
'쿨타운(Cool Town) 프로젝트'는 유무선 통신 네트워크 기술과

웹 기반의 정보 통신 기술을 기반으로 현실 세계의 사람,
장소, 사물이 가상 세계에서도 연동되는 환경 구축을 목표로 한다.
쿨타운미술관에 전시되어 있는 각각의 그림에는 고유 ID와 관련
정보의 URL을 전송하기 위한 RF 전자 태그가 부착되어 있고,
미술관 곳곳에 설치되어 있는 프린터 등에는 웹서버가 장착되어 있어
관람자는 그림을 감상하면서 가지고 있는 PDA를 통해 그림과 관련된
정보를 제공받을 수 있을 뿐 아니라 원하면 관련 그림의 URL을
근처 프린터로 전송해 출력할 수 있다.

　이와 같이 지금의 디자인 기술은 제품과 콘텐츠의 일체화된
디자인, 사용성과 관련된 인터랙션 디자인 중심의 기술적 표준화가
제시되고 있으며, 기존의 독립적인 제품의 디자인 방법을 변화시켜
사용자와 제품 간의 상호 작용 디자인을 주요 디자인 요소로
강조하고 있다.

디자인 프로토타입

프로토타입의 사전적 의미는 원형, 제작물의 기본형이라는 뜻으로
양산에 앞서 제작해 보는 행위를 가리킨다. 하지만 이러한 의미는
적용 분야에 따라 다양해진다. 소프트웨어에서는 아직 완성되지 않은
실험용 또는 출시 이전의 테스트 소프트웨어를 지칭하며, 엔지니어링
분야에서는 양산 적용 이전 단계의 실제 생산 가능한 모델을 지칭한다.
제품 디자인에서는 프로토타입을 아이디어의 구체화 및 사용자의
피드백과 평가를 위한 '디자인의 모든 재현물'을 의미한다. 일반적으로
디자인 스케치에서부터 도면, 컴퓨터를 활용한 모델링, 소프트모델
(soft-model), 더미모형(dummy mock-up), 솔리드모델(solid-model) 등
디자인 아이디어를 구체화하는 행위와 결과물을 프로토타이핑이라
지칭하는데, 이것은 디자인 완성까지 반복적으로 이루어진다.
프로토타입은 적은 비용으로 빠른 시간에 개발되어 제품 개발의
의사소통 수단으로 활용되고 사용자의 지속적 평가와 디자인의
검증과 수정을 가능하게 한다.

인터랙션 디자인의 프로토타이핑

전통적인 제품 디자인 프로토타이핑은 형태 재현에 그 목적이 있지만, 인터랙션 디자인과 관련해서는 사용자의 상호 작용과 인터페이스의 시뮬레이션, 구체적인 사용 시나리오 및 환경의 재현으로 폭이 넓어진다. IDEO는 인터랙션 디자인 프로세스를 이해(understand)–관찰(observe)–상상 및 예측(visualize and predict)–평가 및 개선 (evaluate and refine)–시행(implement)의 5단계로 설명하고 있으며, 중심에는 인터랙티브 프로토타이핑을 통한 실체적 디자인 모델의 개발과 사용자의 지속적인 관찰과 상호 작용을 특징으로 하고 있다.

대니얼 폴만(Daniel Fallan)은 프로토타이핑을 HCI에서의 디자인 스케치로 정의하고 그 특징으로 상호 작용성, 순환성, 실체성, 다감각성을 지적한다. 스티브 길(Steve Gill)은 전통적인 디자인 방법과 프로토타이핑, 인터랙티브 요소를 통합하는 디자인 프로세스를 제시하고 스케치에서부터 3차원의 형태와 인터랙티브 모델의 통합적 프로토타이핑을 제시한다.

인터랙티브 프로토타이핑 도구

제품 디자인 분야에서 프로토타이핑 도구들은 전통적인 디자인 방법(스케치, 소프트모델, 솔리드모델)과 상호작용 재현의 방법(실체적 모델, 시뮬레이션, 인터랙션 트래킹)으로 나누어져 개별적으로 사용되고 있으며, 이러한 도구의 분리는 통합적인 조형과 인터랙션의 실험에 어려움을 주고 있다. 많은 신제품들이 콘텐츠와 상호 작용하는 제품으로 변화하고 있으며, 사용자는 형태, 기능, 인터랙션의 재현을 동시에 요구하고 있다. 즉 인터랙티브 프로토타이핑 도구는 조형과 상호 작용을 통합적으로 다루고 접근해야 한다.

현재 개발되는 인터랙티브 프로토타이핑 도구는 형태, 기능, 인터랙티비티의 3개 영역으로 구분되어 활용되고 있으며, 특히 인터랙션의 재현을 위해 사용되는 경우 엔지니어 관점에서의 기능 설계 중심으로 도구가 활용되고 있다. 하지만 디자이너는 프로토타이핑 도구를 활용하는 데 사용자 중심의 사고와 순환적 디자인 개발을 가능하게 하도록 도구를 다루어야 하며, 기존의 시각적 시뮬레이션과

심미적 재현의 디자인 본성을 충족시켜야 한다. 동시에 상호 작용성과
비시각적 영역의 행동, 미디어, 콘텐츠 기획을 포괄하는 디자인
실체화의 도구로서 프로토타이핑 도구를 활용해야 할 것이다.

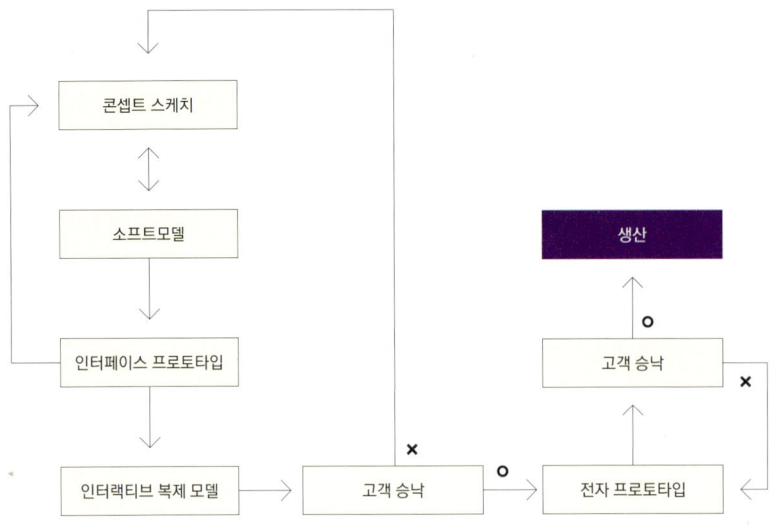

표 1. UWIC 인터랙티브 디자인 프로세스

인터랙티브 프로토타입의 역할

제품의 인터랙션 디자인을 위한 프로토타이핑의 도구는 다음과 같이
세 가지로 요약할 수 있다.

— 콘셉트의 증명

디자이너는 프로토타입을 통해 디자인 아이디어와 가치를 시각적으로
재현한다. 특히 다양한 각도에서 디자인 문제를 숙고하고 그 해결을
위해 조형과 구조를 가진 실체로서 프로토타입을 제시한다.

— 디자인 탐구

프로토타입은 시각적 측면과 상호작용 측면에서 디자인 탐구의
매개체로서 역할을 한다. 특히 제품의 인터랙션과 연관되어 사용자의
참여와 실제 사용을 관찰하는 수단이 되어야 한다. 협동적 디자인을

위한 발상도구의 역할과 디자인 검토와 수정을 위한 의사소통
도구로서의 역할을 수행한다.

— 기술적 탐구

제품의 인터랙션 디자인을 위해서는 구현 기술의 타당성과 가능성을
탐구하는 것이 중요하다. 프로토타입을 통해 어떻게 동작하고
사용하는지에 대한 시뮬레이션이 필요하다. 이러한 기술적 탐구는
혁신적인 제품 디자인의 개발에 유용하며, 프로토타입은 이러한
기술적 탐구가 어떻게 제품화되는지를 재현해 준다.

프로토타이핑에 대한 연구는 크게 낮은 재현성과 높은 재현성으로
나뉜다. 효율적인 프로토타이핑을 위한 방법론과 도구들에 대한
연구가 이루어지고 있다. 또한 전통적인 스케치, 솔리드모델를 비롯해
스토리보드와 시나리오를 인터랙티브한 환경과 신기술에 적용시킨
도구 개발이 다방면에서 이루어지고 있다.

— 낮은 재현성의 프로토타이핑

낮은 재현성을 가진 런데이(James A. Lunday)의 실크는 스케치를
기반으로 미디어 디자인의 프로토타이핑 아이디어 및 콘셉트 전개의
도구를 개발하고 있으며, 디자인 중심의 방법 개발에서의 대표적
사례이다.

밀러(Michael Müller)의 PICTIVE[1]는 GUI의 메타포를 사용자
참여의 인터랙션 방법과 결합한 사례로서, 관찰과 역할 참여를
중심으로 카드와 아이콘 프로토타이핑의 기본 도구를 보여 준다.

남택진과 스티브 길은 포스트잇의 상태 전환 차트의 개념을 도입해
신속한 인터랙션 프로토타이핑 도구의 방법을 제시하며, 디자이너에게
친숙한 파워포인트와 키보드 등의 소프트웨어 하드웨어 개발 방법을
제시했다.

1—
PICTIVE는 Plastic
Interface for
Collaborative Technology
Initiatives through Video
Exploration의 약자로
1991년 마이클 뮐러가 개발한
방법이다.

손(T. Y. Sohn)과 데이(A. K. Dey)는 iCap의 프로토타이핑 툴킷을
개발해 다양식(multi-modal)의 방법을 개발했으며, 도구 사용
인터페이스에서 GUI의 메타포와 인터랙션을 쉽게 연결할 수
있도록 했다.

케추라(M. Kettula)는 가상현실을 사용한 프로토타이핑 방법을
제시했다. 이를 통해 디자이너와 사용자가 디자인 시스템을 제작하고
평가하며 커뮤니케이션 하는 방법을 보여 주었다.

피젯(pidget)이나 마인드스톰(mind storm), 베이직스탬프(basic stamp)
등의 도구들은 엔지니어링 실험의 도구를 디자인에 적용한 사례이다.
인터랙션을 구현하는 다양한 프로젝트에 응용되었으며, 현재 기초적
프로토타이핑 교육에 응용되고 있다. 델프트대학에서 사용되는
QuintPro는 센서와 지능형 사물 중심의 프로토타이핑 방법을 제시한다.
이러한 신기술 적용은 Id, Barcode, RFID 등의 커뮤니케이션 기술을
통해 인터랙션의 추적과 시뮬레이션의 기초를 이루게 한다.

유형	장점	단점

낮은 재현성	· 전통적 디자인 프로토타이핑
	· 적은 제작 시간과 비용
	· 다양한 디자인 대안 평가
	· 의사소통의 유연성
	· 기초조형개발에 적합
		· 인터랙션 및 사용성 평가에
		  제한점을 가짐
		· 상세 디자인을 구현하기 힘듦
		· 디자이너 중심의 사용자
		  참여가 어려움

높은 재현성	· 기능과 상호 작용 구현
	· 사용자 중심의 도구
	· 명확한 제품을 시뮬레이션
	· 제품테스트와 마케팅 도구로
	  다양한 활용
		· 엔지니어링 중심의 도구
		· 긴 제작 시간과 비용
		· 디자인 콘셉트 개발에
		  적용하기 어려움
		· 높은 기술적 특성화를 요구

표 2. 프로토타이핑의 유형

디자인 프로세스에 따른 프로토타이핑 도구

디자인 프로세스에 따른 통합적인 프로토타이핑 도구는 표 3과 같다.
모든 프로토타이핑 도구는 기존의 디자이너가 활용하는 도구와
재료를 바탕으로 활용성을 극대화하고 특히 마지막 단계의 기술적
프로토타이핑은 현재의 연구모형과 같은 형태로 전문가의 협업을

유도한다. 각 단계의 프로토타이핑 결과물은 다음 단계에서 활용할 수 있도록 통합적으로 개발되며, 플래시와 같은 소프트웨어 구현 도구를 활용해 디자이너의 친숙도를 높인다.

디자인 단계	활용도구	시스템	특성
디자인 콘셉트 개발	시트 모델 중심의 원데이 프로토타이핑	PC의 키보드와 마우스, 조이스틱의 인터페이스 활용	신속성 다양성
디자인 구체화 단계	태그 인식을 통한 콘텐츠의 탐색적 프로토타이핑	디자인의 인터랙션 구조를 파악하고 상호 연관되는 형태적 인터페이스 설정	신속성 유연성
	폼모델의 형태/기능 구현의 탐색적 프로토타이핑	PC의 주변기기 또는 기존 제품을 활용하며, 디스플레이와 콘텐츠를 상호 작용	기능성 유연성
상세 디자인 단계	인터랙티브 테크니컬 프로토타이핑	PC를 통하지 않은 Embedded 모듈 활용	재현성 기능성

표 3. 프로세스에 따른 프로토타이핑 도구 제안

원데이 프로토타이핑 도구

제안된 프로토타이핑 도구들의 평가를 위해 디자인 전개에 따른 다양한 사례 연구를 실시했다. 우선 디자인 초기의 콘셉트 개발을 위해 원데이(One-day) 프로토타이핑 도구의 사례를 수행했다. 원데이는 하루 이내에 제작되는 특성을 반영한 것으로 제작의 신속성과 활용성을 지칭한다. 실험에 참여한 디자이너는 프로그래밍과 전자회로의 기술을 전혀 모르는 디자인

전공 학생이며, 하루 동안 인터페이스 및 회로에 대한 교육을 받은 다음 자신의 아이디어를 키보드 및 마우스의 분해를 통해 구현시켰다. 원데이 프로토타이핑 도구는 시트와 시트에 붙여지는 전선을 활용해 기존의 제품 디자인 모델의 제작과 유사하게 진행되었다. 특히 전자회로를 사용한 경우 짧은 시간 내에 프로토타이핑을 완성시켜 다양한 인터랙션의 콘셉트를 도출했다.

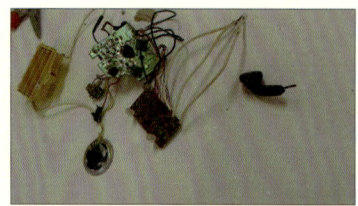
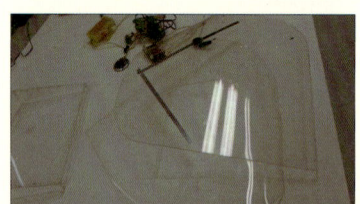
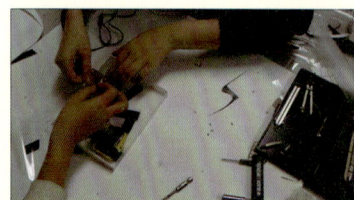
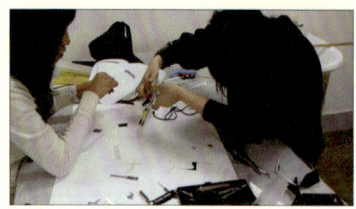
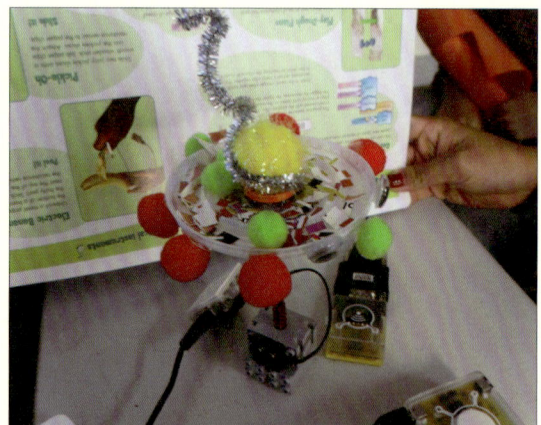
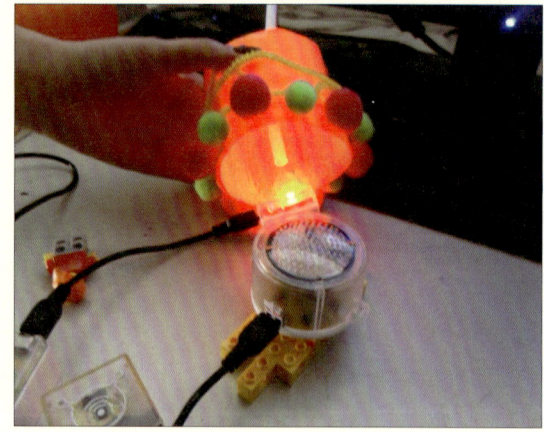

그림 9. 원데이 프로토타이핑 실습 사례

그림 10. 피코크리켓을 활용한 원데이 프로토타이핑

탐색적 프로토타이핑 도구

원데이 프로토타이핑 모델을 통해 구현되는 디자인 콘셉트는 사용자 테스트를 통해 기능 구조의 태그로 정리된다. 플래시 소프트웨어 도구는 기능 구조를 각 프레임으로 통합하며, 스크린을 통한 콘텐츠 인터랙션의 탐색적 프로토타입을 완성한다. 탐색적 프로토타이핑의 또 다른 방법은 제품 디자인의 전통적 방법인 폼 모델을 활용하는 것이다. 폼 모델은 시트 모델과 유사한 소프트 모델로, 제품의 형태를 보다 구체화하고 인터랙션 디자인의 시뮬레이션을 현실적으로 가능하게 한다.

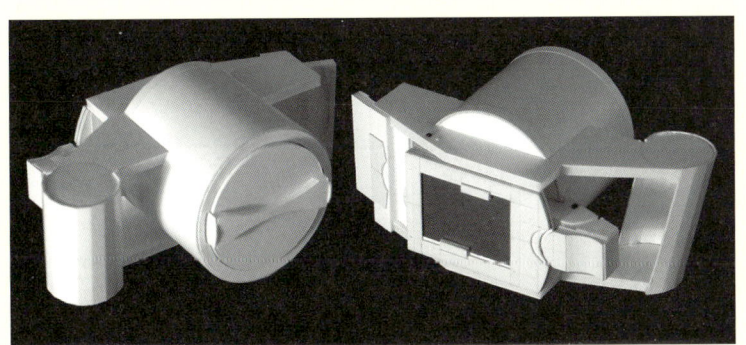

그림 11. 소프트모델을 활용한 원데이 프로토타이핑

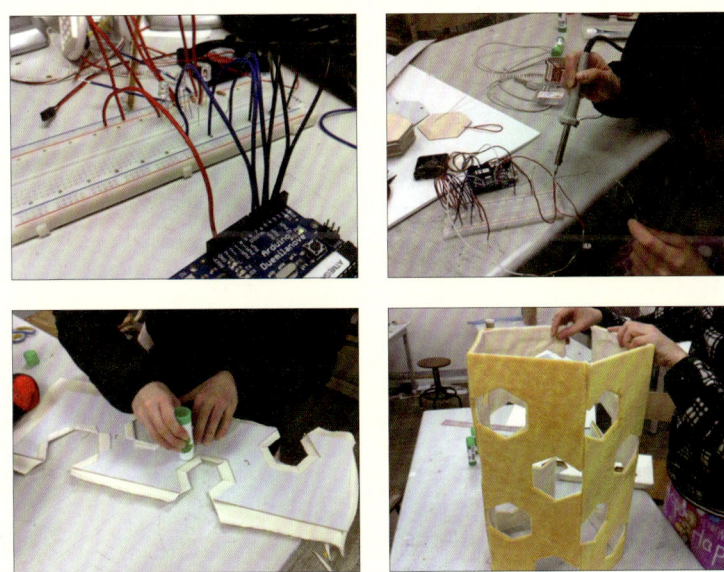

그림 12. 소프트모델과 전자장치가 결합된 탐색적 프로토타이핑 사례

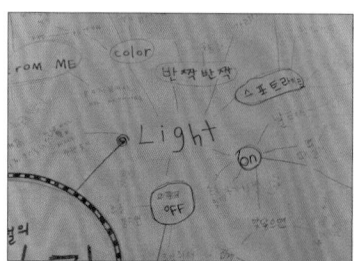
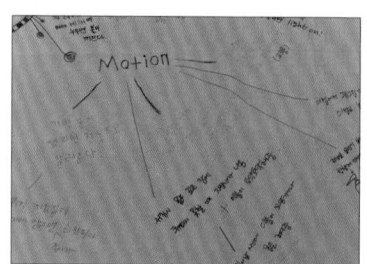
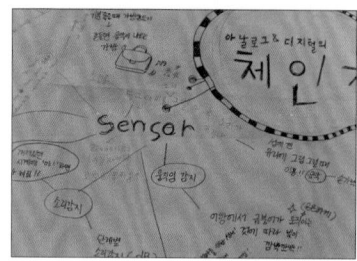
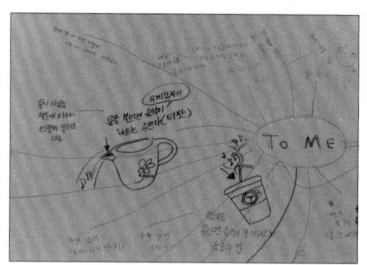

	듣기	생각하기	말하기
	컵 홀더에 컵을 끼운다	없음	행동 시작
	손잡이 버튼을 누른다	on / off 스위치	on
	손잡이 버튼을 누른다 소리를 낸다	바뀌는 표정에 따라 그에 맞는 소리 내기 (피에조 부조 센서)	표정에 따른 소리가 난다
	컵 홀더에서 컵을 뺀다	없음	행동 끝

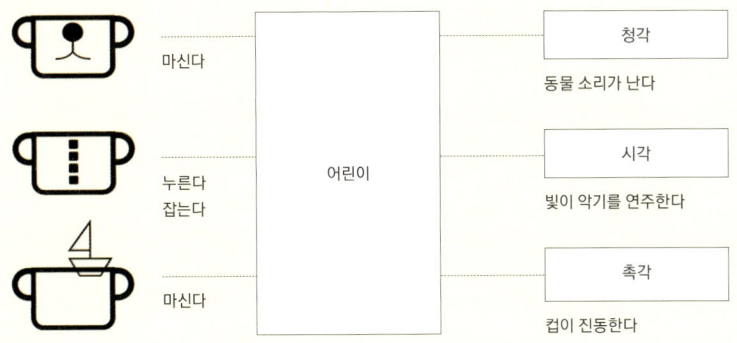

		청각
마신다		동물 소리가 난다
누른다 잡는다	어린이	시각 빛이 악기를 연주한다
마신다		촉각 컵이 진동한다

그림 13. 탐색적 프로토타이핑을 위한 기능 설정

기술적 프로토타이핑 도구

기술적 프로토타이핑은 동작과 인터랙션을 실제 구현하는 기능적 디자인 결과물이다. 특히 디자인이 완료되는 단계인 만큼 기능성의 완벽한 구현과 재현성의 사실감이 매우 중요하다. 이러한 프로토타입은 엔지니어의 도움을 받아 제작하는 것이 좋다. 특히 움직임, 동작, 주두, 바람, 휨 등의 제품 인터페이스 요소는 모듈화된 장비를 활용하도록 한다.

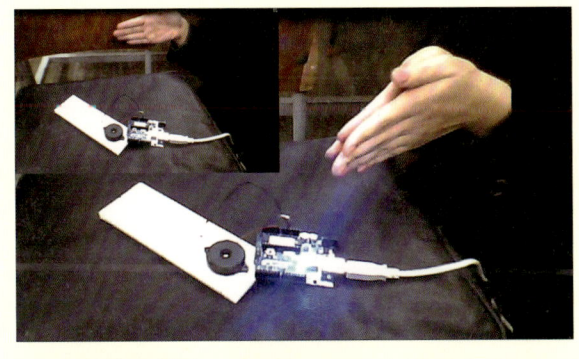
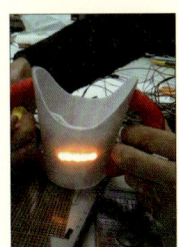
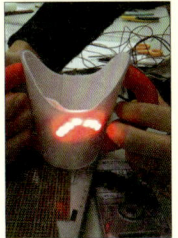
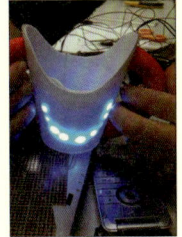

그림 14. 소리 반응과 조명을 연결한 기술적 프로토타이핑 실험

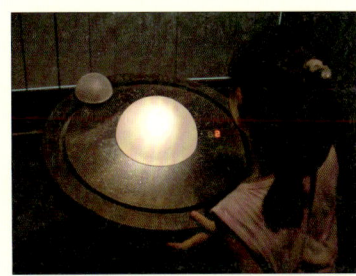
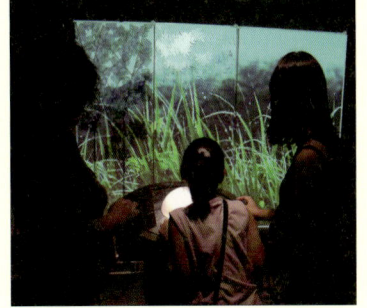

그림 15. 기술적 프로토타이핑

인터랙티브와 탠저블

1981년 첫 국내 컬러 방송 이후 영상 디자인과 관련된 10여 년간의
교육은 대체로 아날로그 기반의 단편영화, CF 그리고 실험적
애니메이션을 제작하는 수준이었다. 1990년대에 들어서 개인용
컴퓨터의 공급을 통해 다양한 방법으로 영상을 제작할 수 있게
되었고, 이에 맞춰 포괄적 의미의 영상 학습이 필요하게 되었다.
영상과 관련된 저작 도구 및 상영 기술의 발전은 평면적인 영상문화
시대에서 3D 영상 시대로 변화하는 원동력이 되었다. 3D 영상의
사실감 있는 시각적 환영의 표현은 관객에게 2D 영상에 비해 감성적인
전달 효과를 줄 수 있다. 방송, 영화, 광고, 게임 등 기존 매체로부터
전시 영상, 공연 영상, 공공미술 등 매체와 장르를 뛰어넘어 영역과
범주를 확장하고 있다.

르네상스 시대 이후 급속도로 발전되어 가고 있는 미디어는
현재 쌍방향의 커뮤니케이션을 가능하게 하는 인터랙티브한 형식으로
변화하고 있다. 감성적 경험에서 감각적 경험으로 변화된 영상의
트렌드는 영상을 그저 소비하는 관계에서 소비의 주체가 아닌
생산하고 경험하는 주체가 되어 가고 있다. 또한 이를 위한 영상에
대한 우리의 시각과 디자인적 변화가 요구되고 있다.

디자인, 공학, 인문학 등 다양한 분야와의 협업과 학습이 필요한
뉴미디어 영역에 대해 짧은 지면을 통해 설명되어지기는 쉽지 않다.
대신 인터랙티브한 영상 콘텐츠를 담아내는 매체를 중심으로 한
키워드에 대한 사례를 보여 주고자 한다.

영상 상영 방법의 변화

탠저블

물리적 공간과 가상 공간의 연결 통로로 손안에서 펼쳐지거나
손으로 조작해 공감각적인 경험이 가능한 영상을 말한다.

2—
UVA는 United Visual
Artists의 약자로 미디어
아트의 확장을 꿈꾸는 그룹의
명칭이다.
www.uva.co.uk

그림 16은 영국의 LED 관련 프로젝트를 진행하고 있는 UVA[2]가
파리에서 진행한 설치 작업 〈Triptych〉를 통해 관객들의 동작에 따라
다양한 빛과 소리의 반응을 선보인다.

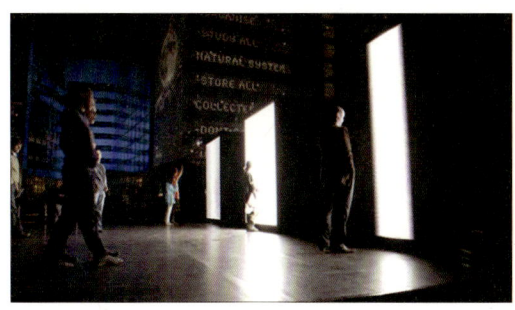

그림 16. LED 설치 작업 사례

그림 17은 센서와 컴퓨터 프로그래밍을 통해 제작된 작품으로
사람의 조작에 의해 영상이 완성되어 시각적 경험과 함께 촉각적 경험이
같이 제공된다.

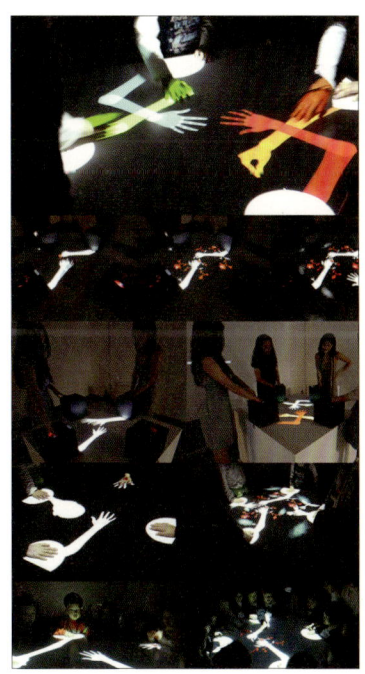

그림 17. 인터랙티브 영상 사례

그림 18은 카메라 센서를 이용해 주사위의 색상을 인식하게 하여
그 신호에 의해 영상을 보여 주고 있다.

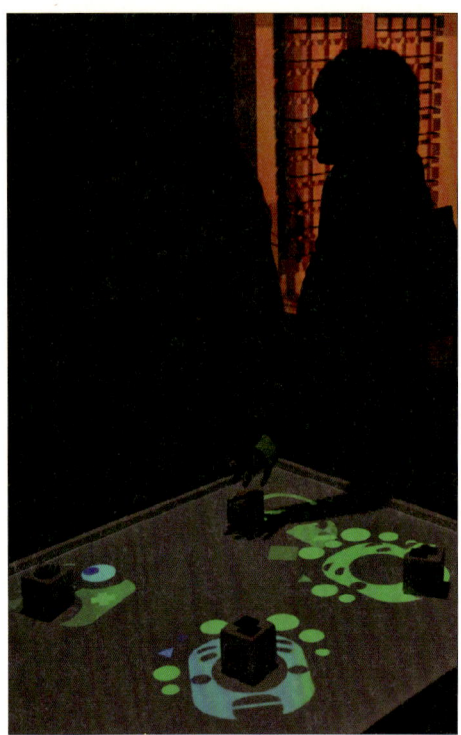

그림 18. 인터랙티브 영상 사례

영상 상영 대상의 변화

맵퍼블

물체와 환경에 프로젝션되는 이미지로 현실 공간과 가상적 이미지를
매핑해 새로운 공간을 만든다.

전시 공간에서의 영상 상영 방법도 다변화되어 가고 있다. 그림
19의 사례를 살펴보면 작품 〈LINK〉는 거대하게 쌓여 있는 무수한
종이상자들 안에 관객의 이야기를 담고 나눌 수 있는 인터랙티브한
놀이터로 구성되어 있다. 400개의 크고 작은 종이상자로 이루어진
인스톨레이션은 관객들이 남기는 이야기로 날마다 그 디자인을 새롭게
구성해 간다. 관객은 카메라가 내장되어 있는 키오스크로 4초간

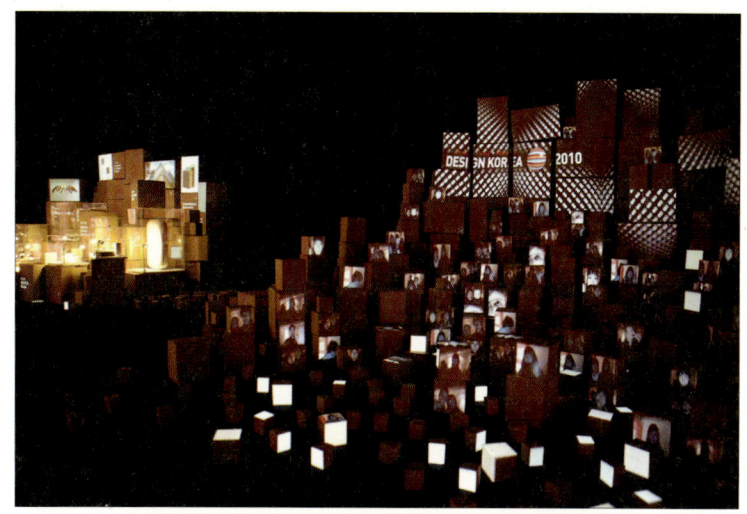

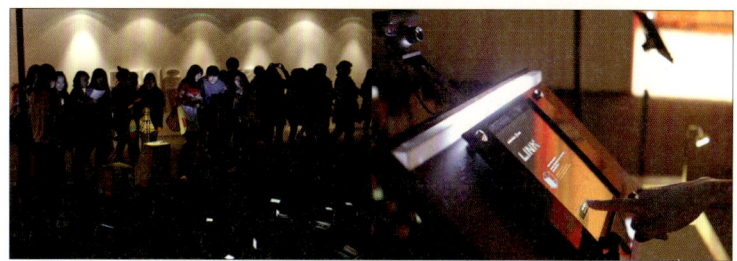

그림 19. 프로젝션 맵핑의 사례

각자의 영상을 녹음하고, 녹음된 동영상은 곧 실시간으로 종이상자 히나히나에 맵핑되어 불규칙하게 곳곳에서 재생된다. 무엇인가를 담고 보관하는 상자 속에 보이지는 않지만 존재했던 시간과 이야기, 사실 등을 물리적으로 남기고 나눈다는 콘셉트로 작업된 이 설치물은 무수히 많은 상자들로 구성되어 있다. 여기에는 총 400개의 종이상자, 6대의 프로젝터, 2대의 아이패드, 2대의 카메라, 4개의 다른 프로그램이 설치되어 있다.

　　카메라로 인식된 관객의 이미지를 구조물에 프로젝션하여 관객의 참여가 가능하며, 일반적인 스크린이 아닌 일상의 공간으로 상영 공간이 확장되어 가고 있음을 살펴볼 수 있다.

친환경 디자인

패션에서의 미래적 접근은 몇 가지 중요한 글로벌 키워드로 예상할 수 있는데, 최근 전 세계적으로 끊임없이 화두가 되고 있는 것이 환경 문제이다. 국제섬유박람회 중 가장 큰 규모로 알려진 이탈리아의 피티필라티박람회[3]의 2008년 타이틀이 'ECO-EQUO-FRIENDLY'였으며, 그 외에도 디자인 전 분야에 걸쳐 재활용, 그린 디자인, 에콜로지, 자연주의, 웰빙, 지속가능한 디자인 등 친환경을 주제로 한 활동들이 끊이지 않고 있다.

　　또한 국제 패션 컬렉션에서도 환경친화적 섬유소재를 다루는 의류들이 소개되고 있다. 이렇듯 에콜로지 개념을 도입한 환경친화적 패션들은 패션에 대한 사고를 다시금 생각하게 했다. 친환경 패션들은 과거의 유치한 디자인에서 벗어나 혁신적인 섬유를 소재로 사용하고 현대적 유행을 따르는 스타일을 도입했을 뿐 아니라 공정 과정에서의 다양한 테크놀로지와 결합되어 참신성까지 돋보이게 했다. 따라서 여기에서는 가장 최근의 패션 디자인에 나타난 친환경 디자인과 첨단 테크놀로지 패션을 중심으로 설명하고자 한다.

3 —
테마: 전 세계적으로 떠오르고 있는 환경친화적 주제를 다룬 2009-2010 FW피티필라티의 테마는 'Eco-Equo-Friendly'였으며, 테마를 위한 외부 공간에 전시된 자전거는 연료가 들지 않는 수송 수단으로서의 환경친화적인 오브제로 활용되었다. 특히 일상적인 미학의 상징과 세계적인 문화적 오브제로서의 자전거를 전시하여 글로벌 트렌드의 주요 테마로 삼았다.

관람객: 2008년 해외 바이어 7,827명(전체의 38%)을 포함, 총 20,565명의 바이어들이 참여해 최고를 기록했다. 전시회가 열린 4일 동안 3만 5,000명이 넘는 관람객이 방문했다.

트렌드: 스파지오 리체르카의 컬렉션은 초콜릿, 캔디, 파티세리의 3개 테마가 3개 연회용 식탁과 내추럴과 팬시 안의 조합으로 식욕이 동하는 듯한 니트 표현이 전개되었다.

색상: 세련되고 은은한 쿨과 웜 뉴트럴에 생동감 있는 색 삽입. 번트 오렌지의 어스 톤과 머스타드거 퍼티(putty) 분위기나 디프 초콜릿 브라운과 공존. 대조적으로 퍼플, 특히 가지색도 인기를 끌었다.

소재: 소재 면에서 눈길을 끌었던 것은 울트라파인 메리노 울로서 소프트와 다양성, 편한 착용이 강조되었다. 그리고 많은 컬렉션에서 울과 대나무의 혼방이 린넨, 실크, 알파카, 캐시미어 등과 함께 소개되었다. 텍스처 면에서는 심플한 생지에 입체적인 효과를 내는 놉이나 슬럽이 사용된 스트럭처와 스티치. 램즈울 및 메리노의 말과 멜란지를 사용하여 전통적이고 스타일리시한 니트가 표현되었다. 세련된 색상의 구사로 모던하고 다양한 신선함을 표현했다. 피티필라티에서 발표된 2008/09 추동 니트 안은 내추럴하고 클래식한 제품이 중심.

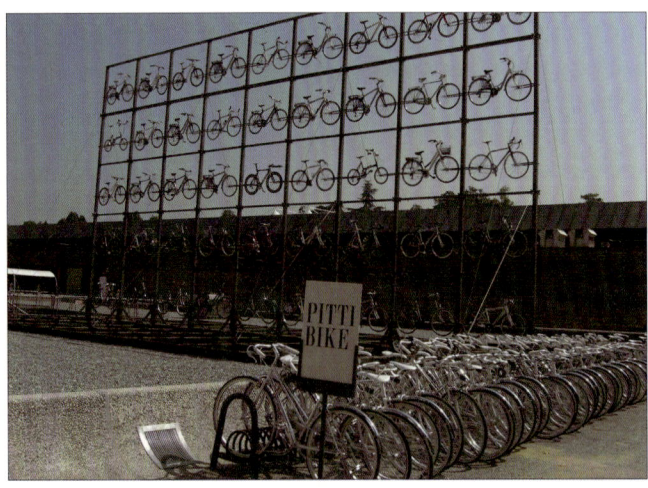

그림 20. 피티필라티 레이아웃 테마 'free cycle - free mobility'

고급 천연 섬유 사용이 강조되었고,
블렌드 비율이나 참신한 가공 방법으로
새로움을 소구하는 것이 일반적이다.
스포츠웨어나 기능성 섬유로부터
아이디어를 얻은 것이 많았다.
2009/10년을 겨냥하여 친환경을
주제로 한 섬유 전시와 니트 디자인,
직물 디자인 등 다양한 트렌드를
제시하고 있었으며 친환경 소재
개발에 대한 테마 전시가 돋보였다.

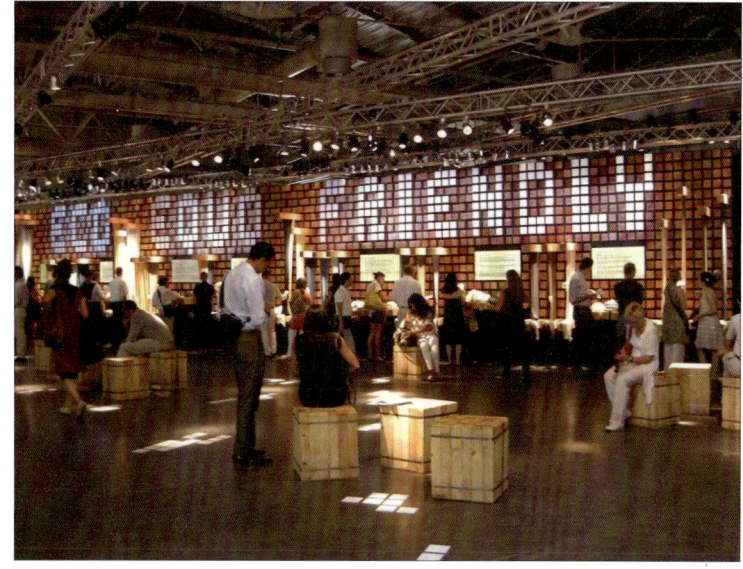

그림 21. 피티필라티 에코관

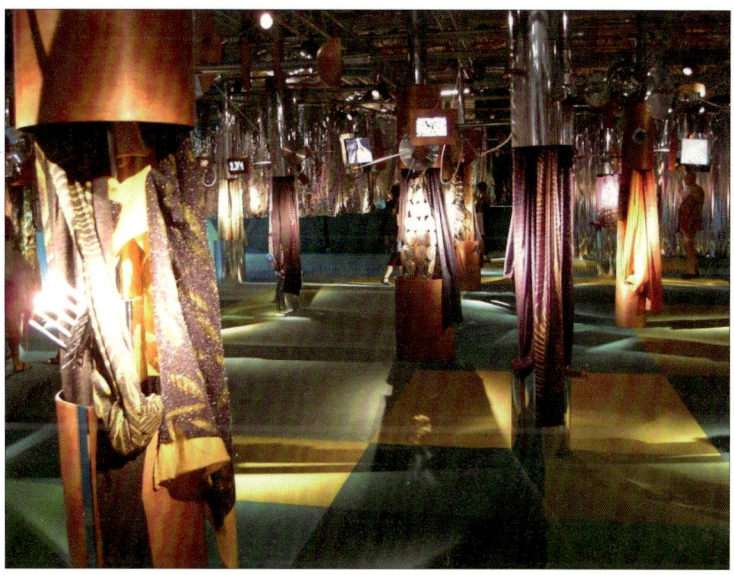

그림 22. 피티필라티 특별 전시관 내부

에콜로지

세계 시장에서 환경친화적 요소는 21세기 소비자들의 가장 큰
관심 분야로 부각되는 이슈이다. 자연을 말하는 것은 디자인에서도
주된 트렌드로 부각되고 있는데, 가전제품의 경우 자연을 모티프한
그린 색상 제품이 주를 이룬다. 더 이상 자연을 윤리의식으로
보지 않고 아름다움을 주는 요소로서 디자인에 적용시키고
'친환경'이라는 상징적인 역할로서 일상 속에 스며들고 있다.
또한 친환경 프로젝트, 친환경 소재의 개발, 친환경 비즈니스는
미래를 창조하는 럭셔리 브랜드의 필수 조건으로 대두되고 있다.

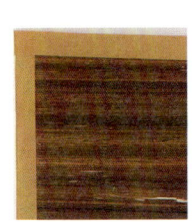 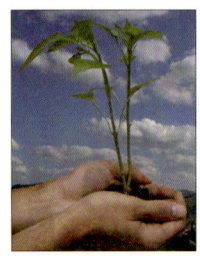 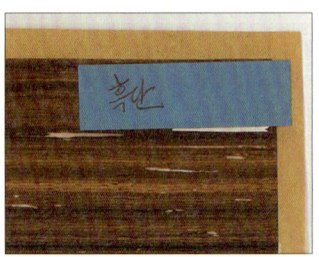

프랑스의 사회현상학자 자크 아탈리(Jacques Attali)는 이번에
『호모 노마드 – 유목하는 인간(L'homme nomade)』을 발간하면서
'허상 세계의 유목 현상(virtual nomadism)'을 말한다. 아탈리는 유목민
현상을 인간의 진정한 운명이라고 한다. 그의 생각으로는 세계에는
적어도 5,000만 명의 새로운 유목민(New nomade rich)이 생겨났으며,
그들은 직업으로든 취미로든 여행을 생활로 여기며 휴대전화,
신용카드, 노트북을 필수품으로 가지고 다니면서 그 외의 것들은
그 도시에서 해결하는 즉흥 쇼핑이나 여행을 위한 아이템 개발이
필수적이라고 생각한다. 이제 대도시는 큰 모텔처럼 변할 것이며
도시에 덜 묶이게 될 것이다. 이런 사회 현상과 발 맞춰 무겁고
짐이 되는 것을 싫어하는 새로운 세대를 위해 이동이 가능한 가구들이
디자인되어 큰 반향을 몰고 올 것이다. 즉 이에 맞는 마케팅 분석이
필요할 것이다.

현재 우리 주위에서도 도베투사이(Dovetusai)의 골판지를
이용한 바로크식 조립식 옷장과 장식장, 카펠리니(Cappellini)와
드로흐(Droog)의 오피스에서 폐지로 버려지는 종이를 이용한
의자들, 벼룩시장에서 구입한 서랍을 모아 독특한 장식장을 만드는 등
버려지는 재료를 이용해 럭셔리용품을 만들어 내는 트렌드가
보이기 시작한다.

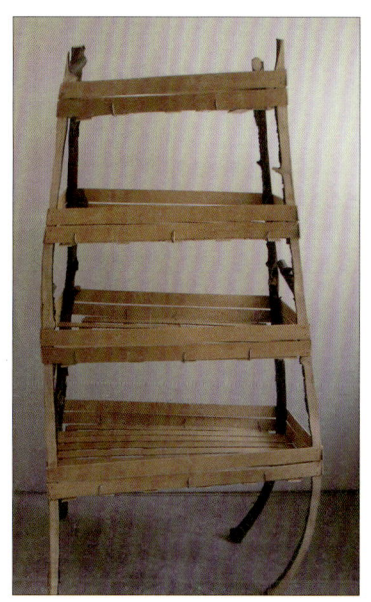 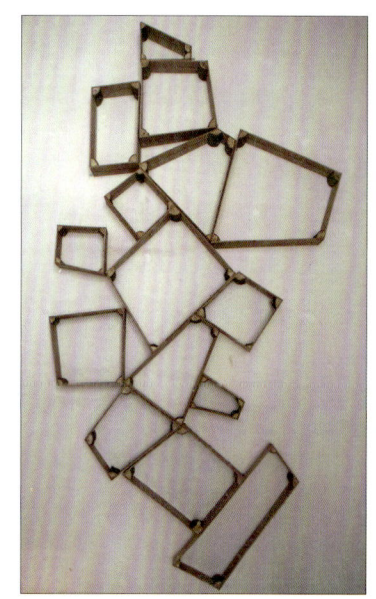

모던 테크놀로지

모던 테크놀로지는 에콜로지와 상호 보완적인 관계이다. 내추럴한
소재와 모티프를 현대적으로 재해석하고 지속적으로 발전 거듭하는
기술력의 개발은 이제 자연 친화적인 감성과 미래 지향적인
테크놀로지의 경계를 허물면서 중의적인 양상으로 표현되고 있다.
테크놀로지는 감성에 호소하는 새로운 방향으로 발전하고 있다.

희소성에서 비롯된 자연의 가치 Nature Itself 소재

다양한 제품들을 통해 이를 보다 구체적으로 살펴보자. 자연 하면
떠오르는 나무가 생활 속에서 가장 많이 사용하는 자재이다.
이탈리아 가구업체 리바1920(RIVA 1920)에서는 윤이 나는
마감 대신 나뭇결을 그대로 살린 라운지체어를 통해 숲속 어느 굵은
그루터기에 기대어 있는 듯한 편안함을 제안한다. 더불어 이들은
그루터기를 한곳에 모아 놓은 듯한 테이블도 함께 선보인다.
또한 디아만티니앤드도메니코니(Diamantini & Domeniconi)의 시계는
누군가 방금 잘라 놓은 나무판 위에 마음 내키는 대로 시계바늘을
꽂아 놓은 듯한 자연스러움이 특징이다. 이 외에도 얇은 나뭇가지를
엮어 만든 디앤드엠디포트(D&M depot)의 바구니는 어느 하나 버릴 것
없는 나무의 소중한 가치를 다시 한 번 느낄 수 있게 해 준다. 나무를
활용한 제품 이외에도 다양한 업체들에서는 돌, 금속, 동물가죽 심지어
흙에 이르는 원초적 상태에 가까운 표현에 나름의 창의적 발상을 더해
오히려 야생의 모습보다 한층 멋스러운 결과물을 뽑아낸다.

한편 다소 구식이라고 여겨지던 악어가죽 핸드백의 인기가
세계적으로 상승하는 것도 이러한 현상에서 기인한 것이라고
할 수 있다. 이에 펜디(FENDI)는 테이블 상판에서부터 다리에
이르기까지 제품 전체를 악어가죽으로 마감했으며, 피넬앤드피넬
(PINEL & PINEL)은 보다 현대적이고 젊은 감각으로 재현된 악어가죽
샌들과 카드홀더를 출시했다.

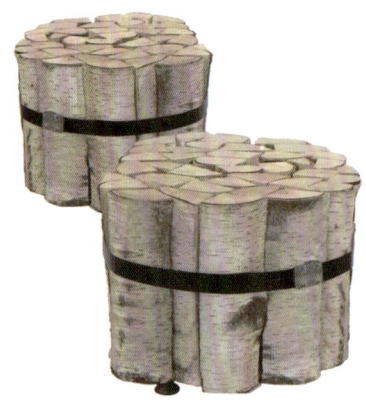

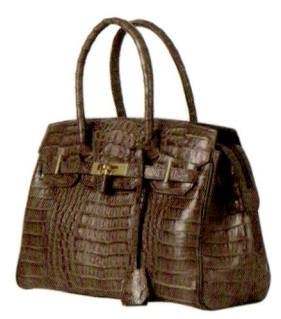

아트+

레트로 스타일+수공예적 감각의 기품 있고 조화로운 감성, 자신이
가치 있다고 여기는 것에 대해 무한한 가치를 부여해서 예술적 감각으로
승화시킨 디자인이 제안되고 있다. 실제로 미술가의 화법을 그대로
제품에 재현하거나 개인만의 특화된 디자인을 반영하거나 브랜드와
예술가가 만나 새로운 개념을 도출화한 제품이 실용화되는 등 결합과
창조는 기존의 틀을 깨고 진보해 나갈 것이다.

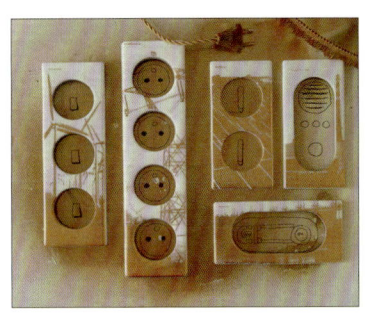 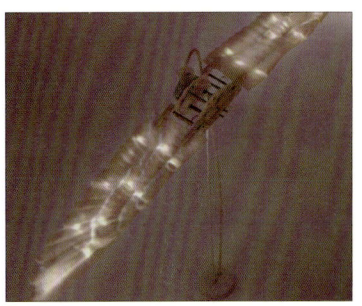

나무 제품

나무로 만들 수 있는 제품의 한계는 어디까지일까?
일본의 모나카(Monacca)는 그러한 질문에 대답이라도 하듯 기상천외한
'나무' 제품들을 만들어 왔다. 2004년 처음 출시된 모나카의
'카쿠(Kaku)' 서류 가방은 2년 뒤 굿디자인 상을 수상하며 화제를
모았으며, core77이 2008 뉴욕 ICFF박람회를 찾은 모나카의 이색적인
나무 제품들을 소개하기도 했다. 모나카에서 보여 주듯 나무는
다양한 분야에서 소재로서 활용되고 있다.

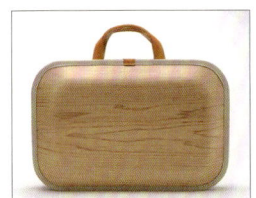 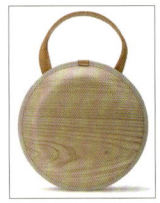 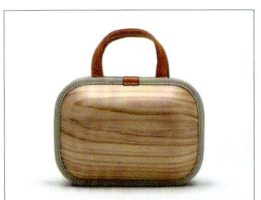

친환경 트레일러

텐트와 함께 다양한 장비를 동시에 수납할 수 있게 설계된
이 트레일러는 알루미늄과 스테인리스 재질로 매우 견고하게
제작되어 있다. 심플한 구조와 함께 사용자의 의도에 맞춰 자유롭게
용도를 변경시킬 수 있어 아웃도어 라이프스타일에 매우 혁신적인
변화를 불러일으키고 있다.

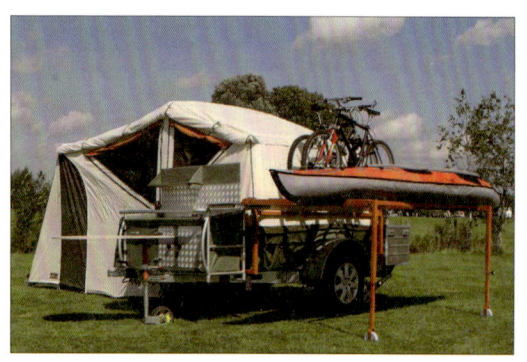

이동식 카트 주택

이동식 카트 주택은 주위 사람의 방해를 받지 않으며 편안히 잠을
잘 수 있고 비도 피할 수 있으며 물건을 옮기는 수단으로도 활용
가능하다. 최근 해외 디자인 관련 매체 등을 통해 소개되면서 화제를
낳고 있는 이 제품은 디자이너 배리 쉬한(Barry Sheehan)과 그레고르
팀린(Gregor Timlin)이 만든 것으로 '쉘터 카트(Shelter Cart)'라고 불린다.
쉬한과 팀린은 집이 없는 노숙자 및 폐품을 수집해 살아가는 도시
빈민을 위해 쉘터 카트를 만들었다고 한다. 개폐식 지붕이 있어 비를
피할 수 있고, 4개의 바퀴가 달려 있어 이동에도 문제가 없다는 것,
그리고 이동식 주택을 운송 수단으로도 활용할 수 있어 빈민들의
생계 유지에도 도움이 된다는 것이 쉘터 카트의 특징이다. 부자들을
위한 최첨단 자동차 등의 럭셔리 제품 개발의 홍수 속에서 소수자를
위한 특별한 발명품을 만든 두 디자이너의 정신 및 상상력이
놀랍기만 하다.

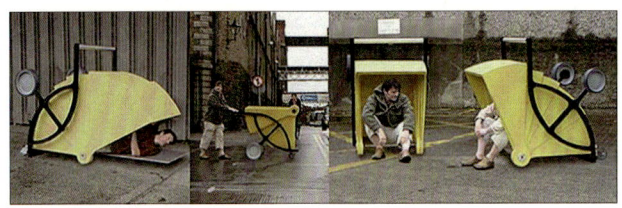

그린 마케팅

미국의 세계적인 유통 채널인 월마트가 4월을 지구의 달(Earth Month)로 지정하고 친환경 그린 제품의 대대적인 마케팅에 돌입했다. 환경친화적인 제품군에 대한 납품업체 선정폭을 확대해 소비자에게 그린 제품 판매를 강화하는 정책을 발표한 월마트는 에너지 절약형 제품, 환경 쓰레기를 줄이는 제품, 오가닉 제품 등 50여 개의 주요 상품을 선정해서 4월 한 달 동안 특별 판매하고 있다. 또 향후 500여 개에 달하는 환경친화적인 제품을 싼 가격에 추가 판매할 계획이다. 주요 선정 제품군은 천연소재 섬유 의류제품, 유아용 제품, 가구 등이다. 월마트는 '2008 지구의 달' 캠페인 행사 기간 동안 100만 개에 달하는 재사용 가능 쇼핑백을 배포했다.

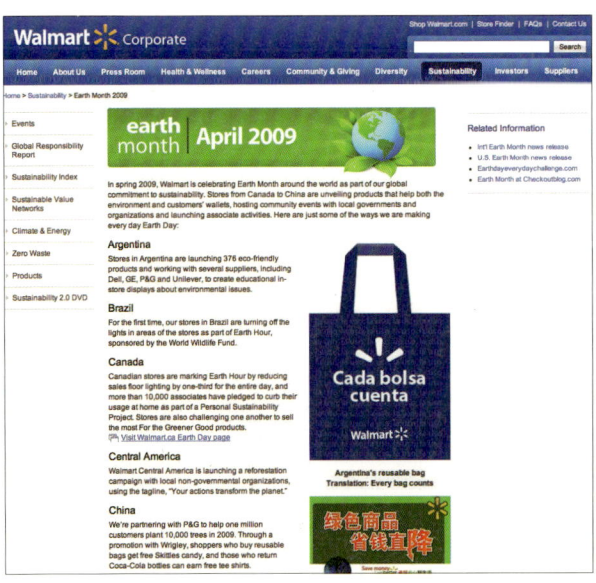

에콜로지+테크놀로지

하이테크 패션

하이테크 디자인은 고도의 첨단 기술에 의한 다기능성은 물론
최소한의 필요 기능과 생상 형태를 다룬 미니멀리즘으로 경제성이
고려된 디자인을 의미한다. 지속가능한 패션 디자인에서의
하이테크 디자인은 소재의 기능성을 증대시켜 제품의 수명 연장을
가능하게 하거나 형태적 변형에 의한 다기능성으로 제품의
용도 변경에 의한 경제적 효율성을 증대시킬 수 있다.

자전거 라이더를 위한 '방향등'

2009년 LED를 활용한 팔찌와 의상 등을 발표해 이목을 집중시켰던
전자섬유와 웨어러블 컴퓨터 분야에서 2010년 자전거 이용자를
위한 방향등 티셔츠를 선보여 눈길을 끌고 있다. 이 셔츠의 뒤쪽에는
화살표 모양의 방향등이 있어 자전거 뒤에 오는 차량에게 전환 방향을
알릴 수 있도록 디자인되었다. 방향등 조절기는 허리에 위치해 있어
작동이 간편하며 자전거 이용자뿐 아니라 운전자 모두에게 도움이 될
제품으로 주목받고 있다. 이 셔츠의 핵심 기술은 화살표 중앙에 위치한
동그란 꽃 모양의 컴퓨터 칩 '릴리패드 아르뒤노(LilyPad Arduino)'이다.
회로기판 역할을 하는 릴리패드 아르뒤노를 옷에 부착한 다음
전기 신호를 전달할 수 있는 실을 사용해 자신이 원하는 디자인으로
옷을 만들 수 있다.

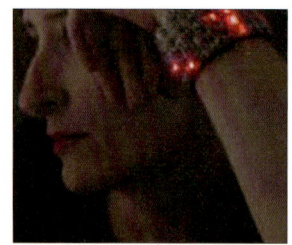
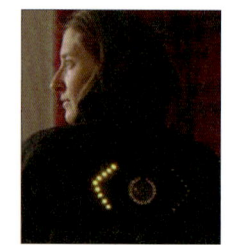

블루투스 헤드셋 '조본'

이브 베하(Yves Behar)의 퓨즈프로젝트(Fuseproject)는
알리프사(Aliph)의 블루투스 헤드셋 '조본(Jawbone)'의 뉴 버전을
디자인했다. '조본'은 오리지널 모델과 비교해 50% 정도 더 작아지고
귀에 착용하는 제품인 만큼 아름다우면서도 인체 공학적인 디자인에
중점을 두었다. 실제로 겉에서는 그 어떤 버튼도 보이지 않는다.
퓨즈프로젝트는 터치 방식의 '인비저블 버튼'을 통해 제품의
심플한 외관을 유지하면서도 제품 작동에 어려움이 없도록 디자인했다.
또한 직접 얼굴에 닿는 제품인 만큼 헤드셋의 바깥쪽 면과
안쪽 면 모두 얼굴의 곡선에 잘 맞도록 커브형으로 되어 있다.
시선에 노출되는 바깥쪽 표면은 3차원적인 텍스처를 지니고 있어
빛과 그림자가 만들어 내는 독특한 시각적 만족감까지 준다.

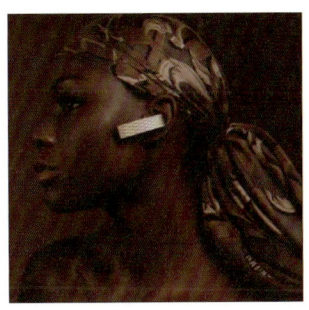
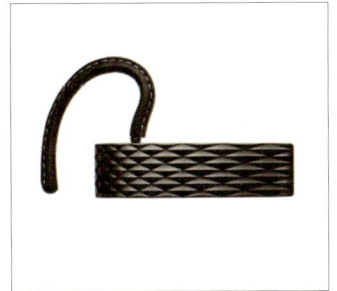

미래형 모니터 재킷

미국 샌프란시스코에 위치한 디자인업체 루나디자인(Lunar Design)은
미래형 의상을 선보였다. 우주복에 사용되는 첨단 기술 및 전자종이,
전자섬유 기술을 이용해 만들어진 이 의상의 이름은 '블루(Blu)
재킷'으로 GPS 모듈이 장착되어 있다. 사진, 비디오 등을 표현할 수
있는 디스플레이 기능이 갖춰져 있으며, 사용자의 마음 상태에 따라
옷 겉면의 색과 무늬가 변하기 때문에 의상을 입은 이의 기분을 주위
사람들이 알 수 있다는 것이 특징이다. 한마디로 옷이 디스플레이 혹은
모니터인 셈인 것이다. 각종 지하철 경로 등 필요한 정보를 표시해 주고,
각종 이미지로 자신의 감정 혹은 개성을 표현할 수 있도록 돕는다.

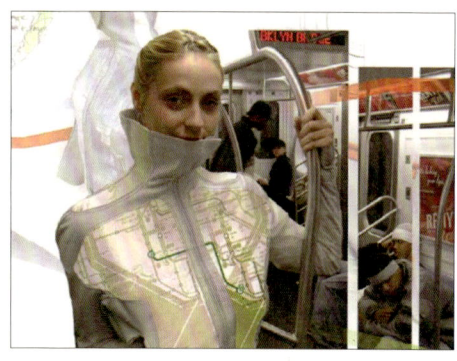

키보드 내장 바지

디자이너 에리크 드 니스(Erik de Nijs)가 만든 마우스와 키보드가
붙어 있는 바지는 최근 해외 패션, IT 관련 인터넷 매체 등을 통해
소개되면서 화제를 낳고 있다. 이 바지를 착용하면 게임, 서핑, 채팅 등을
위해 키보드 및 마우스 등을 휴대할 필요가 없다. 키보드는 최신 스타일의
청바지 앞부분에 내장되어 있는데, 마우스를 뒷주머니에 넣을 수 있고
앞쪽 지퍼에 게임용 조이스틱이 달려 있거나 허벅지 부위에 스피커가
달려 있다. 이 바지는 '뷰티앤드긱(Beauty and the Geek)'이라 불리는데,
패션과 기능 측면에서 충실한 작품이라는 찬사를 받고 있는 반면, 너무
기괴한 모습이라는 악평도 받고 있어 극과 극을 반응을 보인다.

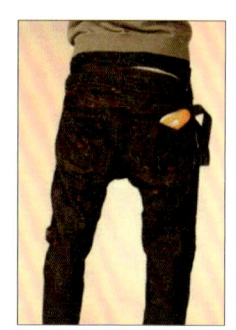
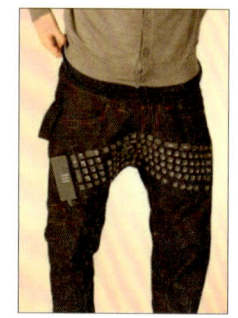

핵폭발에도 안전한 특수 보호복

테러리스트들이 핵폭탄을 터뜨리면 어쩌나 하는 생각은 적지 않은
미국인들의 걱정이다. 이에 대응하고자 미국의 RST라는 회사가
핵폭발로부터 사람들을 보호하기 위해 특수복을 제작 선보였다.
아래 그림의 왼쪽은 감마선까지 막아 주는 조끼의 모습이다.
감마선을 차단하기 위해서는 1cm 두께의 콘크리트 벽이나 2cm의
납이 필요한데, 회사의 주장에 따르면 특수 재질로 만든 이 조끼는
엑스레이와 감마선으로부터 인명을 보호한다고 한다. 그림의 오른쪽은
핵 폭탄이 터져 대피 시설까지 이동할 때 입는 보호복이다. 이 또한
방사능으로부터 인명을 보호한다고 한다.

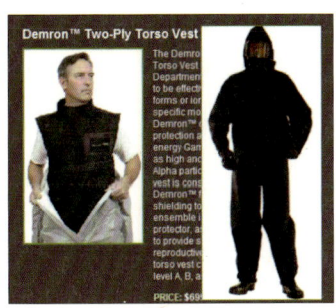

램프 디자인 원피스

스탠드 조명을 연상시키는 이색 드레스를 만든 주인공은 아티스트
마리안느 마릭(Marianne Maric)이다. 그녀는 프랑스 낸시에 있는
한 전시장에 출품할 생각으로 〈램프 드레스〉를 제작했다. 인터뷰를
통해 "사람들이 〈램프 드레스〉를 작품이라고만 여기진 않았으면 좋겠다.
집에서 켜고 끄는 전등 스위치처럼 접하기 쉬운 것일 뿐이다."라며 옷을
접할 사람들에게 당부의 말을 전했다. 이를 본 사람들은 "드레스와
램프를 접목시킨 아이디어가 기발하다." "너무 신기하다." 치마 안에
조명이 뜨겁진 않을까 걱정된다."라는 반응을 보이며, 이 신기한 작품에
관심을 보였다. 한편 사진을 접한 네티즌들은 실제 램프와 원피스의
모양을 비교하는 글을 남기며 여러 블로그를 통해 〈램프 드레스〉를
소개하고 있다.

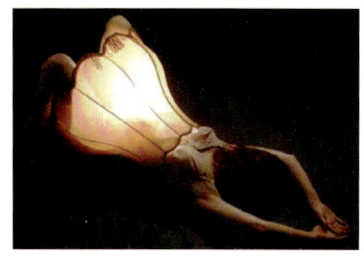

태양광 발전 넥타이

미국 아이오와주립대학교 연구팀이 '솔라 파워 넥타이(sola power necktie)'를 개발했다. 이 넥타이를 착용하면 휴대전화가 방전되는 일이 없을 것이라고 한다. 이 넥타이에는 햇빛을 에너지로 바꿀 수 있는 '태양광 집열판'이 부착되어 있는데, 패션 소품으로서의 기능은 물론 환경친화적인 첨단 의류라 할 수 있다. 넥타이 제작에 이용된 '태양광 집열판 섬유'는 넥타이 외에도 양복상의 등의 의류에도 활용할 수 있다. 이 제품을 이용해 모든 사람을 '걸어 다니는 이동 발전소'로 만들 수 있는 셈이다.

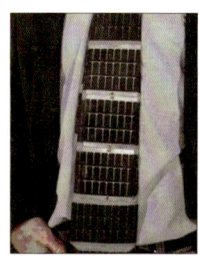 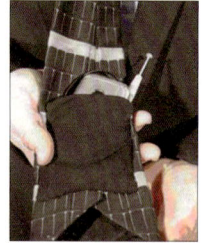

신소재

천연 신소재

— 오가닉 코튼

오가닉 코튼(organic cotton)은 유기 재배면으로 3년간 농약 등 화학비료를 사용하지 않은 토양과 농약 등 화학비료, 살충제, 고엽제 등을 사용하지 않고 생산한 면화로 만들어진 것이다. 오가닉 코튼

시장이 매년 200% 가까이 신장함에 따라 각국 오가닉협회에서는 오가닉 코튼의 지속성과 추적성을 검증하기 위한 국제 기준이 만들어질 필요성을 있다고 판단하고 협의에 들어갔다. 이에 따라 유럽의회 유기인증 법령인 EEC2092/91과 미국 농무성 USDA의 NOP(National Organic Program)을 근간으로 국제 유기 섬유의 유통 및 무역의 공통 기준을 마련하기 위해 미국의 OTA(Organic Trade Association), 영국의 Soil Association, 독일의 IVN(International Verband der Naturtextilwirtschaft), 일본의 JOCA(Japan Organic Cotton Association) 등 각 나라의 최고 유기농협회를 주축으로 국제 업무 협력단이 만들어지고, 2005년에는 유기농 섬유에 대한 국제 인증이 마련되었다. 그 결과 네덜란드의 PCU(Peterson and Control Union, 전 SKAL International)와 스위스의 IMO(Institute for Marketecology)가 공식 인증 검사 및 인증을 할 수 있는 업체로 선정되었다. 이 두 기관의 인증은 미국, 유럽, 일본 등의 정부에서도 공식적으로 인정되었다. 특히 1985년 네덜란드 정부가 설립한 SKAL International은 'EKO'라는 로고로 알려져 있다. 국제 인증의 정식 명칭은 GOTS (Global Organic Textile Standard)와 OES(Organic Exchange Standard)이다. GOTS는 함량이 70% 이상이 오가닉 코튼이어야 인증 절차를 신청할 수 있을 정도로 까다롭다. 또 GOTS 인증은 임금, 환경, 노동 조건, 위생 등 사회적인 기업의 의무도 이행해야 한다. 이것은 주로 까다로운 유럽 시장에서 주로 사용된다. OES는 오가닉 코튼이 5% 이상이면 인증 절차를 밟을 수 있다. 주로 미국 시장에서 사용한다.

— 에코실

전 세계 17개국에 의장 등록된 삼일방직에서 새롭게 채택한 방적 기계로 만든 매우 혁신적이고 진보된 기술을 통해 생산된 원사 브랜드이다. 에코실(ecosil)은 특수한 노즐 내의 고속선회기류에 섬유를 실은 것으로서, 섬유 자신이 선회하면서 실로 구성(섬유가 에어젯 내에서 회전하고, 기계적으로 직접적인 비틀림 힘을 가하지 않고서도 자동으로 꼬임이 부여되는 특수한 방적사 제조 과정)되기 때문에 생산되는 실은 링(ring) 정방사에 가까운 구조가 된다. 드라이한 촉감, 우수한 드레이프성,

깨끗한 원단 표면이 특징이며, 필링 저항성, 마찰 저항성, 내구성이 탁월하다. 또한 높은 형태 안정성으로 쉽게 비틀리거나 수축되지 않는다. 수분 흡수력과 건조 능력이 뛰어나 반복 세탁이 가능하고 피부 접촉이 쉬운 속옷류와 잠옷류, 남성과 여성용 내·외의, 인테리어(커튼, 베드린넨 등), 테리직물, 목욕타올로 사용되며 양말, 산자용(자동차시트 등)으로도 사용된다.

— 오조 플러스

오조 플러스는 천연섬유(마닐라 마)의 성질을 가진 매우 친환경적인 천연 필라멘트 가공사이다. 기존의 방적사나 필라멘트사 등과는 근본적으로 상이한 제3의 섬유 제조 방법으로 탄생한 친환경형 섬유이며, 대량 생산이 가능하게 된 천연 생분해 섬유 제조 기술을 포함한다. 오조 플러스는 'Oeko-Tex Standard 100' 인증을 획득했다. 이는 유해 물질을 규제하는 국제기준으로서 섬유 중 인체에 악영향을 끼치는 유해 물질을 분석 검사하여 안전성이 확인된 것에 한하여 인증하는 안심 품질의 증명이다. 오조 플러스는 2003년 '에코텍스 규격 100' 중에도 제일 엄격한 조건인 '제품 분류1(유아용 제품)'을 만족시키고 있다. 섬유 소재로서의 특성은 다음과 같다.

· 경량성이 우수(종이 비중의 0.5g)
· 시원하고 쾌적한 감촉
· 모우가 없음
· 통기성이 우수
· 강인한 내구성
· 흡습, 흡수, 땀 흡수성이 우수
· 의류용으로 계절적 기능성이 우수 (하절기: 냉감 / 동절기: 경량·보온)
· 마 이상의 드레이프성과 탄력성
· 수분에 침식, 수축되지 않는 우수한 내수성
· 타 섬유와의 혼용 용이
· 마닐라 마는 고속 성장(3년)의 환경형 자원
· 생분해성 친환경형 소재

- 이산화탄소 흡수성이 우수
- 소각해도 유해물질이 발생치 않음

합성 신소재

― 마이판 리젠

마이판 리젠은 효성의 '사용 후 폐기물'로부터 만들어진 세계 최초의 리사이클 나일론으로 기존 석유 화학 제품을 재활용하기 때문에 석유 화학 원료 소비를 줄여 주어 천연자원을 보존하고 에너지 소비 및 온실가스 발생을 감소시켜 준다. 아웃도어 스포츠웨어, 백팩, 신발, 수영복, 란제리, 양말류에 주로 사용된다. 마이판 리젠 특징은 다음과 같다.

세계 최초 '사용 후 폐기물'로부터 재활용 폐기물에 대한 오랜 기간 동안의 리사이클 노하우를 보유하고 있는 효성은 세계 최초로 폐기물을 재활용한 원사 마이판리젠을 만들었다.

우수한 품질과 반복적인 재활용이 가능 재활용품은 저급품이라는 기존의 인식과 달리 마이판 리젠은 대상폐기물을 원료 단계로 회수했다가 다시 중합, 방사된 화학적 리사이클 제품으로서 신제품과 동일한 우수한 품질을 가지고 있으며, 재활용 대상의 폭이 넓기 때문에 빈복적 재활용이 가능히디.

― 크레오라

저온 세팅성 스판덱스로, 일반 스판덱스에 비해 낮은 온도에서 세팅이 가능하다. 낮은 온도에서 높은 세팅성과 치수 안정성을 부여하기 때문에 열에 민감해 황변이 잘 생기는 소재나 스팀 세팅을 하는 스타킹, 양말, 심리스 제품에 적합한 소재이다. 특히 크레오라 C-400/H450은 우수한 열 세팅성을 갖기 때문에 열에 민감한 직편물에 사용할 경우 품질 향상을 기대할 수 있다. 예를 들어 셀룰로오즈 섬유나 양모, 실크, 나일론, PP, PTT와 같이 열에 민감한 섬유의 황변이나 경화를 방지할 수 있다. 또 동일한 조건에서 컬링이 생기지 않으며, 온도를 더 낮출 경우에도 우수한 형태 안정성을 나타낸다. 이러한 저온 세팅성은 고온 세팅에 비해서 우수한 백도를 얻을 수 있다. 크레오라 특징은 다음과 같다.

- 제품 성능을 오랫동안 지속시키는 편직이다.
- 이너웨어와 스포츠웨어 생산업체의 경쟁력을 향상한다.
- 의류의 산뜻함을 오랫동안 유지시켜 사용자에게 자신감을 준다.
- 단에 서식하는 세균으로 인해 유발되는 악취를 제거해 이너웨어의 산뜻함을 유지할 수 있다.

— 인지오

세계적인 바이오 폴리머 제조업체인 네이처웍스(Natureworks)가 개발한 PLA(Poly Lactic Acid, 생분해젖산)를 휴비스가 국내 최초로 의류용 원사로 개발했다. 인지오(ingeo™)는 석유를 원료로 사용하지 않으면서 땅에 묻으면 6개월이나 1년 뒤에는 100% 썩어 없어져 환경오염을 일으키지 않는다는 큰 장점을 가지고 있다. 화석연료 사용량은 폴리에스터나 나일론 섬유 대비 30% 수준에 지나지 않는 친환경 섬유이다. 유아복, 노인복, 여성용 란제리, 셔츠, 블라우스와 각종 스포츠 의류용품에 주로 사용된다. 인지오의 종류와 특징은 다음과 같다.

100% 옥수수 섬유 옥수수에서 추출된 섬유로서 인체 친화, 자연친화적인 원사이다.

생분해성(Bio-degradable) 100% 천연 성분으로 이루어져 있어 땅에 매립 시 1년 이내에 완벽하게 생분해되는 소재로서 토목용, 농업용 섬유 용도에 적합하다.

인체 피부 친화성(Human skin friendly) 기존 합성 섬유와는 다른 독특한 실크나 레이온과 유사한 광택을 지니고 있어 의류로 제작 시 최종 제품에 고급스러운 느낌을 부여할 수 있다.

다기능성(Multi functional) 우수한 소취성 및 흡한 속건성, 대전 방지 성능을 지니고 있다.

— 쿨맥스

쿨맥스(coolmax)는 듀폰사가 개발한 고기능성 폴리에스터 섬유로, 독특한 4채널 섬유 구조를 갖고 있는 원단이다. 쿨맥스는 피부로부터 배출되는 땀을 4개 채널을 통해 빠른 속도로 흡수하여 직물의 맨 바깥층으로 신속하게 배출시킨다. 맨 바깥층까지 이동한 수분은 4채널 섬유에 의해 일반 섬유보다 20% 이상 넓어진 표면적을 이용해 신속하게 증발한다. 실험 결과 쿨맥스로 만들어진 의류는 세탁한 뒤 30분 이내에 대부분 마르는 것으로 알려지고 있으며, 이는 면제품과 비교했을 때 2배 이상 빠른 건조 속도이다. 이 같은 속건성으로 말미암아 체온을 내려 주고 피부를 건조하게 유지시켜 주며, 등산용 짚티와 달리기용 타이츠 같은 스포츠 의류에 사용되고 있다. 또한 피부 저항감이 적고 뛰어난 습기 조절 기능으로 언더웨어 소재로도 사용하고 있다. 흔히 쿨맥스는 여름 소재로만 사용되는 것으로 알고 있지만, 몸의 습기를 빨리 흡수해 증발시켜 버리므로 온도 조절 능력이 뛰어나 사계절 전천후 사용하고 있는 고기능성 섬유이다. 쿨맥스의 단점은 착용감이 우수하지 못하고 필링(보풀)이 쉽게 일어나는 것인데, 최근에는 이를 개선한 쿨맥스 알타(coolmax alta)가 개발되어 이러한 단점을 보완하고 있다.

— 드라이존 메커니즘

드라이존은 ㈜벤텍스에서 개발한 초고속 흡수 속건 섬유로, 땀 배출 성능이 뛰어나기 때문에 '1초에 마르는 섬유'라고도 불린다. 기존의 흡한 속건 섬유와 달리 원사 단계에서 물을 배척하는 소수성 부분과 친수성 부분을 혼합해 피부의 땀을 빨아들이고, 섬유 면과 수직으로 구성되어 물 분자를 확산하는 수분 전이층을 통해 수분이 특정 방향으로 쉽게 빠져나가도록 했다. 마지막으로 직물 표면의 원사를 첨단 나노 공법으로 가공하여 공기와의 접촉면을 늘이고 수분이 쉽게 수증기로 바뀌도록 한다. 이러한 원리에 의해 피부의 땀은 섬유와 접촉하는 즉시 밖으로 배출된다. 드라이존은 그 밖에 역모세관 현상을 방지하는 구조로 설계되어 보슬비 정도는 옷에 스며들지 않는 생활 방수 기능은 물론 외부의 자외선을 99% 이상 차단하는 기능도 부가되어 있다.

복합 신소재

— 시셀

시셀(sea cell)은 독일의 짐머사(zimmer)에서 친환경적인
리오셀(lyocell) 공법과 인류의 마지막 보고 심해 바다의 해조를
접목해서 혁신적인 연구정신으로 탄생시킨 새로운 건강 증진 섬유이다.
고강도, 높은 형태 안정성, 편안한 착용감 등의 리오셀 공법의
기본 특성은 물론 해조류의 각종 미네랄, 비타민, 아미노산을 피부에
직접 느낄 수 있는 웰빙 섬유라 할 수 있다. 이 섬유는 혈액 순환,
신진 대사 촉진, 세포 자정 능력 함양, 피부 보호, 보습, 노화 방지의
미용 효과와 항 박테리아, 항 염증성, 상처 부위 피부 재활, 알레르기에
의한 피부 자극, 신경성 피부염, 건선 등을 치료하는 치료 효과를
가지고 있다. 또한 다공성과 개방형 구조로서 해조의 각종 영양소를
피부로 전달하고 피부의 노폐물은 섬유속으로 흡수하는 기능을
가지고 있다.

— 콩 섬유

신형 재생 식물 단백질 섬유(regenerated vegetable protein fiber)의 하나로
순수 대두(콩)를 원료로 하고 생명 공학 기술을 응용 개발해 세계
최초로 상용화한 천연 식물성 섬유이다. 두부나 두유를 만드는 콩에서
기름을 짜내고 남은 대두 잔여물에서 구상단백질을 추출해 섬유를
방사할 수 있는 용액으로 조제하고 습식 방사의 방법으로 생산한
긴 선상의 토우를 면 방적용 길이로 절단한 단섬유이다. 콩 섬유는
부드럽고 가벼워서 캐시미어, 실크, 울과 같은 느낌을 주는 섬유이고
뛰어난 외관과 쾌적성, 부드러운 촉감은 물론 항박테리아 및 노화 방지,
자외선 방지 등의 다양한 기능을 가지고 있다. 즉 독특하고 신선한
21세기 첨단 신섬유 소재이다.

— 숯 섬유

숯은 자연적인 참나무를 첨가제 없이 고온(600-1,300℃)에서 열을
분해하고 남은 것으로 나무의 세포벽이 그대로 탄화된 다공 물질이다.
숯 1g의 내부 표면적은 약 300평이며 흡착성, 통기성, 보온성, 배수성,

축열성이 좋다. 또한 음이온을 발생시키며 탁월한 탈취 효과와 원적외선을 방출하는 기능을 가진 현대 과학으로 밝혀지지 않는 효능이 있는 자연 물질이다. 숯의 기능과 효과를 살펴보면 다음과 같다.

심신 안정 효과　사람의 몸은 정신적인 긴장이나 육체적 피로, 스트레스를 받을 때 양이온을 과다 배출하게 되고 이는 신경통이나 경련, 신경장애를 일으키며 이에 반해 음이온은 태양의 자외선, 식물이 광합성하는 곳이나 폭포, 계곡물, 분수 등과 같이 물 분자 운동이 격렬하게 일어나는 곳에서 다량으로 발생된다.

공기 정화력　숯의 공기 정화력을 조사하기 위해 음이온 방출량을 조사한 결과 20분간 밀폐된 공간에서 숯 1g으로부터 방출된 음이온 수는 167개로 인체 수요량에 크게 도움이 되는 수치라고 한다.

냄새 제거 효과　숯을 실내의 소취나 공기 정화, 공기 중의 오염성분이나 유해한 물질까지 흡착한다. 또한 구멍의 표면에 착생하는 미생물이 이것을 깨끗이 분해한다.

피부 보호 효과　숯에 함유되어 있는 미네랄 성분과 염소나 유기물처럼 피부에 좋지 않은 성분은 흡착 제거하는 기능을 통해 미용에 좋은 작용을 한다.

냄새 제거 효과　숯을 실내의 소취나 공기 정화, 공기 중의 오염 성분이나 유해한 물질까지 흡착한다. 또한 구멍의 표면에 착생하는 미생물이 이것을 깨끗이 분해한다.

수분 흡착 효과　숯의 표면적은 숯 1g이 300평 정도가 되며 이 넓은 면적이 모든 종류의 물질과 결합할 수 있는 장소를 제공한다. 숯이 활성화될 때 형석되는 내표면의 화학적 특성은 미세공을 채울 수 있는 어떤 분자가 있으면 끌어당기는 원리로, 이것이 곧 숯이 가지는 흡착력으로 각각의 구멍과 동일한 분자량을 가진 물질을 흡착하게 되므로 크기의 구멍이 많을수록 여러 가지 흡착성을 가질 수 있다.

가공 신소재

— 원적외선 가공

36가지 약초에서 추출한 바이오 원액으로 다량의 원적외선과 기를 방출하는 신물질인 팔존을 이용한 가공이다. 팔존 가공한 제품을 착용하면 힘이 증가하여 손발이 따뜻해지고 숙변 제거와 잠이 쉽게 들고 숙면을 취하게 된다. 온열 작용, 숙성 작용, 자성 작용, 건습 작용, 중화 작용, 공명 작용 등의 특징이 있는데, 좀 더 구체적으로 살펴보면 다음과 같다.

비만 극복　체내의 지방질을 부여하여 땀을 배출시키므로 부작용 없이 체중이 감량되는 효과가 있으며, 지방질이 제거된 부위에 주름이 지거나 튼살 형태가 생기지 않는다.

피부미용　여드름, 기미 등이 제거되고 체취를 없애는 효과가 있으며, 생체 조직 활성화로 피부 노화를 지연시켜 탄력 있고 생생한 피부로 가꿔 준다.

성인병 예방 및 스트레스 제거　대 발한작용으로 인해 체내에 축적된 노폐물과 중금속, 과잉염분, 특히 요소와 탄산가스가 배출되면서 신장과 간장기능에 부담을 줄여주고 뇌파를 안정시켜 성인병 예방은 물론 피로 회복, 스트레스 해소 기능을 가진다.

피부 보호 효과　숯에 함유되어 있는 미네랄 성분과 염소나 유기물처럼 피부에 좋지 않은 성분은 흡착 제거하는 기능을 통해 미용에 좋은 작용을 한다.

화상, 상처 회복 및 면역성 증대　피부 질환에 특히 효과가 있어 면역성을 증대시키고 화상, 상처 회복이 도움을 준다.

혈액 순환 및 체질 개선　혈관 내 혈전을 분해하고 혈액 순환을 촉진하므로 혈액이 맑아지고 ph를 상승시켜 체질을 알카리화하는 효과가 있다.

— 향 마이크로 캡슐 가공

지용성 성분의 향료에 마이크로 캡슐 기술을 이용해 선택적인 고분자막을 외벽에 감싸 캡슐화한 것이다. 이와 같이 액체의 향료를

고형화함으로써 사용자의 용도와 목적에 맞게 여러가지 형태로
사용할 수 있다. 특히 향 마이크로 캡슐을 섬유제품에 고착시켜
사용함으로써 천연향의 아로마 테라피의 효과를 얻을 수 있다.
즉 항 마이크로 캡슐 가공은 이러한 캡슐을 가교제를 이용해
섬유 제품에 부착시키는 가공을 말한다.

— 비타민 마이크로 캡슐 가공

비타민은 미용뿐 아니라 우리 몸에 꼭 필요한 성분이며, 이러한
비타민의 좋은 효과를 지속적으로 유지시키기 위해 비타민에 마이크로
캡슐 기술을 적용한 것이 생체볼(bioball)이다. 생체볼을 피부와
직접적으로 접촉되는 섬유류에 부착될 수 있도록 처리하면 우리가
이를 입고 다닐 때 피부와 마찰에 의해 캡슐이 터지면서 비타민 성분이
우리 피부에 흡수하게 된다. 비타민A에는 피부 노화 방지 효과가
있고, 비타민E에는 피부 노화 방지 효과, 피부 보습 효과가 있으며,
비타민D에는 발육 촉진 효과가 있다.

— 워싱

여러 번 세탁한 것 같이 촉감이 부드럽고 물이 빠진 외관을 갖도록
만드는 가공이다. 처음에는 주로 진 종류에 많이 사용했으나 편안함과
부드러운 느낌을 주기 위하여 면이나 면 혼방 직물과 니트 제품까지
폭넓게 사용되고 있다. 워싱 방법으로는 크게 바이오 워싱과 같은
화학적인 방법과 스톤 워싱 또는 샌드 워싱과 같은 물리적인 방법이
있다. 바이오 워싱은 알카리 효소 산화제가 포함된 용액으로 처리해
부분적으로 섬유 표면을 파괴시켜 낡은 듯한 표면 효과를 내거나
면 혼방인 경우에는 셀룰라아제 효소를 이용해 면 섬유에만
선택적으로 표면 섬유를 분해시킴으로 자연스러운 효과를 주는
가공이다. 스톤 워싱 또는 샌드 워싱은 면에 주로 처리하며, 돌이나
샌드페이퍼와 약품 처리에 의해 닳은 듯한 효과를 내는 가공이다.
돌에 사용하면 전체적으로 자연스러운 효과를 줄 수 있으며,
샌드페이퍼를 이용하면 부분적인 탈색 효과를 줄 수 있다.
워싱 가공 방법은 마찰을 위해 회전 드럼에 부석이나 화산암과 같은

돌이나 샌드페이퍼와 섬유를 함께 넣어 회전시킴으로써 서로 부딪혀서 마모를 일으켜 효과를 나타낼 수 있다. 이 외에도 근래에는 워싱 트렌트(washing trend) 등의 많은 워싱 기법들이 선보이고 있으며, 위의 기본적인 워싱 테크닉(washing technique) 외에도 리지스트 워싱 (resist washing), 디스펄스 브러시 워싱(disperse brush washing), 톡식 워싱(toxic washing), 스노우 워싱(snow washing), 솔트 워싱(salt washing), 선 워싱(sun washing) 등이 있다.

참고문헌
도판목록
찾아보기

참고문헌

1장

김은경, 현대 생활속의 패션, 학문사, 2000

유송옥, 김경실, 간호섭, 『패션디자인』, 수학사, 2006, p.56

유송옥 외, 패션디자인, 서울;수학사, 2006, p.86.

임석종, 『패션트렌드와 헤어스타일 변화의 상관성 연구: 1920년대 이후 패션과 헤어컷을 중심으로』,
한성대학원 예술대학원 패션예술학과 석사학위논문, 2002, p24

정희선, 현대패션에 표현된 노스텔지어에 관한 연구, 홍익대학교 대학원 의상디자인과 석사학위논문, 2009, p.52.

조수현, 『현대패션에 나타난 웰빙 트렌드에 대한 연구』, 덕성여대 대학원 석사학위 논문, 2006, p.3

현선진, 웨딩드레스의 디자인에 관한 연구,홍익대학교 산업미술대학원 석사학위 논문, 1996

2장

고희숙, 유태순, 『한국패션디자이너의 해외 패션트렌드 수용도』, 한국의류산업학회지, 제8권, 제1호, 2006, p.89

권상구, 『기초디자인』, 미진사, 1988

김수나, 『패션소재 트렌드 정보지에 나타난 감성언어 분류에 관한 연구』, 덕성여대 대학원 석사학위 논문, 2008, p.8

김지현, 『디자이너를 위한 타입과 타이포그래피』, 임프레스, 1999

『동아프라임 영한사전』, 두산동아, 2010, p.2524

이재진, 『패션트렌드 정보가 여성복 디자인 기획에 미치는 영향』, 숙명여자대학교 대학원 의류학과 석사학위 논문, 2000, pp. 8-13

이호정, 『의류상품학』, 교학연구사, 1999, pp.109-118

전나현, '디지털 영상디자인 교육 방법에 관한 연구', 기초조형학연구, vol.5 no.1 pp.247-259

조열 · 김지현, 『형태지각과 구성원리』,창지사, 2010

조열 · 김지현, 『기초시각 커뮤니케이션』,창지사, 2010

찰스 왕쉬레거 외, 원유홍 옮김, 『디자인의 개념과 원리』, 안그라픽스, 1998

칸딘스키, 차봉희 옮김, 『점 · 선 · 면』, 열화당, 1991

허버틀 제틀, 박덕춘 편역, "영상제작의 미학적 원리와 방법", 커뮤니케이션북스

Andrew Selby, *Animation in Process*, Chronicle Books Llc, 2009

Ellen Lupton , Phillips Jennifer Cole, *Graphic Design: The New Basics*, Princeton Architectural Press, 2008

F. H. Wills, *Fundamentals of Layout*, Dover Publications, Inc., New York, 1971

Jayne Pilling, *2D and beyond*, Rotovision, 2001

Matt Woolman, *Motion Design*, Rotovision, 2004

4장

Avrahami, D., Hudson, S.E., *Forming Interactivity: A Tool for Rapid Prototyping of Physical Interactive Products*.
Proceedings of DIS 2002. NY: ACM Press, 2002

Daniel Fallman, *Design-oriented Human-Computer Interaction*, Volume No. 5, Issue No. 1, CHI 2003, April 5-10, 2003,
p225-232

Gould, J.D. and Lewis, C., *Designing for Usability: Key Principles and What Designers Think*, Proceedings of CHI '83, 1983,
p50-53.

J.W.Frens, J.P.Djajadiningrat and C.J.Overbeeke, *Form, Interaction and Function, An Exploratorium for Interactive
Products*, ADC2004, 2004

Peter Spreenberg, Gitta Salomon, Phillip Joe, *Interaction Design at IDEO Product Development*, CHI'95 MOSAIC OF
CREATIVITY, 1995, p165.

Preece, J. et.al., *Extract-Chapter 22: Envisioning Design, Human-Computer Interaction*, Addison-Wesley, 1994, p451-465.

Rudd, J., Stern, K. and Isensee, S., *Low vs. high fidelity prototyping debates. Interactions*, ACM Press, 1996, p76-85.

Sanders, *Converging Perspectives: Product Development Research for the 1990s*, Design Management Journal, Fall,
1992

Steve Gill, *Developing information appliance design tools for designers*, Pers Ubiquit Comput, 2003, p159-162.

도판목록

1장

그림 1 학생작품, 박유림, 2010
그림 2 학생작품, 박경림, 2010
그림 3 학생작품, 송재원/배다솔, 2010
그림 4 학생작품, 서지희, 2010
그림 5 학생작품, 전현지, 2010
그림 6 학생작품, 김수현, 2010
그림 7 학생작품, 정이림/유혜인, 2010
그림 8 학생작품, 김태한/김영규, 2010
그림 9 학생작품, 정유진, 2010
그림 10 학생작품, 이정분, 2003
그림 11 학생작품, 이민영, 2003
그림 12 학생작품, 이보영, 2003
그림 13 학생작품, 장은아, 2003
그림 14 학생작품, 우정옥, 2003
그림 15 학생작품, 정유경, 2010
그림 16 학생작품, 고수진, 2010
그림 17 학생작품, 가민경, 2010
그림 18 학생작품, 홍주일, 2010
그림 21 학생작품, 김보경/김준식, 2010
그림 22 학생작품, 박예니, 2006
그림 23 학생작품, 전광민, 2006
그림 24 학생작품, 정희정, 2010
그림 25 학생작품, 김수현, 2010

2장

그림 1 위 학생작품, 임지원, 2010
그림 1 가운데 학생작품, 이한별, 2010
그림 1 아래 학생작품, 배소현, 2008
그림 2 학생작품, 장소희, 2010
그림 3 위 학생작품, 유아실, 2010
그림 3 아래 학생작품, 장소희, 2010
그림 4 위 왼쪽 학생작품, 한인애, 2009
그림 4 위 오른쪽 학생작품, 최혜진, 2009
그림 4 아래 학생작품, 한세영, 2009
그림 5 위 학생작품, 장진주, 2010
그림 5 아래 학생작품, 이소현, 2010
그림 6 위 왼쪽 학생작품, 이고은, 2008
그림 6 위 오른쪽 학생작품, 선주이, 2008
그림 6 아래 학생작품, 이소현, 2010
그림 8 위 학생작품, 장소희, 2010
그림 8 아래 학생작품, 임지원, 2010
그림 9 위 왼쪽 학생작품, 신용준, 2000
그림 9 위 오른쪽 학생작품, 김주미, 2000
그림 9 아래 이영춘
그림 10 위 왼쪽 학생작품, 박윤형, 2009
그림 10 위 오른쪽 학생작품, 정경은, 2009
그림 10 아래 왼쪽 학생작품, 박상희, 2008
그림 10 아래 오른쪽 학생작품, 윤나리, 2008

그림 11 위 왼쪽 학생작품, 박지선, 2006
그림 11 위 오른쪽 학생작품, 서예림, 2006
그림 11 아래 왼쪽 학생작품, 박수연, 2009
그림 11 아래 오른쪽 학생작품, 강지원, 2008
그림 12 위 왼쪽 학생작품, 하연, 2006
그림 12 위 오른쪽 학생작품, 박혜연, 2006
그림 12 아래 왼쪽 학생작품, 최다흰, 2005
그림 12 아래 오른쪽 학생작품, 고영은, 2005
그림 13 위 왼쪽 학생작품, 김승욱, 2005
그림 13 위 오른쪽 학생작품, 탁의성, 2005
그림 13 아래 왼쪽 학생작품, 이호은, 2005
그림 13 아래 오른쪽 학생작품, 김수진, 2005
그림 14 위 왼쪽 학생작품, 박여진, 2008
그림 14 위 오른쪽 학생작품, 정하용, 2008
그림 14 아래 왼쪽 학생작품, 조지형, 2008
그림 14 아래 오른쪽 학생작품, 윤새롬, 2009
그림 15 위 왼쪽 학생작품, 김경수, 1995
그림 15 위 가운데 학생작품, 서명원, 1995
그림 15 위 오른쪽 학생작품, 이영민, 1995
그림 15 가운데 왼쪽 학생작품, 전창명, 1995
그림 15 한가운데 학생작품, 전우영, 1995
그림 15 가운데 오른쪽 이영춘, 1995
그림 15 아래 왼쪽 학생작품, 윤현경, 1995
그림 15 아래 오른쪽 학생작품, 이림, 1995
그림 16 위 왼쪽, 위 가운데 학생작품, 서지희, 2010
그림 16 위 오른쪽, 가운데 왼쪽 학생작품, 송유철, 2010
그림 16 한가운데 학생작품, 전지옥, 2010
그림 16 가운데 오른쪽, 아래 학생작품, 이지혜, 2010
그림 17 학생작품, 박유진, 2010
그림 18 / 그림 19 학생작품, 유요한, 2010
그림 20 학생작품, 고명자, 2010
그림 21 학생작품, 송주리, 2009
그림 22 학생작품, 고명자, 2010
그림 23 학생작품, 김태훈, 2008
그림 24 학생작품, 송주리, 2009
그림 25 학생작품, 김태훈, 2008
그림 26 / 그림 27 학생작품, 양현진, 2010
그림 28 학생작품, 이진실, 2009
그림 29 학생작품, 이지혜, 2009
그림 30 학생작품, 최진실, 2009
그림 31 학생작품, 전진옥, 2009
그림 32 학생작품, 명지선, 2010
그림 33 학생작품, 황진규, 2006
그림 34 가운데 학생작품, 이정천, 2006
그림 34 아래 학생작품, 박유림, 2010
그림 35 학생작품, 박은영, 2010
그림 36 학생작품, 가민경, 2010
그림 37 위 학생작품, 김준식/김보경, 2010
그림 37 아래 학생작품, 유길튼/김홍민, 2010
그림 38 학생작품, 서초희, 2006
그림 39 학생작품, 김예니. 2006
그림 40 학생작품, 서지희, 2010
그림 41 학생작품, 권지혜, 2010

자료 제공

강형구 교수, 경일대학교 생활제품디자인학과
박성주 소장, 뉴컴퍼니앤드디자인트렌드연구소

촬영 협조

임학현, 안그라픽스

찾아보기